瘸井

YU JING

邹永前 著

九 州 出 版 社
JIUZHOUPRESS

图书在版编目（CIP）数据

淯井 / 邹永前著. -- 北京：九州出版社，2019.11（2023.1 重印）
ISBN 978-7-5108-8416-0

Ⅰ．①淯… Ⅱ．①邹… Ⅲ．①长宁县－地方史 Ⅳ．
①K297.14

中国版本图书馆 CIP 数据核字（2019）第 248411 号

淯井

作　　者	邹永前　著
出版发行	九州出版社
地　　址	北京市西城区阜外大街甲 35 号（100037）
发行电话	（010）68992190/3/5/6
网　　址	www.jiuzhoupress.com
电子信箱	jiuzhou@jiuzhoupress.com
印　　刷	三河市嵩川印刷有限公司
开　　本	710 毫米 ×1000 毫米　16 开
印　　张	14.5
字　　数	245 千字
版　　次	2020 年 1 月第 1 版
印　　次	2023 年 1 月第 2 次印刷
书　　号	ISBN 978-7-5108-8416-0
定　　价	49.80 元

盐文化叙事的乡土巨制

刘 火

《滃井》，让我吃惊与感动。

尽管互联网已经让我们每一个人，成了地球村的村民。或者说，所有的知识我们都可以在互联网获取，再就是从绝对的观点看，只要我们愿意，似乎就没有知识的盲点。但是，正是海量的信息，让我们处在碎片化的状态里。在这一碎片化的时代里，互联网又让我们每个人感到茫然而不知东西。《滃井》作为一部关于盐文化的宏大叙事作品，它的源头、它的展开、它的故事、它所体现的中国精神，是互联网的碎片根本无法望其项背的，我们看到本书作者的宏愿：由长宁滃井开始，带领我们走进盐的历史、盐的文化和盐的精神，以及由三者既区别又关联的关系所构建的故事。书中所提供的这三个方面，无论出自典籍还是出自口传，无论出自正史还是出自野史，作者以其严格的治学态度和诙谐的龙门阵，娓娓道出，有盐有味。而且，作者的立意远远超出了一部普及性地方文化作品撰写的范畴而进入学术层面，譬如因盐引发的在蜀南在长宁甚至在整个大西南的战事。在这一叙事中，盐引发的战争与和平，显现出长宁这一地域在当时的重要，同时也显现出长宁人在沟通中原与边地、汉族与少数民族时的博大胸怀。仅此一事，足见《滃井》作者的立意高远。《滃井》将我们带向一种与盐有关的立体的、系统的，并具有深邃背景和宏大场景的多元盐文化叙事。

这让我吃惊。在一个碎片化的时代，作者在幽暗的时间隧道和浩如烟海的正史、方志、古籍、新作中，梳理出这样一部清楚明了又易懂有趣的盐志。

如作者的题记"一口熬煎一方土地、淬炼一方生民之井"所言，作者作为已有近两千年历史的淯井的子孙，不仅用学问，而且用真诚，为我们奉上了这样一部有别于他种乡土的文本。遥远的祖先，当进入文明的时代，就以这片热土给予的"咸脉"，为他们的"安身立命"，争得了一份别的地方所没有的恩赐。但这份恩赐也绝非从天而降或不劳而获。恰恰相反，淯井的世代子孙，在艰辛生产，以及与盐相关的盐事、战事和文事的历史与当下，更早地感受到文明的光芒，更深切地感受到文明的恩泽。譬如因盐生长的文事，便异样精彩。无论留下地方志杰作《舆地纪胜》（几可以与《华阳国志》媲美）的长宁军文化长官王象之，还是在竹海留下"秀色醉吾也"的大书法家黄庭坚；无论是向往长宁美景的一代文宗欧阳修，还是在长宁才识得"斗盖"的天纵之才苏轼等风云人物，不仅丰富了长宁的文化，同时也丰富了整个宜宾和川南的文化。作者于此如数家珍，可见作者的用力用心。这样的情怀所构建的这部盐叙事的主旋律，显现出作者不仅志存高远，而且真诚。所以，作者在《后记》里写道："倾注巨大的心力，苦苦寻觅于故纸堆中，拾拣于时空，以纪实文学，或者说文化随笔表达，从而生动地演绎了那一段历史故事，向世人呈现'一口熬煎一方土地、淬炼一方生民之井'。"如果没有对故土的情怀，没有对故土发生和演义的大小诸事的关注，我相信，就绝没有这部关于盐的历史、盐的文化和盐的精神的巨制。

这让我感动。在一个重利轻情的商业时代，作者用一腔心血浸染这部书的字里行间，重构了乡愁的另一种叙事，重写了乡愁的另一种文本。

《淯井》作者嘱我为这部书写序，事实上，我很忐忑。原因无他，我虽长宁土生土长，但对于长宁的盐事，几无常识，更谈不上研究。正好邹永前的这部大书，让我对"淯井"的来龙去脉，有了了解。如果说上述的文字，还有点点意义的话，那也是我对这部书和这部书的作者的敬意。

（2019年6月初，写于叙州田坝八米居）

目录

下篇　文事

盐事

第一章 传说，还是历史就这模样？

盐——食肴之将，生民喉命；国之大宝，立国之本；神赐之物，白色货币[①]。其实，对于"百味之祖"的盐，最为通俗的一句话是"盐是人类的命根子"。啥是命根子？命根子就是生命或精力的来源。

古代盐业开发类型包括池盐、岩盐、海盐、井盐。但无论什么样的"盐"，在中国历史上，对于一方生民，以及存在的政权而言，都是"命根子"。

本书将向你展开的历史画卷是盐井——涫井：一口熬煎一方土地、淬炼一方生民之井。

第一节 文明的起点在这里

他们，应该是这样来到这儿安身立命的。

长江之水从天上而来，滚滚向东而去，惊涛拍打着江中和江岸的怪石，

[①] 张银河《中国盐文化史》，郑州：大象出版社，2009 年 7 月第一版。

"林寒涧肃，常有高猿长啸，属引凄异，空谷传响，哀转久绝。"① 一叶孤舟艰难地沿长江逆行着。船中坐着有些斑白的老年妇女，那掌舵的是她丈夫，两眼紧盯着前方，充满着对未来的希望和憧憬，船头坐着一个怀抱不满周岁小孩的妇女，三五孺子在船上嬉戏着。岸边是几个由壮年和少年组成的纤夫队，他们拉着纤绳，光着身子吃力地伏行在崎岖的纤夫道上。

他们要去往的地方叫什么，他们不知道。他们只知道他们曾经的家没了，他们需要找一个少战乱，少徭役，能开荒种地，能活下去的地方安顿下来，娶妻生子，子子孙孙生存下去。渴了，喝一口长江的水，饿了吃一口家乡的饼，终于有一天他们来到了这江的一条支流。从大江口拐入一江，江流平缓，两岸低低的山丘，有如万千神龟布满大地，圆圆的，又仿佛青春女人的乳房饱含着乳汁等待生命之花开放。

"就落脚在这儿吧！"船头坐着的老人伸直身子望望四野，坚定地说。

这江叫什么？这江流的周边叫什么？他们不知道，这儿应该少天灾、少人祸，应该风调雨顺、五谷丰登、岁岁平安，企盼上苍给一块长久安宁之地吧。这江，这山，都能给他们生命的乳汁，能哺育他们和他们的子孙，于是这江有了一个温馨的名字——淯江。那江流周边的山叫什么呢？老人坐在孩子们刚刚造就的竹屋前，遥望着天际，思考着，生命的图腾在跳跃，故乡的山水、草木在游走，远远的那座山多像我生命的图腾啊！那就是白虎啊！就叫白虎山吧！那像神龟的就叫龟山吧！那像女人乳房的山就叫乳山吧！老人自言自语地说到。突然他闻到了一股浓浓的香味，被香味包围着，使他突然有了一种微醉的感觉，仿佛那是故乡那座祖庙里飘出的檀香，又仿佛是那棵老槐树的香味，是那棵伴着自己走过了大半生的老槐树的香味，于是眼前这高大如屏的山有了一个祥和安宁的名字——佛来山，那接纳了这漂泊的人儿的地方，让他们能安身立命，散发着老槐树的香味的山就叫黄角坡吧。

这是一个大的家族，老人姓黄，抑或姓李、姓周、姓罗，甚或就是我邹氏先祖，是这支移民队伍的领路人。随同来到这淯江两岸的是他的妻子、儿子、儿媳、弟弟、妻弟，以及在战乱中侥幸生存下来的族人。

---

① （南北朝）郦道元《水经注》，北京：线装书局，2016年1月。

这是一块陌生的土地，然而这里雨量充沛、土地肥沃、物产丰富，虽然这块土地上已经居住着一个古老的民族——僰人。但它依然还是一块尚未完全开垦的处女地。

僰人，先秦时期就在中国西南居住的一个古老民族，属历史上濮系民族一支系，其时的僰人虽为蛮夷，然其中许多已能熟练地操汉语，仁柔不好争斗，所以，从秦时起，僰人常被汉人掠以为奴，其被掠者远的到达了当时的咸阳[①]。以致当汉人不远千里迁徙来到这里时，僰人毫无戒心地接纳了他们。并相互依存、相互学习、逐渐融合，后来"淯"这块土地上的先民"声教所暨渐同华人"[②]。

开荒、耕种、收获、娶妻、生子，淯江两岸的土地上布满了迁移至此的汉人和僰人的足迹。先祖们过世了，让他们能瞻望那遥远的原乡吧，让他们的灵魂能追索那故乡的梦吧，于是在长宁这片土地上，在长江边、淯江畔、南广河畔众多的摩崖上有了数不清的崖墓。

崖墓，俗称"蛮洞"，长宁人称"蛮子洞"，是汉代流行于岷江流域的一种仿生人住宅、凿山为室的墓葬形式[③]。我们知道从文化传播的路径依赖来看，文化是随人、财、物、信息等要素流动而传播。越千年文化的流动和传播多由水路发生，进而形成一部部河谷文明史，长宁文化亦然。沿长江逆流而上，由重庆而泸州，然后到达江安，再沿淯江而上至今长宁境域的下长、古河、长宁镇，再到淯井（今双河镇），汉文化逐步浸淫着长宁的每一寸土地。这从县境内沿淯江留存汉墓近 40 处、170 余墓可以清楚地看到。而其中尤以

---

① 司马迁《史记·西南夷列传》："巴、蜀民或窃出，取其筰马、僰僮、髦牛，以此巴、蜀殷富。"（北京：线装书局，《二十五史》2007 年 7 月）

任乃强校注，上海古籍出版社 1987 年 7 月第一版《华阳国志》卷三《蜀志十六》注释 14："僰人，为能操汉语之少数民族，大抵本是百濮之属，……因其人皆能汉语，兼通西南各民族语言者多也，又仁怀不好争斗，故秦、汉、六朝、唐、宋被掠卖为奴隶者甚多，特称'僰僮'，奴隶主皆喜购之，奴隶商人贩售之达于京师。"

②（南宋）王象之《舆地纪胜》第一百六十六卷，北京：中华书局，1992 年 10 月。

③《后汉书·冯衍传》载："凿崖石以室兮，托高阳以养仙"，是崖墓最早见于文献的记载。

七个洞崖墓群、三里半崖墓群、晋王坟①为代表。于此，我们穿越时空，看到了一幅幅生动的历史画卷。

七个洞崖墓（右图）与湖北利川七孔子崖墓（左图）相距一千余里，然形制几乎没有差别

这是一幅汉代"清明上河图"。街是一头伏着的"牛"。"牛头"伏在丘陵的顶部，头朝南，尾向北，头高尾低。"牛"的尾部，老街与一幢东西向房屋呈"丁"字形分布，形成了一东一西两个很短的进出口。南面的"牛头"处，建筑也呈"丁"字形布局，向东的进出口通道很短，向西的进出口通道如"牛鼻子"则较长，有50米左右。处在"牛鼻子"处的百戏楼，是街道最雄伟的建筑，是街的中心，人们赶集的中心，也是节庆表演活动的中心。节日那

①七个洞崖墓群，凿于绵溪河岸的红砂岩峭壁上(址在今长宁县古河镇七洞沟风景名胜区)，洞口从上至下排四列，大大小小的墓群共28座，错落分布在好几公里的山崖上，分布面积达4000平方米，其中7墓较集中，其余21墓错落分散。集中的7个墓均为长方形弧形顶墓室，远望7个墓门若洞，故名"七个洞"。洞群悬于石壁，墓面近百平方米，从下往上排四层。第一、二层各一座，三层三座，四层两座，距淤积后的地面最低2.2米，最高9米。墓室最大者长5.3米，高1.56米。有三座墓内有双石棺，棺连石壁，墓顶穹隆，每墓刻三道门框，下有门槛。从外至内，墓门逐渐缩小。石刻及题记，大都在墓门周围的石壁及门框上，多为阴刻，少数浮刻在石棺及壁上。雕刻189幅，分为29种，其中有女娲、伏羲、舞女、卫士、官员、杂技、阙、鱼、雀、虎、马、龙、竹、竹叶、树、车辆、楼房、钱范文、鼓形灯笼，及文字题记等许多不能识别的古汉字。从姿态看，有乘车、骑马、冲刺、射箭、钓鱼、杂技表演。有"交尾龙""双鸟啄鱼""双鱼戏藻""鼓形灯笼"等。

三里半汉墓群，在长宁县城三里许的淯江东岸，共18座。分布在长260米，宽6米的石壁上，墓向西岸，面悠悠淯江。墓形制相同，皆有墓门。墓门外有门槛，墓室呈长方形。其中四号墓龛长6.1米，宽4.4米，高1.7米。石盖上刻有花卉，裸体人像（头上隆髻、手抓兵器），端头刻一飞式鱼鸟，门框刻饕餮图案。饕餮，中国神话传说中的一种神秘怪物，《吕氏春秋·先识》："周鼎著饕餮，有首无身，食人未咽，害及其身，以言报更也。"作为华夏文化最早的识记之一，在僻远之西南亦能找到其印痕，此为该境域汉兴之证。

晋王墓，墓中发掘出的二号石棺下部雕刻主要是"舞乐百戏"。址在长宁县古河镇东3公里。

天早早的，街上、街边檐下便聚集起了四里八乡的乡民。乡里的官员所占的位置历来都要特殊一些，前一天杂役早已把竹席摆在百戏楼对面楼上的楼台上，楼台上栏杆雕刻着鱼、雀、虎、马、龙、竹、树。漫步在百叶窗式勾栏楼台上的男女歌伎，做着各种精彩的表演。细腰长袂、姿态婀娜的舞伎，在乐人的伴奏下，翩翩起舞。楼台中，主人头戴平顶冠，宽衣博带，席地而坐，正在观赏。卫士站立在官员一旁，边观看着表演，边注视着那道通往大街的门。偶尔端茶送水的丫鬟会走上来为官员及其夫人递上点什么。街上，两个耍杂技的百戏演员，袒胸露背，轮番表演着飞刀、丢弹、倒立、倒翻等等；卖小儿玩具糖果的殷勤地招呼着来到身边的大人小孩。远远地还有乡民赶来，人语声嘈杂喧嚷，十多里外都能听到。

这是"夫妻饯行图"。那文士装束的男子即将远行，身后站立着身背琴剑的书童，对面是他身材窈窕、五官明媚的妻子正举杯向他劝酒饯行。我们想象着，那儒雅之士是怎样的不忍别离娇妻啊！那窈窕淑女又是怎样的泪满香腮，"此去迢迢千里路，离情别绪一杯中"。仿佛，长宁人注定永远不会有荆轲似的孤独狂傲，仗剑远行，抛妻别子是为成就自己所谓一世英名；然而，在长宁好男儿志在四方，远行是男儿永恒的追求，是女儿在追寻那遥远的梦境，别离有伤感，有忧虑，更多的则是柔情蜜意，是美好的憧憬。亦如那首情意缠绵的汉诗"我有一樽酒，欲以赠远人。愿子留斟酌，叙子平生亲。"[1]这里，酒已经进入礼的序列，文明的元素已不是"蛮子"二字所能释读的了。

这是"舞乐百戏"。场面左角案前斜坐四人，吹奏各种乐器，表演杂技等，有冲狭的，倒立的，抛三丸的，掷三剑的，旋盘的。右角还有舞伎二人，女伎腰肢柔细，长袖翩跹，秋波暗送；男伎仰望美女，激越起舞，情意深绵。上部的左方刻《庖饮图》，两人在案上割切，一人于灶前操作，还有一人牵来狗一条，房梁上悬挂已宰剥的狗两只、鱼两条。右方宾主共十人，坐于帷幕低垂的堂上，男女成双成对，观赏歌舞，行令饮酒。如东汉末年的《古艳歌》描写的：

> 今日乐相乐，相从步云衢。天公出美酒，河伯出鲤鱼，青龙前
> 铺席，白虎持榼壶。南斗工鼓瑟，北斗吹笙竽，姮娥垂明珰，织女

---

① 余冠英选注《汉魏六朝诗选·别诗四首》（之一），北京：人民文学出版社，1978年12月。

奉瑛琚。……①

　　酒，表达的是长宁人的豪爽热情；歌舞，传达的是长宁人的深情厚谊；男女相依相偎，演绎的是长宁人的浪漫多情。歌舞之成熟，饮食之精致，岂止是开化而已。

　　对了，还要说说烧烤。以火炙烤食物乃文明之标识。《礼记·礼运》曰："昔者先王……食草木之实，鸟兽之肉……以炮以燔，以烹以炙。"②然而，进入文明时代后的烧烤则不仅仅是脱离茹毛饮血而已，它更多的恐怕是舌尖上的一种舞蹈了。能反映汉代饮食中烧烤习俗的汉石棺画，从地域分布来看，四川新都、长宁，山东微山、诸城、临沂，河南洛阳、密县，陕西绥德，甘肃嘉峪关等都有，而长宁是典型代表，这在《四川文物》所载李欣《考古资料所见汉代"烧烤"风俗》一文中得到充分体现，文中选用了该石棺拓片作为配图，并做了相应文字说明。

　　七洞沟东汉崖墓的文字题记则有："延光元年十月二日作此冢，宜子孙""熹平元年廿日作此冢，宜子孙"等，还刻有"李""黄""易""赵""云门"等，为一般汉墓所少见。文字，标识着人类脱离了野蛮和蒙昧，跨入了文明的门槛，是人类文明的一个最重大的里程碑。遗存于今的东汉崖墓，铭刻了确切的凿墓年代，可见当时的长宁县大部境域早已跨进了文明的大门。

四川长宁二号石棺"杂技·庖厨·宴饮"拓片

　　由此，我们说晋太元（380 年左右）至北宋乾德五年（967 年）的 600 年间，长宁境域的东北部一带曾经有过一个绵水县，开化使然。

　　于是，那条流淌千百年的淯江，从东溪、西溪交融而成的土地，到两溪汇合的淯水口，再到绵水流经的山川，以及其境域相邻的南广河都留下了那七个

---

①《汉魏六朝诗鉴赏辞典》，上海：上海辞书出版社，1992 年 9 月版。
②胡平生、张萌译注《礼记·礼运》，北京：中华书局，2017 年 11 月第一版。

洞崖墓主人的足迹，而这块土地的人们血管里从此就永恒地流淌着那崖墓中先祖们披荆斩棘的血。自然地在 2000 年前这块土地上会演绎出一段神奇的故事。

第二节　一个了不起的发现

这里，是今之四川江安县城西牛角坝，也即汉江阳县清浮坝。今之长宁河，在此汇入长江。由此溯长宁河而上，约七十公里水路即可到达"淯"，也就是今长宁县双河这个地方。

大山由云贵高原奔突而来，只是到达这里时已近尾声，由云贵高原而来的凤凰山、金鸡山、马鞍山、笔架山如万马归槽，主山、护山、案山具备，只是这万山由南而来，面北而向，俯首称臣，故此地自古出文臣，而无帝王也。如果说导游向你介绍西安、南京的风水，你只能意会的话；淯地则是看得见的地理，看得见的风水。三泉（盐泉、温泉、清泉）齐涌，群山拱卫之中，砚石溪、狗跳溪、佛头溪、凤凰溪、冷水溪、磨刀溪、桃花溪等溪流从如黛的青山中走出，蜿蜒于肥沃的十八坝上，形成天然的沟渠，然后汇聚于平坝的北面，这里也就是这一条诗意的江流"淯"的起点。

如今，我们已无法考证"淯江"这一诗意的名字的命名者是谁，也无法确证其得名于何年何月；然而，可以肯定的是生活在这块土地上的一定是充满诗意的人。开始这块土地上居住的是土著僰人，后来那扁舟载着荆襄移民来了。以农耕为生的移民的到来，由于其生活方式与土著僰人大不相同，因而他们并未发生激烈的冲突，相反，以耕织为生的汉人让土著有了新的充饥的食物，以及御寒遮羞的物件。土著狩猎的成果则成了汉人不可多得的美味。于是汉夷在各取所需中和睦相处，共同向着文明迈进。

现在，让我们的故事从风流南宋时长宁军文学王象之所撰《舆地纪胜》开始吧！

在监城北。井之咸脉有二：一自对溪报恩山趾度溪而入，尝夜

有光如虹，乱流而济，直至井所。一自宝屏随山而入，谓之雌雄水。古老相传以为井，初，隶夷之罗氏，汉人黄姓者与议，刻竹为牌，浮大溪流，约，得之者，以井归之。汉人得牌，闻于官，井遂为汉有。今监中立庙祀之。[①]

关于这一段传说的文字记载还见于明代曾经任职四川右参政迁按察使的曹学佺所撰地理著作《蜀中广记》。该书共一百零八卷，分名胜、边防、通释、人物、方物、风俗、诗话、画苑等十二门。征引渊博，搜罗宏富，可以说是蜀中掌故大略具备。其卷六十六这样记述：

初，人未知有井，夷人罗氏，汉人黄姓者因牧，而辨其咸，金议：刻竹为牌，浮于溪流，约，得之者以井归之。汉人得牌，闻于官，井遂为汉有。后人立庙祀黄罗二神。[②]

王象之和曹学佺所写文字虽为传说，实也传达了渼井盐发现的秘密。两段文字的内容有异有同，然其核心点是一致的。

首先，我们来看传说发生的年代。这我们得从王象之的文字中去寻找答案。"古老相传以为井，"王象之任职长宁军文学是在南宋宝庆（1225—1227年）年间，作为地理学者他知道，早在唐时的长宁已"置渼井监管盐"，却又在《舆地纪胜》中较为详实地记述诸葛亮与渼井故事。说明，王象之认为渼井的发现早于三国时期。

那么，具体应在什么时代呢？我认为故事应当发生在东汉。这是因为七个洞崖墓的文字题记有"延光元年十月二日作此冢，宜子孙""熹平元年廿日作此冢，宜子孙"等，还刻有"李""黄""易""赵""云门"等。于此，我们可以想见的是那时的长宁，沿渼江流域，包括渼江的起点双河一带其实是夷汉杂处的地区。

接下来，我们来看盐泉的发现者，王象之、曹学佺二人都明确指出：盐泉是由夷人罗氏、汉人黄姓者发现，且以约定方式决定其归属。后人建立庙宇祭

---

① （南宋）王象之《舆地纪胜》第一百六十六卷，北京：中华书局，1992 年 10 月。
② （明）曹学佺《蜀中广记》，北京：国家图书馆出版社，2013 年 1 月。

祀发现者。略不同的是：王象之文介绍了咸泉的泉脉，曹学佺没有；怎么会发现此泉脉是咸泉，曹学佺说明了，王象之没有说明。

这里曹学佺事实上完成了一个与世界历史上自然盐的发现高度一致的传说的基本构架。即"人类对自然盐（卤）的发现和最初利用，与动物对盐岩、盐水的舐饮一样，往往出自生理本能。我国古代流传下来的'白鹿饮泉''牛舐地出盐''群猴舐地''羝羊舐土'的记载，……都说明了这一点。"[1]

比如，"白鹿饮泉"的传说，早在先秦时代，有一姓袁的猎人，常在大巴山里打猎。一天，袁氏在大巴山深处发现了一只白鹿，不忍射杀，紧追不舍，见山洞有泉水涌出，遂用手捧喝，味咸微苦，知道是盐泉。至此，人们置锅用柴炭煎盐，渐渐人口云集，形成一个盐镇。人们认为那只白鹿是龙，在山洞口打造了一只龙头，让盐泉从龙口喷出，并取名为"白鹿盐泉"，或曰"白龙泉"。为纪念猎人的功绩，盐镇取名为袁溪镇，此即巫溪宁厂古镇的前身。

然而消井盐的传说，在故事内核上有其特别之处，或许这在世界上还是独一无二的。

我们知道，炎黄二帝争夺盐池，他们依靠的是什么？是战争，是靠血腥的战争决定了盐池的归属。虽然由此诞生了中华民族，我们有了共同的人文始祖，但可以想见的是，那是多少人的生命换来的结果啊！

古代巴郡南郡氏族首领廪君（务相）乘着他的船，带着他的部众夺取盐水地区的盐靠什么？靠的是欺骗和残酷无情。美丽的盐神、纯真的爱神最终成了他的牺牲品。

而我们消井盐的发现者们，可以说实在太了不得了，竟以和平的、协商的、契约的，乃至天意的方式决定了盐泉的归属。

那是一个春日的早晨，太阳刚刚从远处山脊线上探出头来，朝霞把东方的云朵染得绯红绯红的，宝屏山上的小树林依然还有露珠儿挂在草、叶尖上，盈盈地闪着光亮。

早早的，夷人女孩罗弗（我们姑且叫她罗弗吧），便赶着她的羊群从对溪报恩山来到了消水口。汉人黄云（我们也姑且叫他黄云吧）也来了，赶着他那可爱的羊群从宝屏山方向而来。消溪轻波荡漾，一溪春梦，或许他们相约好

的，要在这淯水旁写就他们的爱情故事。羊也仿佛知道了他们的约定，于是，就在这对夷汉男女亲密相聚的时候，羊群也蹚过那浅浅的溪流聚在了一起。当然，吸引它们的是那股咸泉，于是影响了蜀南历史，川政历史，乃至唐宋历史的物质——盐，被生活在这片土地上的夷人和汉人共同发现了。

当然，那时生活在这片土地上的人，不知道他们已经拥有了一个可以书写历史的发现。甚至后来，当罗、黄二人已经成为这方土地之神，端坐于神庙里，面对那口源源不断冒出盐卤之井在时空中旋转时，他们无论如何没有想到，这井竟然会成为熬煎蜀南人和淬炼蜀南文明之利器，演绎出一段恢宏的历史故事。

然而，这盐泉究竟归谁开发、管理、利用成了大问题，虽然夷汉在这片土地上能够和睦相处，但毕竟此事涉及夷汉两家各自的核心利益。怎么办？黄云的父亲在得知淯水上发现盐泉后拿不定主意，罗氏也如此。于是问题上交到了夷人头领和汉人宗族长辈那里。

"先占，不行就打。打不赢，最后官府肯定站在我汉人这边。"黄云的族叔黄山首先提出了他的解决方案。许多人附和着，是的，在许多人眼中，这或许是唯一的、最佳的方案。黄云的族叔黄山继续补充说道：

"远古，炎帝与黄帝为了争夺盛产池盐的山西解池，双方在阪泉打了三次大仗。不打，黄帝怎能收服炎帝，炎帝的部族岂会并入黄帝部族，黄帝又怎会成为众部落的首领？"是的，自古打得赢就是硬道理。

"不行，打是不得已。你只知道炎帝与黄帝为了争夺盐的战争，却不知宿沙作煮盐的故事。炎帝年轻气盛的宿沙部落首领瞿子，带领部落与炎帝分庭抗礼，炎帝未以武力征服，而是以贤德感化宿沙氏族。"

汉人宗长说道。这边争论不休，夷人那边也在争论。

"打！先打走这些占我们土地的汉人再说。"

女孩罗氏的族伯也提出了他最简单，也是说了许多次，但都没被头人采纳的方案。也有许多夷人附和着。

"不行！打，我们会招来汉家官军，据我所知，汉家那边他们的宗长也不想打。"罗弗的父亲说道。

"信他们的！汉家人最不可信。你可知道他们汉家传下来的那个廪君的故事啊？"

是啊！廪君与盐水女神的故事，一个把无情，或者说无信当作智慧的故事，也是盐文化传说中最为悲凉的传说。且让我不惜篇幅给你道来吧！

伏羲有个后代叫务相，住在南方的武落钟离山，也就是今天的湖北清江武落钟离山。那是古代巴人聚居、生息和繁衍的处所，在这山中除了务相他们那一族外，还有其他四个氏族，分别是樊氏、覃氏、相氏、郑氏。但这四个氏族由于争夺土地、猎场等原因，经常发生争斗，后来各氏族都觉得如此斗下去不行，于是商定以比武决定谁做这五个氏族的首领，经过激烈的角逐，务相取得了胜利，成了他们共同的部族首领，这就是"廪君"。

后来廪君的威望越来越高，为了部族生存发展，大约在距今4000年以前，带领着他的部族来到富饶且拥有盐井的盐阳，即今天的湖北省长阳土家族自治县盐井寺。巴人部落同盐水部落争夺食盐的战争在此发生。一部远古时代的爱情悲剧在这里上演了。

廪君乘着他的船，带着他的部众，顺夷水而下，到达了盐阳。盐水地区的盐水女神早就知道廪君的故事，对廪君爱慕已久的盐水女神亲自去对廪君说："这个地方土地广大肥沃，富饶无比，有你需要的鱼，也有你需要的盐，我愿意跟您一块生活，就不要再走了。"廪君说："我将要成为一国之君，所以我要继续前行，去寻找到那能生产粮食的土地，我的步伐不能停止。"

盐水女神没有再说什么，当天夜里依然跟廪君睡在一起，清晨盐水女神起来，不愿失去廪君，于是自己首先变成了飞虫，在廪君周围飞来飞去，期待着廪君回心转意。当地其他的神见自己敬爱的盐水女神痛苦地化身飞虫，也跟着变成了飞虫来帮助盐水女神。它们飞舞起来遮蔽了太阳，也遮蔽了廪君的前行之路。然而廪君不为所动，想到了要杀死盐水女神。但是由于飞虫蔽天，他没办法分辨哪只飞虫是盐水女神的化身，也辨不清天地和方向。这种情形持续了十天。也算是无奈之下吧，廪君从头上拔下一缕发丝，派人送给盐神说："这青丝表示廪君与你同生死。缠上这个，如果适合你，就与你一块生活；不适合的话，我就要离开你。"因爱迷失的盐水女神相信了廪君的话，接过去缠在了身上。

次日清晨，当盐神化身小虫在天空飞舞时，廪君来到了一块带花纹的石头上，分辨着那胸上有青线的飞虫，不一会儿廪君就从群舞的飞虫中发现了胸上缠着青丝的盐水女神，一箭射出去，盐水女神被射中了。倾心爱着廪君的盐水女神死了，天也开朗了。不带半点负疚感的廪君又乘上船，下行到了夷城（今湖北长阳县渔峡口镇）。那地方石岸曲折，泉水也弯弯曲曲，远远看去像大坑似的。廪君感叹说："我刚从坑中出来，现在又进了坑，怎么办？"河岸马上就崩溃了，宽有三丈多，而且一个台阶接着一个台阶。廪君登上去，岸上有平坦的石头，长五尺。廪君在上面休息，拈阄测算，结果都说建城。于是就在石头旁边建立城镇，在这里住了下来。从那以后廪君的种族便繁衍起来。

爱上廪君的盐神做了自己爱人的牺牲品，这是上古的传说，充满神秘的悲情色彩。但由此我们看到了远古氏族为了生存而争夺资源那种阴谋与血腥。[①]

胜者为王败者为寇，哪怕这当中你充满了欺诈。这是自古我们就认同的一条铁律。黄帝是这么干的，廪君也是这么干的。获得盐泉的开发权最为重要，这么干为何不可？后来的管理者，譬如诸葛孔明，为获取其开采权又未尝不是如此。

第三节　争端，以和平的方式解决

但我们生活在涪这块土地上的夷汉领袖都是智者，他们寻找到了一条不流血解决问题的路径。制定规则："刻竹为牌，浮于溪流，约，得之者以并归之。"这是啥意思？有点像我们赛跑，在竹牌上分别刻上各自族名，放置于水的上游，谁的竹牌先顺流到达盐泉处，该盐泉即归谁所有。有些像抓阄，凭上苍决定。

那天，天气不是很好。仲春，原本该是阳光灿烂的日子，却有些阴霾，风微微地吹着。然而，涪溪两岸全是人，夷汉两家能走动、不能走动的都来了，每个人都期望成为这件决定各自族群未来命运的大事的见证者，重要的是他们

---

① 宿（凤）沙作煮盐神话，最早见于战国时期成书的《世本·作篇》，文载："宿沙作煮盐。"其后鲁仲连《鲁连子》载："宿沙瞿子善煮盐，使煮滔沙（《御览》作渍沙，虽十宿沙，不能得也。"汉代刘安《淮南子·应道训》载："宿沙之民皆自攻其君而归神农。"但形成较为完整故事则是在南宋时期了。南宋郑樵《通志·三皇纪》："炎帝神农氏。诸侯凤沙叛不用命，箕文谏而杀之，炎帝退而修德，凤沙之民自攻其君而归炎帝。"这里《世本·作篇》《鲁连子》《淮南子·应道训》《通志·三皇纪》等引文均转引自张银河著《中国盐文化史》。

需要等待上天的旨意。

夷汉两家的智者虽不懂浮力原理，但他们知道竹片的轻重决定着竹片在水上的流速，所以"刻竹为牌"，首先这竹片得轻重一致，这一点不难办，夷汉两家商议各自制作竹片，并在上面刻上自家的名字。夷汉双方都努力让自己做的竹牌轻一些，这个自然，但太轻了，经不起轻波的阻挠，这个双方也都十分清楚。

结果是，汉人的竹牌先于夷人的竹牌到达规定的地点，按约定汉人得到盐泉的开采权。当然，当时的夷人并不知道，汉人赢取胜利的原因竟然是风，那天因有雨，微风由西北吹来，对于北流的淯溪形成阻力，汉人对于气象的预测能力高于夷人，于是他们将竹牌制作得比夷人略重一些，轻的竹牌在水上反而向下漂浮的速度要慢些。后来，这事附会到了诸葛亮南征的传说中，隐秘在时间隧道深处的历史被解密了。

汉家将此情况上报于官府，盐泉归汉人所有。一个不为中国官方历史叙述所重视的，解决冲突问题的方案——契约，在蜀南，在夷汉两个几乎永远为敌的族群中诞生了。

夷人并未结怨于盐泉开发权的失去。有情人终成眷属，夷汉两族的头人和女孩罗弗、汉人黄云的父亲同意了他们的婚事，并按照汉家婚前礼仪完成了纳采、问名、纳吉、纳征、请期等。婚礼举行那天，那个热闹啊，不亚于"刻竹为牌，浮于溪流，约，得之者以井归之"的盐泉取得仪式。毕竟这是第一次夷汉间的异族婚礼。迎娶新娘之时，新郎黄云紧握新娘罗弗的手，以"执手"之礼至家门。然后，一对新人行拜见祖先之礼：一拜天地，再拜祖先及父母尊长。此后"沃盥"，以清水洗手洗面；再后"对席"和"同牢"，新人在行交拜礼之后，男西女东相对而坐，共食同一牲畜之肉。再行合卺之礼，何谓"合卺"？合卺其实就是"交杯酒"[①]，只是啊，这汉代人比我们还要浪漫许多，男女还要分别剪下一缕头发，以绳绑之以表同心，用红纸包好收藏，以示从此二人即为夫妻，合二为一，同甘共苦，白头偕老。亦如《诗经·击鼓》唱道：

---

① 合卺，传统婚礼仪式之一。即新婚夫妇在新房内共饮合欢酒。举行于新郎亲迎新妇进入家门以后。起于上古。本用匏（葫芦）一剖为二，两器（瓢）之柄相连，以之盛酒，夫妇共饮，表示从此成为一体，名为"合卺"。后世改用杯盏，乃称"交杯酒"。宋朝孟元老《东京梦华录·娶妇》："互饮一盏，谓之交杯酒。饮讫，掷盏并花冠子于床下，盏一仰一合，俗云大吉，则众喜贺，然后掩帐讫。"

"执子之手，与子偕老。"

后来，涪井人感恩于黄罗二人，还立庙祭祀之。从此，夷人罗氏、汉人黄云成了涪井人祭拜的神。"今监中立庙祀之"[①]，表明在长宁军时涪井依然有祭祀盐神之庙，而且，这盐神庙祭祀的盐神是夷人之罗氏，汉人之黄姓者。黄罗二神也从此见证了涪井千百年的风云际会。

中国文化只有统一的皇权，没有统一的宗教。而上古时期的礼制，将祭祀活动分为三、六、九等，将草民拒之于天、地的祭祀之外，事实上也就把中国推向了一个多神的国度。在民间，尤其是在汉族地区，一般人佛、道、儒都信，天、地、君、亲、师都拜，有着极其广泛的实用性、地方性崇拜。如各地有土地神（或称土地公公）、城隍，家门口有门神，灶头有灶神，理财有财神，科第有魁星，婚姻有月老，求子有送子观音，驱蝗求刘猛将，养蚕祝蚕花娘娘，治蛟找许真君，航海靠妈祖，还有风伯、雨师、雷公、电母、河神、海龙王、阎罗王、玉皇大帝等各司其职，简直无所不包，应有尽有。在盐神的崇拜上也是如此。因了中国地域风俗和文化历史的差异性，以及功利性原因，各地供奉的盐神形象可谓千姿百态。

比如，中国现存唯一的盐神庙——四川省资中县罗泉镇盐神庙以管仲为盐神供奉。何以会是管仲不过？以产盐而闻名天下的罗泉，其悠久的历史可追溯到秦代，清朝时盐业开发达到顶峰，清光绪年间，罗泉盐井达 1500 余眼。那时的罗泉商贾聚集，马嘶骡叫，热闹非凡，如此大的生产规模及盐交易量，国家当然要介入管理，于是，盐业管理的宗师管仲自然成为该盐神庙供奉的盐神。

四川陵州（今仁寿）供奉的盐神是东汉五斗米教创始人张道陵。何也？因为传说中的仙道张道陵在陵州任过职，"陵井者，本沛国张道陵所开，帮以陵为号"[②]。

盐源县的纳西族，供奉的盐神中有一位是少女形象；重庆市巫溪县也有"白鹿饮泉"的传说；中国西北少数民族地区敬"盐姥"。

盐商们因祈盼发盐财，于是供奉的盐神是谁呢？是胶鬲、范蠡、猗顿。胶

①《舆地纪胜》第一百六十六卷《古迹》，北京：中华书局，1992 年 10 月第一版。

②（唐）李吉甫撰《元和郡县志·剑南道下》，北京：中华书局刊印《中国古代地理总志丛刊·元和郡县志》，1983 年 6 月。

禹，商周之际人物，原为纣王大夫，遭商纣之乱，隐遁经商，贩卖鱼盐而成为被祭祀的"盐宗"之一。范蠡，我们熟知的说"飞鸟尽，良弓藏；狡兔死，走狗烹"那位，春秋末期政治家、军事家、经济学家和道家学者，曾献策扶助越王勾践复国，后隐去经商而成巨富。猗顿，战国初年鲁国人，后因在猗地（今山西运城临猗县）发家致富，殁后又埋葬在猗地，故称猗顿。盐商们功利着呢，供奉的都是历史上成功的商业巨头。

长宁淯井的盐神呢？既不是帝王将相、商业巨贾，也不是什么仙道灵兽，而是两个凡人，两个普通得不能再普通的社会底层贫民，而且，他们还分属两个不同的民族，其中一个在当时还被视为不开化的蛮夷。在长宁祭祀盐神，没有功利，只有感恩，感恩于大自然的馈赠，感恩于夷人罗氏、汉人黄氏，让蜀南夷汉两家和睦相处，相交相融，共同发展。

由此，我们也清晰地看到，生活在这片土地上的长宁人拥有的是朴实、平和、谦恭、宽容、明朗、悠远、知足，追求安然、闲逸，崇尚宁静、和谐；而与那虚伪、暴躁、傲慢、残忍，迷恋血腥无缘。如果不是这要命的"盐"，或者不是因了那傲慢的权力"笼天下盐铁"[①]战争与血腥永远都不是长宁人的首选。

第四节　传说与遗迹的背后

关于淯井盐的发现与历史，在蜀南民间流传甚广的还有另一则传说：

古城双河北门桥淯水北岸，有一眼奇特的双泉井，水质一咸一淡，塞其一泉皆不流，放开则两泉皆通，古书称之为雌雄井。当年诸葛亮南征到达叙府，很快安定了西南诸夷，南巡时登上了雌雄井北坡的宝屏山，驻足宝屏山巅放眼南望，见脚下是一开阔盆地，阡陌交错，溪流纵横，在一片片明镜似的水田中，浮动着一座绿色的小岛⋯⋯盆地四周崇山叠岭，群峰耸翠。山间薄纱轻

---

① （东汉）班固《汉书·张汤传》，北京：线装书局，2011年7月。

罩，祥云缠绕。不由脱口赞道："如此胜地，不出异宝，也当出人杰。"说完带领部属信步下山，刚到山脚，就看见清水边有一口井，井中一道虹光跃出。众人颇觉奇异，奔过去俯视，只见井中两个泉眼，两股泉水汩汩流出。泉水清澈，两股泉水汇合形成旋涡，恰好把日光聚于一处反射出来。将士们奔走了大半天，口干舌燥，见到如此清冽的泉水，都争相以手捧饮。

然而怪事发生了，有的人若无其事，连连捧饮，有的人水一入口便哇地吐出，不堪其咸。细心的诸葛亮立刻判断是两股泉水水质不同所致。再让人试尝，果真是一股咸，一股淡。为了喝到更清冽的淡水，有人将咸水泉眼塞住，谁知淡水那眼泉也断了流，放开后两泉水流则如常。再塞住淡水泉，咸水泉也断了流。众人莫名其妙，诸葛亮捋须笑道："此乃古书记载的所谓雌雄井，孰知让我诸葛亮在此地寻得，真乃天赐，足可当一宝也。"诸葛亮即命人守护此井，将派大用场。

这时，已被诸葛亮平定的僰人首领不服，前来说道："此井在我僰地，应为僰人拥有。"

诸葛亮深知此盐井对利于控制僰人部落及西南诸夷意义非凡，岂肯轻易舍弃。但这一带夷人各部落刚安置好，若强取，诸夷不服，此次南征岂不前功尽弃。于是先以双方射箭远近定雌雄井归宿，夷人不服，又约定，由诸葛制牌，夷人选牌，最后以清水流放竹牌，谁的牌先到雌雄井，雌雄井归谁。诸葛让人砍下一棵干透的老楠竹，一棵生嫩的鸡爪竹，制成大小一样的两块竹牌，让僰人首领先选。僰人首领选取了轻的那块老楠竹牌。随后，诸葛亮在两块竹牌上分别刻下了僰、蜀字样，并约定第二天一早，到清水上游飘放竹牌。

原来，善测天象的诸葛亮，测得第二天将刮东风，淯水是自西南往东北流，东风是逆水风，竹牌若高浮于水上，定受风阻，漂流速度便会减慢。

第二天一早，大家来到淯水。上游，诸葛亮和僰人首领同时将竹牌放于水中。僰人那一块，轻浮水面，被风一吹，总在岸边回水处打转转，而诸葛亮那一块，载沉载浮，顺着水势，径直往下，很快便飘到了雌雄井处。雌雄井便为诸葛亮所得。

诸葛亮得了雌雄井，立即教人取咸水煮盐。为了防止僰人及其他夷人抢占，在城北走马岭上建了武侯塔，临走时，告诫留守人员："塔在，诸夷逡巡不敢进；塔废，诸夷即至。"

以后千余年，武侯塔数度倾塌。每逢塔倾，夷人即谋夺占雌雄井，汉夷便发生大战。双河城累遭兵祸，数度焚毁，武侯塔也屡毁屡建。直到明末，僰人被镇压下去，并从历史上消失，武侯塔才不再重建。而雌雄井熬盐千余年，直到 1951 年因故封闭。

如此完整的传说故事，当然是近代地方文化人收集坊间逸闻编撰而成，功利性很强，附会很多，以讹传讹自亦很多；但是，传说不是空穴来风，史籍依据依然是王象之和曹学佺的文字。

在王象之的《舆地纪胜》有这样记述："武侯塔在宁远寨泾滩峡之下，耆老传云：诸葛武侯所建，立以誓蛮夷。"[1] 这一段话是在介绍长宁军古迹时写的，很显然，在王象之所处之时，武侯塔的遗迹存在。址在哪里呢？在今长宁县竹海镇塔沙村一匹绸处。关于此点，20 世纪 90 年代时，我在做民间文化寻访时，当地人还讲：武侯塔在 20 世纪六七十年代时塔基尚存，并能确指其位置。

此即是说，长宁曾经建有武侯塔，这是不争的事实，只是究竟是后人托诸葛孔明之威而建呢，还是确为诸葛亮南征强夺了渝井盐的开采权而建呢？我们的确难于确证。但有一点可肯定，即建武侯塔的功用就是为了震慑当时渝井周边的少数民族。

而曹学佺所撰《蜀中广记》卷六十六《方物记》第八《川南井》中的记载则更为具体："长宁县渝井在县北宝屏山下，故老云：昔诸葛孔明登山谓，此处当出一宝否，则产英贤。及下山，见井曰，此足以当之矣。"[2] 这段话翻译出来就是：长宁县渝井在县城（今长宁县双河镇）北面的宝屏山下，故老

嘉庆版《长宁县志》中长宁境域图之武侯塔位置

---

①《舆地纪胜》卷第一百六十六《潼川府路长宁军·古迹》，北京：中华书局，1992 年 10 月第一版。

② 转引自民国《长宁县志》，长宁县志办公室 1985 年 8 月翻印。

传说是当年诸葛孔明登上这座山说，这地方应该出产有宝物吧，而且会诞生一个非常了不得的人物。走到山下，见到盐井，于是说，这盐井就是宝物。

显然，在明代，关于诸葛孔明与淯井的传说比王象之所处时代已经完整了许多。但值得考究的是，此说有依据否？盐井是客观存在，且在唐宋之际已属国之重物，不用证明。诸葛是否到过淯井？这里我们也暂且不说。先来看"则产英贤"一语，是先知，还是事后诸葛？长宁，汉兴以降真正能称得上国家级"英贤"人物，非周洪谟莫属。

据《明史》卷一百八十四，《列传》第七十二：

> 周洪谟，字尧弼，长宁人。正统十年，进士及第。授编修。博闻强记，善文词，熟国朝典故，喜谈经济。……
>
> 迁礼部右侍郎。久之，转左。以蔡《传》所释璇玑玉衡，后人遵用其制，考验多不合，宜改制，帝即属洪谟。洪谟易以木，旬日而就。十七年进尚书。二十年加太子少保。二十一年，星变，有所条奏，帝多采纳。
>
> 弘治元年四月，天寿山震雷风雹，楼殿瓦兽多毁。洪谟复力劝修省，帝深纳之。洪谟矜庄寡合，与万安同乡，安居政府时颇与之善。至是，言官先后论奏，致仕归。又三年卒，年七十二。谥文安。①

以此史载推之，周洪谟生于 1421 年，故于 1492 年间。

那么曹学佺是什么时候人呢？据"百度百科"曹学佺生于 1574 年，故于 1646 年，也就是说曹学佺以其出生年代看已经晚于周洪谟离世 72 年，其著《蜀中广记》时，周洪谟早已经作为历史人物盖棺论定了，也即，此时的周洪谟在曹学佺那里是当之无愧的"英贤"了。所以，此时周的传说其实附会已经很多。

当然，是否因此地乃风水宝地，方有"英贤"周洪谟，不是本文关注的内容。这里，我们要关注的是：葛孔明南征是否到过淯井？武侯塔真的是诸葛亮建的吗？

---

① 《明史》，北京：线装书局，2007 年 7 月第一版。

第五节　盐，让诸葛亮一定会来

诸葛亮南征是否到过长宁双河一带，我们无确切之史证。但我们从诸葛南征线路，以及盐在国家政治、经济、军事中的重要地位推测，诸葛亮不会对淯井视而不见，蜀汉军队应当是到过长宁淯井的。

《三国演义》，小时候看的是小人书，及长读半文半白的文字，我们津津乐道的是集正义、忠良、聪慧于一身的诸葛亮是如何雄韬伟略、足智多谋，是怎样地七擒孟获。而对于小说交代的："建兴三年，益州飞报：蛮王孟获，大起蛮兵十万，犯境侵掠。建宁太守雍闿，乃汉朝什方侯雍齿之后，今结连孟获造反。牂牁郡太守朱褒、越嶲郡太守高定，二人献了城，止有永昌太守王伉不肯反。现今雍闿、朱褒、高定三人部下人马，皆与孟获为向导官，攻打永昌郡。今王伉与功曹吕凯，会集百姓，死守此城，其势甚急。[①]"即，诸葛亮南征的实际历史背景，则是不甚了了。因此，我们的淯井故事得从诸葛南征之背景说起。

公元 223 年（蜀汉章武三年）夏四月，刘备病逝，五月，我们自小认识的那位"扶不起的阿斗"刘禅即皇帝位，改元建兴。也就是这一年六月前后，益州郡的汉族豪强雍闿，趁蜀国在夷陵新败、刘备病逝以及汉嘉郡[②]太守黄元叛乱的混乱时机，策动牂牁郡太守朱褒、越嶲郡叟王高定元，以及益州郡少数民族头领孟获等一起叛乱。他们杀死了益州郡太守正昂，又把接任的太守张裔抓起来送往东吴，越嶲郡则杀死了郡将焦璜，而牂牁郡则杀掉从事常颀，一起反对蜀汉政权。

---

① 罗贯中《三国演义》第八十七回《征南寇丞相大兴师，抗天兵蛮王初受执》，北京：人民文学出版社，2010 年 9 月。

② 汉嘉郡，三国蜀章武元年（221 年）改蜀郡属国置，治汉嘉县（今四川芦山县）。属益州。辖境相当今四川省雅安、芦山、名山、天全、荥经、汉源等市县区。西晋永嘉后废。

南中叛乱涉及益州郡、牂柯郡、越嶲郡等地方，叛乱的主角包括雍闿、朱褒、高定元，以及少数民族头领孟获等。

由于蜀汉新遭大败，兵力损失巨大，加之刘备刚刚去世，国内局面需要整顿，因此，诸葛亮没有立即采取平叛的军事行动，而是采取了招抚的措施。但是并没有取得什么效果。

蜀之形势可以说是十分严峻。北，有曹魏大兵压境；东，有孙权荆州军威胁；南，有三郡叛乱。怎么办？考验着决策者的智慧。的确得有雄才大略，对此，诸葛亮采取了"北抗曹魏，东和孙权"的正确战略，于223年10月派邓芝到东吴修好，并取得了外交上的成功。接着，在224年积极进行兵力补充、整训等战前准备工作。这样，在225年初，已经具备了南下平叛作战的条件，于是，诸葛亮在成都开始组织这次南征战役。①

这就是诸葛南征的起因。好了，现在有几个地理概念问题。上面提到的益州郡、牂柯郡、越嶲郡，及另一地理名词"南中"都指的什么地方？

益州郡：益州郡又称建宁郡，是中国古代地名，范围在今天的云南省。这里以前是"南蛮"古王国滇国的领地，汉武帝时设立益州郡，郡治在滇池县。注意，这里的益州郡和益州是两个概念，你从《三国演义》中读到的益州，那也是中国古地名，泛指的是四川省一带，其范围包括今天的四川省、重庆市全境和陕西省南部，云南省西北部。治所在成都。

牂柯郡：中国古郡名，汉武帝元鼎六年（前111年）开西南夷而置。治故且兰县（今贵州省贵阳市附近）。西汉后期属益州刺史部。其范围包括今贵州省、四川蜀南部分县地。

越嶲郡：中国古郡名，汉武帝元鼎六年（前111年）开邛都国而置。郡治在邛都县（今四川西昌市东南）。西汉后期隶属于益州刺史部。三国时期属蜀地。

永昌郡：中国古郡名，位置相当于今云南省西部，可能包含缅甸克钦邦、掸邦的一部分，始于东汉。郡治起初在嶲唐县，后来迁到不韦县（今云南保山）。

---

①《资治通鉴·魏纪一·世祖文皇帝下》：黄初六年"谡（马谡）曰：'南中恃其险远，不服久矣，虽今日破之，明日复反耳。今公方倾国北伐以事强贼，彼知官势内虚，其叛亦速。'"（北京：光明日报出版社，2012年6月）

南中：三国时这一地名即是指上述广大地区。有了这一历史地理概念，我们也就知道了诸葛亮南征，其实就是在这一广大区域，包括蜀南这一带展开的。而不能认为只是今凉山或云南等地。

再从史料上看，南中之战发生于建兴三年（225），对于此次战役，《三国志·后主传》只有 51 个字记载，《诸葛亮传》则更是少到 20 字，一向以翔实著称的裴松之注也仅 300 字。记述此次战争详细的是《华阳国志》，常璩去三国时期约 100 年，其史料应当可信，但毕竟已是百年。因此，要还原历史，或者说全面反映此段历史难度已经较大。对于诸葛亮是否到过涓井我们当然只能做整体的历史把握和逻辑推演。

话说公元 225 年（蜀汉建兴三年）三月春，诸葛亮的十万大军开始行动了。首先沿水路自成都由枝江（今沱江）顺流而下，然后于富顺转而快速到达僰道，屯兵今岷江宜宾市区段北岸天柱山（又名崔科山）下。

这是蜀汉南征军即将分兵的前夜。虽已入暮春，然岷江之上的风吹来依然充溢着寒意，一生谨慎的诸葛亮不敢懈怠，枯坐帐中，苦苦地思考着下一步的计划。

行前，与马谡那次畅谈走进了诸葛亮的脑子。"南中依仗其道路远而艰险，长期以来不附我蜀汉，即使是现在把他打败，后面还会反叛，将来明公如果倾国家之力去对付强贼曹魏，他们知道我们后方空虚，必然叛乱得更快。"所以南中用兵"用兵之道，攻心为上，攻城为下；心战为上，兵战为下。"[1]马谡所言，说到了南中形势的关键，应当谨记啊！诸葛亮喃喃自语。

对，兵分三路！诸葛亮心中战略方案已然形成。

中路军，庲降都督[2]李恢率领，其主要任务是从驻地平夷县（今贵州毕节）沿小路迂回益州郡（今云南东部），占领孟获的根据地，切断孟获援高定元军的退路。李恢本已在平夷，即今之毕节，迂回而攻孟获老巢，理所当然；且李恢具有远见卓识，敢于认责，应当放心。

东路军，目标为直取最东面的牂柯郡（今贵州黄平西南）、消灭朱褒的叛

①（三国）诸葛亮著，段熙仲、闻旭初编校《诸葛亮集》，北京：中华书局出版社，2012 年 3 月。
②庲降都督，蜀汉平夷庲降都督府长官。汉末刘备入蜀后，按照诸葛亮"南抚夷越"的方针在益州南部、南中地区设置的戍卫重镇，是蜀汉政府在南中地区设立的最高军政机构，其最高统治长官也叫庲降都督。

军。由门下督^①马忠率领，马忠虽职任丞相府门下，尚未独当一面，但他处事果断，加之叛军弱小，也应该没有多大问题。

剩下的是自己亲率的西路军了，战略目标为消灭越巂郡（今四川西昌）高定元的主力，随后进击益州郡，消灭雍闿、孟获军，并且夺回被叛军控制的产盐地定筰。

哎呀，差一点就忘记了一个十分重要的问题，丞相府秘书长（丞相长史）王连，曾经谏言：南中，那是不毛之地，瘴疠之乡，不值得您这位全国人所指望依赖的人去冒险行事。在自己决意亲征以后，王连谈到了南征途中的盐产地，其中有一名叫㽵井的就在附近。随着稍后王连的突然病逝，自己竟把如此重要之事忘记了，诸葛亮不由有几分自责。于是赶紧找来随同自己南征的新任丞相府高级参谋（参军）杨仪等，了解㽵井情况。

经过一番详细询问，诸葛亮了解到：原来这㽵井盐泉发现于东汉年间，但由于那时朝廷施行的是宽松的盐铁政策，所以其开采权归了私人，主公刘备入主益州，㽵井权依然是私人开采，但盐税已成蜀汉收入一个不小的来源。南中叛乱，当地夷人跟着起哄，盐井亦为夷人所得。此次南征正是解决这一问题的时机。

当然，对于诸葛亮而言，不管该盐井如今是归夷人所有，还是归汉人所有，将其收归国有都是蜀汉既定的国策，可谓志在必得。

我们着重来看诸葛亮的西路军。

西路经由屏山，然后到达卑水（今四川凉山美姑）地区，这一路诸葛的主要对手是高定元。很快雍闿、高定元均兵败被杀。在消灭了雍闿、高元定等后，逼近孟获老家益州郡。225 年五月，诸葛亮大军渡过泸水，进入益州郡。在克服了气候、地形、运输等困难后，在味县（今云南曲靖一带）以北地区追上了孟获的部队，经过激战，击败了孟获的部队，生擒孟获。在与李恢的部队会师后，大军向西挺进，进兵滇池（今云南晋宁东），并分兵平定了四周的部族。这时已是 225 年秋。整个战役以诸葛的胜利结束。

---

① 门下督，官名。汉、魏、西晋时郡国守相的属吏。汉全称为"门下督盗贼"，简称"门下督""督盗""督盗贼"。魏，晋或称"门下督"，或称"帐下督"。主兵卫，任巡察导从等事。南北朝时唯北齐清都郡有此职。为帅府属官。骠骑将军、车骑将军、卫将军等府均置门下督一人，第七品。下属有门下录事、门吏、门下书吏各一人。

从以上征战线路看，诸葛亮到宜宾后是西行。现在我们来看线路图，由此表我们看出：

诸葛亮南征线路图

西路，先是西行，南征取得胜利后，其回师线路是由益州郡（昆明）经曲靖至宣威，再抵汉阳（今毕节七星关），然后由毕节而永宁，经过今之江门、纳溪、泸州回成都。

显然，从南征线路看，诸葛亮好像不会到达淯井；然而淯有盐，于是在屯兵僰道时亲自带兵在西行之时或回师之时，或者令马忠经由南广河至毕节之时顺道夺淯地（今长宁双河镇）盐井以断夷人生存之需即为战事之必要。再以诸葛丞相名义建塔，又以其名义发个文告说，盐井已收归蜀汉（国家）所有等都是自然。于是，以当时诸葛孔明之政声，以及以后渐隆的声名，诸葛亮到过今双河一带成为传说亦就再自然不过了。

淯这边呢？诸葛亮南征的消息早已传遍了整个南中地区，但对于生活在淯这一地区的夷汉之民而言，那是遥远的事情。无论生活在这里的汉人也好，夷人也好，都对诸葛亮大军到来没有任何防备。当然，他们也不可能有什么有效的防备，毕竟那时滔的人口也是少得可怜。那时这一带人口有多少呢？牂柯郡、越嶲郡、益州郡三郡加起来才有四十七城，一十九万零六百七十九户，一百七十八万八千零一十一人[①]，那么当时的滔地有几百千把人已是了不得了。所以当诸葛亮亲率的西路军，或者马忠的东路军到来以后，夷人早已作鸟兽散了。

我们的这个推测是有根据的。你应该记得前面说诸葛南征主要打的是高定元。高定元为啥迅速兵败？原因固然与高定元与诸葛亮不是同一档次的对手相关，但重要的原因则是盐，要命的"盐"。当时，高定元听说诸葛亮要来，十分紧张，他控制的地盘很大，现在却成了他的包袱，为了集中兵力，他把人马从永昌郡全部撤到了越嶲郡，分兵把守在旄牛（今四川汉源南）、定筰（故址在今四川盐源县盐井镇附近）、卑水一线。为何如此集中兵力，却又分兵把守？因为盐，盐是高定元的命根子，高定元要保护盐井。这就犯了兵家大忌。夷人善野战，不善守城，高定元这个做法，形同寻死，当然也是寻死。

自此，滔井控制在了历朝历代的国家财政治理体系中。

第六节　滔井究竟开发于何时？

中国的文明史实即一部河谷文明史，随河谷文明的演进，长宁在东汉时期已经融入了中原文明，长宁境域相当部分地区在东汉时期属于夷汉杂居。这一点，今沿滔江流域，从下游的下长镇到上游的龙头镇发现的东汉崖墓即是确证。即今双河这一地区已经具备了发现盐泉的基本条件——人类活动。因此，我们在历史的深邃之处看到了夷人罗氏和汉人黄氏发现盐泉，以及诸葛亮南征

---

① 据《后汉书·志第二十三郡国五》记载：牂柯郡，九城，户三万一千五百二十三，口二十六万七千二百五十三。……越嶲郡，十四城，户十三万一百二十，口六十二万三千四百一十八。……益州郡，十七城，户二万九千三十六，口十一万八百二。

智取夷人盐井的传说故事。

那么，史料呢？有史料为证吗？有，先看史证材料：

中国盐业公司主持编撰，郭正忠著《中国盐业史·地方篇》，第 636 页：

> 汉代，川盐遍及广都、巫县……江阳、汉安、南广、定筰、武阳、临邛、汉阳等地。[①]

中国书籍出版社出版，吉成名所著《中国古代食盐产地分布和变迁研究》一书指出：

> 汉代井盐产地分布于南、蜀、犍为、越嶲、益州、江阳、巴、巴东、牂柯、永昌十郡，这十郡井盐产地，可计为 15 处井盐产地。这些产地都位于西南地区，虽然大多数产地《汉书·地理志》没有载明是井盐产地，但是这些地方后来都是井盐产地。[②]

《华阳国志·卷三·蜀志第十七》：

> "新乐县，郡西二百八十里，元康五年置，西接僰道，有盐井。"任乃强注："新乐故城，以道里推之，当在今江安县治西，当淯江口，有小河原曰旧县坝，地属长宁县，传为江安旧城，而无城址与瓦砾之迹，盖即此新乐县故址。土城湮没，久成耕地也。""此'监井'当指安宁河（淯水）侧之淯井，唐置淯州，宋置淯井监。"[③]

长宁在汉时未曾建县，按《长宁县志》"今县境东北部（邻江安县）大体为犍为郡江阳县地；南部（邻兴文、珙、高等县）大体为犍为郡南广县地；西北部（邻宜宾市郊、南溪等）大体为犍为郡僰道县地。"长宁今之境域都在该

① 郭正忠《中国盐业史（地方篇）》，北京：人民出版社，1997 年 9 月。
② 吉成名《中国古代食盐产地分布和变迁研究》，北京：中国书籍出版社，2013 年 7 月。
③ 任乃强《华阳国志较补图注》，上海：上海古籍出版社，1987 年 7 月。

书所述产盐地范围。洧井所在地为今长宁县双河镇，在县境南，属南广县地，以今之所能查阅到的资料，我们没有发现在汉，或者以后的历史中南广县地，如宜宾、兴文、珙县、高县等有较大规模的盐井记载。

吉成名所著《中国古代食盐产地分布和变迁研究》一书指出的那些盐井，是否包括洧井，我们无法确切地考证，但有一点可以肯定，即后来成为著名井盐产地（包括洧井）的，都包含在这十郡十五地之内。

而《华阳国志·卷三·蜀志第十七》，任乃强的注释则明确地指出：新乐县在洧江口，其境域有洧井。《华阳国志》成书于东晋穆帝永和四年至永和十年（348—354年）。此时去蜀汉时期约100来年，其记载可以说去古不远，应是真实有效。

现在我们再来看汉夷共同发现盐井，通过自然选择的方式，决定了其归宿，并以契约予以了明确，而且，此事通报官府，得到了官府的认可的历史因果关系。

由此基本信息我们得到的是，洧井在其开发之初应属于私营。那么，在什么前提下能得到官府认同，且能得以私人拥有开采权呢？前提是必须是国家没有施行"盐铁官营"，或者说是国家对于山海之利放得较宽的时期。因此，我们的答案得在中国盐政史中去寻找。

洧井，有确切史证的是唐朝，按长宁建制史，洧州建制于久视元年，即公元700年。随即"在洧井（今双河登云亭山下）置洧井监管盐"[①]，具体是哪年呢？应当在乾元元年（758年），因为这年唐朝才正式颁布盐法，于山海井灶近利之地由官置监院，负责"收榷"与"出粜"[②]。

因此，洧井盐泉的发现肯定在此前，现以此前各个时期盐政基本情况为线索，看洧井盐泉究竟应当发现于什么时候。

战国及秦时期，长宁均属秦地，从秦蜀守李冰主持开凿四川第一口盐井——广都盐井（约前255—前251年），即属"官营"。也就是说秦在统一六国前，即已置盐官收盐利，甚至由官府直接介入食盐生产。此亦证明，洧井盐不可能在秦时发现，如在当时发现，不可能私有。另从长宁县的开化情况看，宜宾所置建制也仅是县级建制蛮夷性质的僰道县，汉人应当尚未进入这一

---

① 四川省长宁县志编撰委员会编纂《长宁县志》，成都：巴蜀书社，1994年7月第一版。
②《新唐书·食货志》"山海井灶收榷其盐""尽榷天下盐"（北京：线装书局，2007年7月）。

区域。

汉初，为了医治战争创伤，在黄老思想指导下，朝廷推行一系列"与民休息"的政策，"驰山泽之禁"①，标志着食盐官营被取消。如其时发现盐井可以私人开采，但这时的长宁，尚无任何证据证明已经有汉人居住，所以，把涪井盐的发现放在此一时期，有些站不住脚。

汉武帝重禁山海，严法推行食盐官营，直至王莽末年，其时长约140年，其间，盐泉发现自不会归私人开采的。

东汉，皇权不振，地方割据势力发展迅速，朝廷重开山海之禁，直至三国时期，战争不断，食盐才再度纳入官营范畴。其间，弛禁时间长达180年之久。而此时，长宁已经是人烟稠密，许多地方已是夷汉杂居，盐泉发现，并以私人开采形式存在已成为可能。再结合诸葛亮南征在长宁留下的传说，我认为涪井盐泉的发现当在东汉建宁、熹平年间。

其后，三国、两晋、南北朝所推行的"食盐官营"，是战乱和割据下采取的特殊措施，设置戎职，统率兵伍，于产盐区设置盐监，与其说是"食盐官营"，不如说是"食盐军管"。因此，在这样一种条件下，发现盐泉，报官，且许其私人开采是不可能的。

隋文帝开皇三年（583年）针对魏晋以来的盐业严管政策，宣布解除盐禁，"通盐池、盐井与百姓共之"②。这一做法为唐初统治者继承。因而，此一时期如涪这一区域发现盐泉，当有为私人开采之可能。

然而，我们知道民间传说是围绕客观实在物，运用文学表现手法和历史表达方式构建出来的，具有审美意味的散文体口头叙事文学。在民间传说的创作中有一个"传说核"，即客观实在物始终处于核心地位。"传说核"可以是一个历史人物、历史事件，也可以是一个地方古迹或风俗习惯等。涪之盐泉的发现，其核是盐泉由夷汉共同发现，汉人开采。诸葛亮到涪井，其核是诸葛亮或诸葛亮的南征军到涪井，将涪井开采权收归政府。

此即是说，如隋唐初这一时期才发现涪井之盐泉，那将其附会于诸葛亮就实在讲不通其传说的根在哪里了。

这一点，我们从相关史料也可以得到佐证：蜀汉时期双河盐泉已经发现，

①《史记·货殖列传》，北京：线装书局，2007年7月。
②《隋书·食货志》，北京：线装书局，2007年7月。

至蜀汉则已纳入了蜀汉的军事财政管理的范畴。

蜀汉承两汉制，也专置盐官，实行"食盐官营"制。也即蜀汉对于盐业的管理高度重视。据《三国志》卷41《蜀书·王连传》称王连任司盐校尉，办事认真，"较盐铁之利，利入甚多，有裨国用"。以致后来王连升任蜀郡太守、兴业将军，依然"领盐府如故"。一个官员办事得力，升任更高职务，原职依然保留，可见该职务之重要。《三国志》卷43《蜀书·张嶷传》则有："定筰、台登、卑水三县去郡三百余里，旧出盐铁及漆，而夷徼久自固食。嶷率所领夺取，置长吏焉。"[①]此为蜀汉将领于少数民族首领手中掠取盐井垄断盐铁的具体记载。定筰、台登、卑水在哪儿？在大凉山里面，尤其是定筰，那可远着呢，在盐源，距成都，即便是现在的雅西高速通了，也尚还有570公里。如此僻远之地，高定元不顾死活固守，诸葛亮不计成本要夺取。诸葛亮南征之后，越巂郡依然动乱不止，蜀汉再度发兵夺取盐业资源，那么顺道取浍地之盐井，则就是再自然不过的事情了。

从上述文字，我们看到蜀汉征讨一个地方，对于盐井那是志在必得，这是蜀汉盐业管理体制需要，更是战争需要。

再就是，据成都武侯祠博物馆编撰，科学出版社出版的《图说诸葛南征》，文图中诸葛南征与诸葛本人姓名相关的遗迹有："丞相祠""诸葛亮点将台""诸葛城""孔明寨""登相营""诸葛忠武侯祠""孔明石""诸葛洞""孔明山""诸葛营""诸葛山""诸葛沟""诸葛箐""诸葛堰""诸葛营村"等，但没有叫"武侯塔""雌雄井"的。我们知道历史景观（地名）的命名大体有以下四种情况：一是描写自然景观，二是记叙人文历史，三是寓托思想感情，四是套用或仿照其他地名。很显然"雌雄井"属描述自然景观的范畴，而"武侯塔"这一历史遗迹则明显不是套用或仿照，而是记叙人文历史，不是历史的附会，是历史的因缘。

此状况在诸葛亮南征遗迹中普遍存在。比如：在云南保安一带，至今还有三个能灌溉的水利工程，当地人叫诸葛堰，传说都是诸葛亮修的。有人考证，认为诸葛亮未曾到保安，此诸葛堰系附会。其实，诸葛到过与否不重要，由诸葛亮下令修建则是完全可能的，而后人以此纪念他，自然。

因此，传说中，诸葛使计从夷人手中获得浍井，我们可以看作是蜀汉南征

①《三国志》，北京：线装书局，2007年7月。

从蛮夷手中夺取了盐井；建武侯塔，"以誓蛮者"，则是将涪井纳入蜀汉盐业专营体制，并驻军保护盐业生产和盐运。

因此，涪之盐泉发现于东汉时期应当无疑。

第二章　羁縻，远没有"淯井监"重要

第一节　僚人，一个族群的到来

　　长宁的历史仿佛走进了时间隧道的最深处，从公元225年诸葛亮那次南征以后，近五百年里，几乎找不到可供我们进一步发现的东西，蛛丝马迹都没有，至少是我没有找到，遗憾。

　　《晋书》《宋书》《南齐书》《梁书》《陈书》《魏书》《北齐书》《周书》《隋书》《南史》《北史》，以及各类野史、地理志都没有记载。汉兴以降的长宁，你这是怎么了？答案只能在这一时期的社会背景中去寻找……

　　东汉末年，天下大乱，群雄逐鹿，曹操在混战中，势力逐渐增强，并且控制了东汉朝廷，为曹魏的建立奠定了基础。东汉延康元年（220年），曹丕逼迫汉献帝禅让，正式取代汉王朝，建立政权，史称曹魏。然而靠着权谋篡夺权力的曹魏，权力来得毕竟有些名不正言不顺。中国历史上的权力更迭，除传说中的所谓尧舜禅让，恐怕没有名正言顺的，但毕竟曹丕属臣子犯上，不是打出来的，也就总有些忌讳。以致从其篡位那天起，曹魏不仅始终有来自吴、蜀的挑战，其内部亦是纷争不已。坐上皇位的曹丕不仅猜忌周围的权势家族，对自己的兄弟们也不能放心。大概是心理压力太重，从建安二十五年（220年）龙袍加身，至黄初七年（226年），在位仅仅七年，曹丕即病逝了，年仅四十岁。继任者曹叡传承了家族的偏执，彻底将自己与众人隔绝起来，终让司马氏权倾朝野。历曹芳、曹髦、曹奂三帝，公元265年司马炎取代曹魏政权而建立新政权，建国号为晋，公元280年灭孙吴，三国鼎立的分裂局面结束了，又有了短暂的统一。

但灭吴后，西晋举国早已沉浸在了奢侈腐败的气象之中，晋武帝出身世族，其家族经过长期发展，早就形成庞大的权贵集团。因此自西晋建立，政风十分黑暗，贪赃枉法，贿赂风行。不过二十年时间，公元300年，和平时代结束，紧接着是"八王之乱"，一段300余年的动荡史开始了。

有句话叫"天下未乱蜀先乱，天下已定蜀未定。"中国历史是否完全，或者基本合乎此逻辑，未做过详细考察，不过西晋之后这段动荡史则的确是从蜀中开始的。

首先登上这一动荡历史舞台中心的人物是益州刺史赵廞，当然这是一个过渡性人物。公元300年，这一年是庚申猴年，是年十一月冬，朝廷下诏征召益州刺史赵廞为大长秋①，让成都内史耿滕任益州刺史。这赵廞是中国历史上传说最为荒淫的贾南风皇后的姻亲，对于晋朝的衰微败乱，早已心里有数，并存有占据蜀地的愿望。而接任他职务的耿滕恰好是他政敌，此前赵廞拿出仓库中的粮食，赈济流民，收买民心，耿滕就曾多次告密，说："流民剽悍骁勇，而蜀人怯懦软弱，主人对付不了客人，一定会造成祸乱。"赵廞对耿滕可以说早就是恨之入骨，欲除之而后快了。如今一听朝廷要把自己调到中央，脑壳一下就大了，这不正是明升暗降、调虎离山吗？于是赵廞萌生了反意。

偏偏那耿滕是个不识时务的主，想入主益州作刺史想昏头了。当时，成都郡治所在少城（成都老城区西部），益州治所在太城（成都老城区南部）。这赵廞接到诏书，便派文武官员一千多人去迎接耿滕，但自己却仍留在太城。耿滕打算进太城，耿滕的助手功曹②陈恂劝谏耿滕，说："现在益州与成都郡结怨一天比一天深，你进城一定有大灾祸，不如留在少城观察太城的变化，等驻守西夷的校尉官来了再说。情形不对，则退到犍为③防守，西渡到江源，以防不测。"耿滕没有听从陈恂的劝说，率众进州城，结果被赵廞派兵阻挡，在西门发生战斗，耿滕战死。

随后，赵廞派李庠杀了犍为太守李密、汶山太守霍固、西夷校尉陈总，据

---

① 大长秋，皇后所用官员的负责人，一般由宦官担任。因赵廞为当时贾后之姻亲，故能任此职。
② 功曹，古代官职名。亦称功曹史。西汉始置，为郡守、县令的主要佐吏。主管考察记录业绩。
③ 犍为，这里指犍为郡，当时治所在武阳县（今彭山区凤鸣镇）。

成都反晋。赵廞自称大都督、大将军、益州牧，建元"太平"。可这赵廞并不是个真正干大事的主，第二年正月，赵廞忌李庠骁勇得人心，将李庠杀掉了。这就导致李庠之兄李特引军攻成都，赵廞被部下所杀，"太平"亡了。太平王朝的主子赵廞，自300年十一月开国至301年正月被部下所杀，坐在帝王位置上仅仅三个月。太平王朝不太平，一千多年后的明朝正统十三年（1448），有一个叫陈鉴胡的也称了几天王，国号太平，年号泰定，只可惜也是仅仅几个月时间就"寿终正寝"了。所以啊！许多时候我们还真不能看那名字取得好不好听。

这也就有了第二个登上动荡舞台中心的人物，流民领袖李特。李特[①]，字玄休，属于巴族，巴西宕渠（今四川营山）人，其祖辈迁居汉中，曹操攻克汉中后，李特的祖父李虎归附曹操，授任将军之职。父亲李慕，官至东羌猎将。也就是说这李特原本就是官三代。李特身高八尺，孔武有力，善于骑马射箭，见解不凡，性情沉稳刚毅有度量，为人仗义好打抱不平，因此，在汉中的时候，州中与之志同道合的人都就归附于他了。

那他怎会又是流民领袖呢？流民在我们的记忆中好像就是因灾荒迁徙他乡乞讨的，其实不完全是。《明史·食货志》解释，流民即："年饥或避兵他徙者曰流民"，这里很显然，因躲避兵乱，不管你属于哪一阶层（阶级），迁徙他乡即是流民。李特他们由汉中迁徙入蜀即属于"避兵他徙"。

元康六年（296年），氐人[②]首领齐万年造反，关西一带兵祸扰乱，再加连年大荒，略阳、天水等六郡的百姓流亡、迁移，寻找粮谷进入汉川的有几万家，其中便有李特兄弟。路上处处见到有病和穷苦的人，李特兄弟经常救助赈济、保护这些人，从此得到众人之心，成为流民首领。李特与兄弟李庠、李流率流民徙居巴蜀，益州刺史赵廞因看到晋朝的衰微败乱，心里早已存有占据蜀地的愿望，于是接纳了他们。李氏兄弟渐为赵廞器重，然功高震主的李氏兄弟也渐为赵廞忌恨。如此就有了后来赵廞叛晋后杀李特三弟李庠，李特、李流回

---

①《华阳国志》："特、流乘衅险害，雄能推亡固存，遭皇极不建，遇其时与！期倡为祸阶，而寿、势终之，《诗》所谓'乱离瘼矣，爰其适归'者也。长老传谶周谠曰：'广汉城北有大贼，曰流曰特：攻难得，岁在玄宫自相庭。'终如其记。先识预睹，何异古人乎！历观前世伪僭之徒，纵毒虔刘，未有如兹。每惟殷人丘墟之叹，贾生《过秦》之论，亡国破家，其监不远矣。"（任乃强《华阳国志较补图注》，上海：上海古籍出版社，1987年7月）

②氐人，氐族是我国历史上一个重要的民族。从先秦至南北朝，氐族分布在今甘肃、西藏、青海、四川等省的交界处，大部分集中于陇南地区。五胡十六国时期，先后建立过仇池、前秦、后凉等政权，对当时的历史有重大的影响。南北朝以后氐族逐渐融合于汉族之中。

师进攻成都，赵廞为西夷护军姜发所杀之事变。李特力量逐渐壮大，终于在公元304年，其子李雄自立为王，据成都，建成汉，为中国历史上"五胡十六国时期"①之"十六国"之一。而这成汉王朝与蜀中后来的历史变故，特别是后来蜀汉一带至唐宋仍为羁縻则关联大了。

这是一个社会大动荡的时期，是中国历史上的一段大分裂时期，也是中国民族大迁徙、大融合时期。在入主中原的众多民族中，以匈奴、羯、鲜卑、羌及氐为主，统称"五胡"。在蜀中则发生了历史上重大的"僚人入蜀"事件。

僚，即先秦时期的百越，是分布在亚洲南部广大地区的古老的民族群体，后随着古代各民族交往的深入、融合，原本就"各有种姓"、发展不平衡的越人流徙、分化为"诸僚"。这是一个身材比较矮小，但强壮有力、好战的民族。其习俗是断发文身、赤足与拔牙，无婚嫁礼法，不识父子之性、夫妇之道。居干栏式房屋，何谓干栏式房屋呢？即以竹木为主要建筑材料的两层建筑，下层放养动物和堆放杂物，上层住人，如今我们于西双版纳、凉山等都还能看到。

僚人入蜀的缘起在战争，赵廞首起蜀中独立，掀开了西蜀与晋王朝战争的序幕，巴蜀成了长期战争的地区，尤其是三蜀②地区更是战争频繁，以至百姓大量向外迁徙，南下进入宁州（今云南曲靖一带），东面则进入荆州（今湖北荆州市）。城邑皆空，郊野看不到一丝烟火，连掳掠都找不到地方③。于是，

---

①五胡十六国时期，指北方（有时包括蜀地）在西晋灭亡到北魏统一华北期间的时期，当时南方则为东晋时期。"五胡"为匈奴、鲜卑、羯（匈奴分支）、羌和氐。代表建立北方诸国的主要民族，但实际上建立者还有汉族（前凉、西凉等等）、高句丽族（北燕）、丁零族（翟魏）等族。"十六国"则是源自北魏末年的史官崔鸿私下撰写的《十六国春秋》而得名；此外，北方亦非仅十六国，他自北方所有大大小小的政权中选出国祚较长、影响力大、较具代表性的十六国。这十六国主要分布在华北地区和四川地区，共有成汉、前赵、后赵、前凉、前燕、前秦、后燕、后秦、西秦、后凉、南凉、西凉、北凉、南燕、北燕及胡夏等国。而在十六国之外，还有汉人冉闵建立的冉魏、丁灵翟氏建立的翟魏、武都氐帅杨氏建立的仇池国、鲜卑慕容氏建立的西燕、汉人谯纵在蜀地所建的谯蜀、鲜卑拓跋氏建立的代及北魏等政权，总计先后建立了二十多个政权。上述政权中，后赵、前燕、前秦都曾占据过北方的大部分疆域，尤其是前秦曾一度统一了北方，不过时间都很短暂。在这百年间，北方战乱基本上没有停息。

②三蜀是汉初设置的行政区划，包括蜀郡、广汉郡、犍为郡。合称三蜀。其地约当今四川中部、贵州赤水河流域、三岔河（乌江的支流）上游及云南金沙江下游以东和会泽以北地区。左思《蜀都赋》："三蜀之豪，时来时往。"

③任乃强校注《华阳国志校补图·大同志》："三蜀民流逬。南入，东下，野无烟火，卤掠无处，亦寻饥饿。"（上海：古籍出版社，1987年7月）

西晋永嘉五年（302 年）后，四川南边的犍为郡、僰道县就开始有大批僚人入住。到东晋时期，牂牁、夜郎等郡更成为成汉与东晋反复争夺与鏖战的地方。

成汉政权到汉昭文帝（338－343 年在位）李寿时，因战乱，蜀中人口已是少的可怜。不管你啥政权，没了人口，你整啥？税收得有人户，打仗得有壮丁，后来的蒙古人在中原建立起稳固的政权后不再杀戮，根本原因还在这里，并不是蒙古大汗变仁慈了。所以这李寿更是大规模从南中、牂牁等地掠夺了大批僚人入蜀，以充实因战争而荒芜的城镇，以补战争耗损的丁口。李寿不仅让僚人入主蜀郡边远之地，而且还迁徙了三千多户来充实成都。据统计，成汉时入蜀的僚人就有约十余万户，五十八万多人。西晋时所设置的 15 郡，即蜀、犍为、汶山、汉嘉、江阳、朱提、越巂、梓潼、广汉、新都、涪陵、巴郡、巴西、巴东、建平等都有僚人，甚或完全为僚人所据。所以《华阳国志》说："蜀土无僚，至是始从山出，自巴，至犍为、梓潼，布满山谷，十余万落，不可禁制，大为民患。"[①]

"僚人入蜀"增加了蜀地的人口，但是落后的僚人还保持着氏族社会特征，他们生产力低下，生产关系落后。僚人喜战，而且习惯山地生活，自僚人入蜀后，以前少见的山贼也在蜀地横行起来，以至于在后来的唐宋时期，中央政府需要耗费大量的人力、物力进行清剿。因而有史学家认为，僚人入蜀，使得蜀地的经济发展趋于停顿近三百年。

泸叙地区，按《华阳国志》的记述，秦汉时期"本有僰人故《秦纪》言：僰童之富。汉民多，渐斥徙之。"[②] 汉民的移民和开发已使当地"僰人"急剧减少。然而自晋以降，大量僚民出现在这一地区，这才有《太平寰宇记》卷七十九记载戎州风俗时这样说道："其蛮僚之类，不识文字，不知礼教。言语不通，嗜欲不同。椎髻跣足，凿齿穿耳，衣绯布、羊皮、莎草。以鬼神为征验，以杀伤为戏笑；少壮为上，衰老为下。男女无别，山冈是居。"[③]

泸戎之南本就是僰人与汉人杂处之地，经了此动荡时期，其地居民主体为僚人也。

---

① 任乃强校注《华阳国志校补图·李特雄期寿势志》，上海：上海古籍出版社，1987 年 7 月。
② 任乃强校注《华阳国志校补图·蜀志志》，上海：上海古籍出版社，1987 年 7 月。
③ （宋）乐史著，王文楚等点校《太平环宇记》，北京：中华书局，2007 年 11 月。

第二节 "长宁""洧州"意蕴深

现在，让我们把时间定格在公元 700 年这一个历史的维度上吧，这一年是唐武周久视元年，是中国历史上最具魄力，最万种风情的女人，也是中国历史上唯一一位女皇在位治理泱泱华夏的时期。这一年大唐武周王朝总的气象是平和、稳定的，宏大的历史政治、文化叙事中有几个重要的历史人物谢幕和登场。

这一年的十一月十一日，博通经史，熟悉刑律。为官，则爱民如子，不惧权要；为臣，则忠贞不贰，老成谋国；为人，则诚实友善，刚正不阿；处事，则机警权变，足智多谋。中国历史上杰出的侦探、正直的法官，也是重量级的优秀政治家狄仁杰去世，享年 71 岁。

这一年，那位独自一人默默地登上了蓟北城楼，面对着无限的时间和空间，联想到自己有限的青春和未酬的壮志，哭了，哭出了一个具有强烈英雄感的男子汉气概，哭出了一个骨气刚健的知识分子的纯真，哭出了"不愧是齐梁以来两百多年中没有听到过的洪钟巨响"。"前不见古人，后不见来者。念天地之悠悠，独怆然而涕下。"的陈子昂在大狱中痛苦地死去，年仅 42 岁。

这一年，以写军旅生活最具特色，粗犷豪放、遒劲有力的边塞诗派的代表高适、王维诞辰。

然而，我所要叙述的是那位中国历史上最具魄力，最具万种风情的女人，也是中国历史上唯一一位女皇在这一年里所做的事情与长宁这块土地的关系。

这一年，那位上承"贞观之治"，下启"开元盛世"，历史功绩昭昭于世的并州文水（今山西文水东）人武氏，在协助高宗处理军国大事，佐持朝政三十年后，于公元 690 年，在"上尊天示""顺从众议"的"万岁"声中，登临大宝，改唐为"周"，自号"圣神皇帝"，已历 10 年，是年的武周皇帝已是 77 岁的高龄。

这年正月，武则天再次来到汉唐皇家汤沐之地——汝州温泉（址在今市区西部 27 公里）。这是武则天第三次来这里。上元三年（676 年）、调露二年（680 年）武则天先后来过，但那是陪高宗李治来的，虽说也称作"二圣临朝"，但毕竟自己是配角，是"携夫人"。所以，这一回，唯我独尊的武则天，一定要弄点明堂出来不可。于是，她仿兰亭曲水流觞之故事，建流杯亭，召集群臣宴饮，以风雅的方式来记载自己的辉煌。

后又携群臣来到嵩山，此时，历经了太多腥风血雨的武曌似乎渴望着一个和平安宁时代的到来，或者是"人之将死其言也善"吧，登上太室山最高峰峻极峰①的武则天，似乎不再君临一切，有了诸多的反思与自责，投下金简②一通，以求天神宽恕，除武曌罪名。

> 五月癸丑，上以所疾康复，大赦天下，改元为久视，停金轮等尊号，大酺五日。③

恰是这改元久视，让长宁这方宝地与大唐武周"圣神皇帝"有了一种缘，或者仿佛它就是一种宿命，是上苍赐予这一方诗意的栖居。

现在，让我们来做这样的想象吧：夜凉如水，万籁俱静。精致而不失肃穆的长生殿御书房里，焚着一鼎松纹古香，青烟袅袅沁人心脾。一代女皇武则天，忽然发出一声突兀的尖叫从梦中惊醒，将身边走神的几个宫娥太监吓了个魂不附体，齐齐跪倒在地，埋首不起，联系到刚才的噩梦和隐隐作痛的右臂，武则天心里怎么也释怀不起来，不由得猛然想到了剑南道，蜀之南的僚人……

僚人，自公元 4 世纪成汉时期大规模迁徙，几十万僚人北上入蜀，据邛（邛崃）、资（资阳）、嘉（乐山）、雅（雅安）、眉（眉山）、戎（宜宾）、泸（泸州）等州如今已三百来年了。入蜀后，僚人在与汉族杂居过程

---

① 峻极峰是太室山的最高峰，海拔 1492 米，名称源自《诗经·大雅·崧高》"崧高维岳，骏极于天"名句。

② 1982 年出土于中岳嵩山峻极峰的金简，长 36.2 厘米，宽 8 厘米，厚 0.1 厘米，重 223.5 克。正面镌刻双钩楷书铭文 3 行 63 字，"大周国主武曌好乐真道长生神仙，谨诣中岳嵩高山门，投金简一通，迄三官九府除武曌罪名，太发庚子七月甲申朔七日甲寅小使臣胡超稽首再拜谨奏。"，是武则天在久视元年（700 年）七月七日来嵩山祈福，谴宫廷太监胡超向诸神投简以求除罪消灾。这是中国目前发现的唯一金简。武曌金简铭刻的，不只是武则天的内心世界，更是中华民族"天人合一"的心路历程。

③《旧唐书·本纪第六》，北京：线装书局，2007 年 7 月。

中，其生产、生活方式都在发生着变化，逐渐接受了汉族先进的经济文化和生产方式，有的部族已与汉族无别。

然而由于入蜀僚人的文化教育程度远远低于原巴蜀居民，对四川地区的经济文化也产生了巨大的负面作用，巴蜀的经济文化遭到了融入中原文明以来空前的浩劫。在融合中僚人与汉民族的冲突也一直未曾中断过。虽然历隋、唐初中央政府对僚人的镇压和强制性同化，中央政府已在僚人聚居的蜀中大部分地区广置州郡。然而在蜀南，特别是蜀之长江以南地区僚人反叛仍较为经常性地发生，虽然僚人的反叛总以失败告终，但正常的社会秩序也随之遭到破坏，僚人所到，郡县皆废，人民流离，给巴蜀居民带来巨大的冲击。这也成了武则天一个难以去之的心病①。

一夜无眠。一个新鲜艳丽的早晨来临了，阳光洒在大地上，给大地也镀上了一层金色，空气清冷而甜蜜，走出长生殿的武则天突然感到阳光有些刺眼，已经浑浊模糊的双眼已经是好久没有这样的感觉了。难道上苍还要给我这已经是行将就木的老婆子以新的光明和希望，难道命运还要垂青于我，让我于有生之年再做点什么值得以后的史家多写几笔的事情？武则天站在太阳下，仰望着天空叨叨着。

有谍报送来，平息僚人反叛的军队已渡过长江，牢牢控制住了泸州以南的大片地区，拟在这一区域建立行政机构，现上奏朝廷，请求大唐武周"圣神皇帝"赐名。

久治难愈的眼疾，竟然一夜目明，现在久乱的蜀南又传来了和平安宁的信息，则天之喜、百姓之喜、国家之喜啊！"改元"，博览群书、博闻强记的武则天以其一贯的唯我是从、独行独断的作风宣布：取《道德经》五十九章"有国之母，可以长久。是谓深根固柢，长生久视之道"之句，改元"久视"，希祈牢牢地掌握住治国安邦的根本法则，达到长治久安的目的，并宣布大赦天

<hr/>

①《隋书·地理志上》"蜀郡、临邛、眉山、隆山、资阳、泸川、巴东、遂宁、巴西、新城、金山、普安、犍为、越巂、牂柯、黔安，得蜀之旧域。其地四塞，山川重阻，水陆所凑，货殖所萃，盖一都之会也。……其风俗大抵与汉中不别。其人敏慧轻急，貌多蔑陋，颇慕文学，时有斐然，多溺于逸乐，少从宦之士，或至耆年白首，不离乡邑。人多工巧，绫锦雕镂之妙，殆侔于上国。贫家不务储蓄，富室专于趋利。其处室，则女勤作业，而士多自闲，聚会宴饮，尤足意钱之戏。小人薄于情礼，父子率多异居。其边野富人，多规固山泽，以财物雄役夷、獠，故轻为奸藏，权倾州县。此亦其旧俗乎？"（北京：线装书局《二十五史》，2007年7月第一版）

下，大摆酒席五天。而蜀南两个拟新建的行政建制单位就一个叫羁縻长宁州、一个叫羁縻淯州吧；一个取意深根固柢、长久安宁，一个取意有国之母、孕育万民[1]。

邑人张汝蓉绘民国《安宁古镇》图

唐久视元年（700 年）同时建制的还有东阳县（今成都市龙泉驿区）、武荣州（今福建泉州市）、大竹县（今达州大竹县），泸州都督十羁縻州，这十州有纳州、薛州、晏州、巩州、顺州、奉州、思峨州、能州等。独"长宁"和"淯"因久视这一年号得名，可谓上天情有独钟也。

> 看朱成碧思纷纷，憔悴支离为忆君。
> 不信比来长下泪，开箱验取石榴裙。[2]

这是铁腕人物、女皇武则天在《如意娘》中的诗句。由此我们看到了作为女人的武则天，情意缠绵、柔情若水的一面。而由是我们也更感受到了竹海长宁的历史渊薮。

从此在神州大地上有了一个至今仍存在的行政建制单位——长宁，也从此让这块土地上的山山水水、芸芸众生与那水做的骨肉，那秀美、温婉、百媚交柔而又蕴含着坚忍果决、百折不回的女人有了必然的联系，有了这风情万种，万种风情。

---

①《旧唐书·志第二十一地理四》："久视元年置淯州""泸州，都督十州，皆招抚夷僚置，无户口、道里，羁縻州。""长宁、来银、菊池、猿山、淯州，久视元年置"。
②《如意娘》，《全唐诗（上）》第一函第二册，上海：上海古籍出版社，1986 年 10 月。

现在我们从长安城走出来了，往南经汉中，过剑门关，进入剑南道，经由成都，再向南入东州泸州都督府界，渡过长江，沿一江河再向西而行十五里便就是现在的长宁县界，那时的羁縻长宁州界，而再向南而行六十里，便是当年的羁縻淯州界。

羁縻长宁州在今县境中部婆员（今长宁镇），辖婆员、波居、青卢、龙门四县。羁縻淯州在今县城南部双河镇，辖新定、淯州、固城、居审四县。州境东北部为绵水县地（今长宁县古河、下长镇等地部分区域属之），羁縻长宁州、淯州二州隶属于剑南道东州泸州都督府。建制至今有 1300 多年的历史。

当然，至为重要的唐王朝又随即在淯井（今双河登云亭山下）设置盐监一职管理盐务。

第三节　建制之始何以"羁縻"

谈建制之始何以"羁縻"，当然首先要说"羁縻"这一概念。羁，即马络头，也就是马笼头和缰绳；縻，牛靷，也就是牛鼻绳。羁縻，引申为笼络控制。所谓"羁縻制度"是历代封建王朝对社会发展不平衡的少数民族地区所采取的一种民族政策。唐朝对西南少数民族采用的羁縻政策，是承认当地土著贵族的地位，封以王侯，羁縻州、县，其长官由部族首领世袭，内部事务自治，并进行象征性的进贡，纳入朝廷管理。"羁縻"，简言之就是一方面要"羁"，用军事手段和政治压力加以控制；另一方面用"縻"，以经济和物质的利益给予抚慰。很显然，行政区划中的羁縻建制与郡县制有着本质的不同。

我们知道自秦一统六国，设三十六郡，每郡有守（相当于省长）、尉（相当于防区司令）和监（相当于监察专员）各一。郡下辖县。郡（守）与县（令），由皇帝直接任命。其后历朝历代行政区划各有变化，但有一点是基本不变的，即地方行政长官由皇帝直接任免，不得世袭。而羁縻呢？其长官由部族首领世袭，郡县制与羁縻制显然不同。

长宁县的历史可以追溯至商代，商代长宁即有人类活动的痕迹，在长宁发掘出的商代石凿可以为证。战国时长宁县域（包括江安县域）为巴国地。巴者，古国名，位于四川省东部一带地方，夏时称"巴方"，商朝称为"巴奠（甸）"。西周初期分封的七十一个诸侯国中，巴氏被封为子国，首领为巴子，因而叫巴子国，通常简称巴国。巴国的地域大致在陕南的汉水上游，南及大巴山北缘，东至襄阳，春秋时有所扩展。战国初期迫于楚的势力，巴国举国南迁至长江干流，在川东立国，势力西达今川南泸州、宜宾一带。

公元前 316 年，秦惠文王派张仪和司马错灭巴、蜀，巴王被虏。秦国在江州（今重庆巴南区西）筑城，同年设置巴郡，把巴地纳入了秦国的郡县体制，长宁县（包括江安县）域亦纳入巴郡，这也就是说长宁的文化就其脉来讲源于巴文化。

那么长宁县又是怎样和蜀文化发生联系的呢？这要从蜀地建制的演变情况说起。

先秦时期，在现今四川地区生活着一个不同于华夏族群的古老民族——蜀族。"蜀"字最早发现于商代的甲骨文中，据记载武王伐纣时蜀人曾经相助。但关于蜀国的历史在先秦文献中一直没有详细记载，直到东晋常璩的《华阳国志·蜀志》中才记载了关于蜀国的历史和传说。古蜀人先祖为蜀山氏，蜀山氏与蚕丛氏是从岷江上游兴起的，是古羌人的一个分支。在秦灭蜀之前，蜀国不只拥有单独一个王朝，蜀分别由蚕丛氏、柏灌氏、鱼凫氏、开明氏诸族统领。蜀国是蜀族建立的国家。李白在《蜀道难》中所写"蚕丛及鱼凫，开国何茫然！尔来四万八千岁，始与秦塞通人烟。西当太白有鸟道，可以横绝峨眉巅。地崩山摧壮士死，然后天梯石栈方钩连"表现的正是这一段历史。

公元前 316 年秦惠文王在位时秦国灭掉了蜀国，置蜀郡，蜀地从此成为华夏的一个重要的组成部分。其时宜宾（长宁、江安二区域除外）为蜀国地，秦置蜀郡，在宜宾所置叫僰道县，为什么称僰道县呢？因为秦惠文王消灭蜀国设郡时，"道"属于县一级地方政权，归郡监督。《汉书·百官公卿表》说得十分明白：列侯所食县曰国，皇太后、皇后、公主所食曰邑，有蛮夷曰"道"。县、道、国、邑，为同一级地方行政机构。宜宾那时属蜀郡，属于县一级地方行政机构，之所以称为"道"，是因为"有蛮夷"，也是汉夷杂居，但少数民族主要是僰人，故在"道"之前再冠一"僰"字，以示区别。汉承秦制，宜宾仍称"僰道"。

公元前 135 年（汉武帝建元六年）开犍为郡，属益州。领县十二。包括今四川彭山、乐山、宜宾、泸州、简阳、资阳、合江，及今云南昭通、宣威、巧家、鲁甸，贵州赫章、威宁等地[①]。其治所，先后在今贵州遵义、四川彭山、四川宜宾等。

汉武帝置犍为郡，泸州以东之地即由巴郡划入蜀地，长宁县域亦随之归入蜀地，与蜀文化紧密地联系在一起。但这时的长宁县域不属于僰道县（宜宾），而属于江阳县（治今泸州市江阳区）。

长宁，从西汉至隋朝，历东汉、三国、两晋、南北朝，先后分别隶属于犍为郡所属江阳、僰道、南广［南广县，南朝梁武帝太清二年（548 年）置，治设今李庄，辖地达今云南镇雄、永善、威信等区域］三县。从以上我们可以看出，由于犍为郡、江阳、僰道、南广等县建制、辖地、治所自公元前 100 多年至公元 700 年的八九百年间变化较大，长宁县境域也就曾先后归入江阳、僰道、南广等县管辖，即或泸州，或宜宾管辖。

但不管是归属宜宾也好，抑或是属泸州管辖也好，到东汉时期，长宁县已经是人烟稠密，农人耕作，道有行人，现在长宁县境内发现的以古河、长宁镇为代表的相当数量的东汉崖墓和汉代画像石棺可以为证。

其间，在长宁境域还曾经有过两个属郡县制行政区划性质的县级政权，这就是：

新乐县。据《华阳国志》："新乐县郡西二百八十里。元康五年置。西接僰道。有盐井。"著名民族史学家，四川大学教授任乃强在《华阳国志校补图注》中明确指出："新乐故城，以道里推之，当在今江安县城西，当淯江口，有小河原曰旧县坝，地属长宁县。"对此，我们前文述及。

绵水县。晋太元中（380 年左右）置，治所在今长宁县古河镇绵溪口牛倒拐处，至北宋乾德五年（967 年）废[②]。近 600 年间今长宁县北部的古河、下场一带既不属于古江安县，也不属于公元 700 年建制的羁縻长宁州、淯州，而属于绵水县，到了北宋，即 976 年绵水县废，古河、下场这一区域才划入长宁

---

① 见《汉书·地理志》，北京：线装书局，2007 年 7 月。

② 明末清初顾祖禹著，贺次君、施和金点较《读史方舆纪要》卷七十二："绵水废县在县（指今江安县，邹注）西绵水溪口汶江中洲上。晋太元中置县，属江阳郡。刘宋属东江阳郡。齐梁因之。隋仍曰绵水县，属泸州。唐仍旧。宋乾德五年，废入江安县。"（北京：中华书局，2005 年 3 月）

县境域。

汉兴以降的长宁,为何在唐代反而只能建立羁縻州县呢?答案当然是在"僚人入蜀"里。僚人入蜀以后在漫长的历史中大部已融合进汉民族中,说汉语、着汉服、取汉姓,成为熟僚;然而,仍有相当数量僚人依然保留着其原来的习俗,且叛服无常。长宁属蜀南边地,特别是"淯"这一地区"深介夷腹",以羁縻建制当然。

岂止长宁境域以羁縻建制,当时泸州都督府除辖泸川县、富义县、江安县、合江县、绵水县外,还都督十州,这十州都是招抚夷僚设置。而宜宾市区西北部一带,武则天圣历二年(699年)所置归顺县,更是因"以处生僚也"[①],该县直至宋乾德五年(967年)才并入僰道县(今宜宾县)。

此即唐朝建立后,在蜀南这一地区行羁縻建制的根本原因。然而,长宁境域有盐泉,于是一个完全有别于羁縻州县的行政机构在长宁诞生了,那就是——淯井监。

第四节　监,及"淯井监"的设立

唐中和三年峡路招讨指挥使庄梦蝶为韩秀升、屈行从所败,退保忠州,应援使胡弘略战亦不利,江、淮贡赋皆为贼所阻,百官无俸。云安、淯井路不通。[②]

---

①《旧唐书·地理志四》戎州中都督府条载:"归顺,圣历二年,分县置,以处生僚也。"

②原文载《资治通鉴》卷255。《中国盐业史·古代篇》以图表反映了唐五代时期盐井分布情况,其中关于剑南东道长宁州盐井,引证的依据也是《资治通鉴》卷255文。该书关于唐五代时期盐井分布引证的史书主要是《通典》《元和郡县志》《新唐书》三种,如上述三种史料中未能反映,而其他史料有载,则列入"其他史料记载与考证"栏。这里《通典》《元和郡县志》成书于唐代;《新唐书》与《资治通鉴》成书于北宋,时间差不多,但《资治通鉴》略晚一些。据此我们看到关于长宁在唐时有盐井的确切记载是在北宋元丰七年(1084)《资治通鉴》书成以后。据吉成名《唐代的井盐生产》一文统计唐代井盐产地总计87处,淯井属其中之一。

这是长宁双河产盐，能够寻觅到的最早确证资料，所反映事件发生的时间是公元 883 年，此时距长宁成为羁縻州已经 183 年。

那么，盐监是一个什么样的机构？在这个机构中任职的官员又是一个什么样的官呢？

监，在古代是官名或官府名，最典型的莫过于大家熟悉的太监。今天在我们的概念中一说太监，那就是古代被阉割生殖器后失去性能力，专供皇室役使的男性。男人失去了那玩意儿，当然带着贬义，"太监"是封建专制对人性扼杀的产物之一。但是在古代"监"，除原指宦官中的高级官员外，还有国子监、钦天监（掌管天文历法的官府）等，都是指官员的。此处之监则是机构，是管盐业的专门机构，和今天的盐务管理局一样，是主管盐业工作的政府部门。

有机构，当然得有官员。《新唐书》卷 48《百官志》是这样介绍盐监官员的："诸盐池监，监一人，正七品下，掌盐功簿帐"，征集盐以供"京都百司官吏禄廪、朝会、祭祀所需。"[①] 在唐代正七品分正七品上、正七品下。正七品下也是正七品，是管财务、经济方面的官员。盐监，在唐初属司农寺直管。唐后期的盐政组织分为两个部分，一是度之、盐铁二使所在的中央机构；二是派向地方的庞大系统——场、监、院等分支机构。地方派驻机构中"场"是最小的生产单位，也即生产场，场也是级别最低的单位，比如江安的南井就称南井场（宋为南井监）。"院"是巡察机构，其主要职能是缉私，所以其设置地点通常在漕运要津。"监"呢？监是盐生产过程的监督、产品的征集和盐户的直接管理机构，通常设在"山海井灶近利之地"及"出盐乡"。由此，我们看到盐监，在今就相当于是一个中央直管的、派驻地方管理专门事务的县处级单位。

---

① 《新唐书·百官志》。

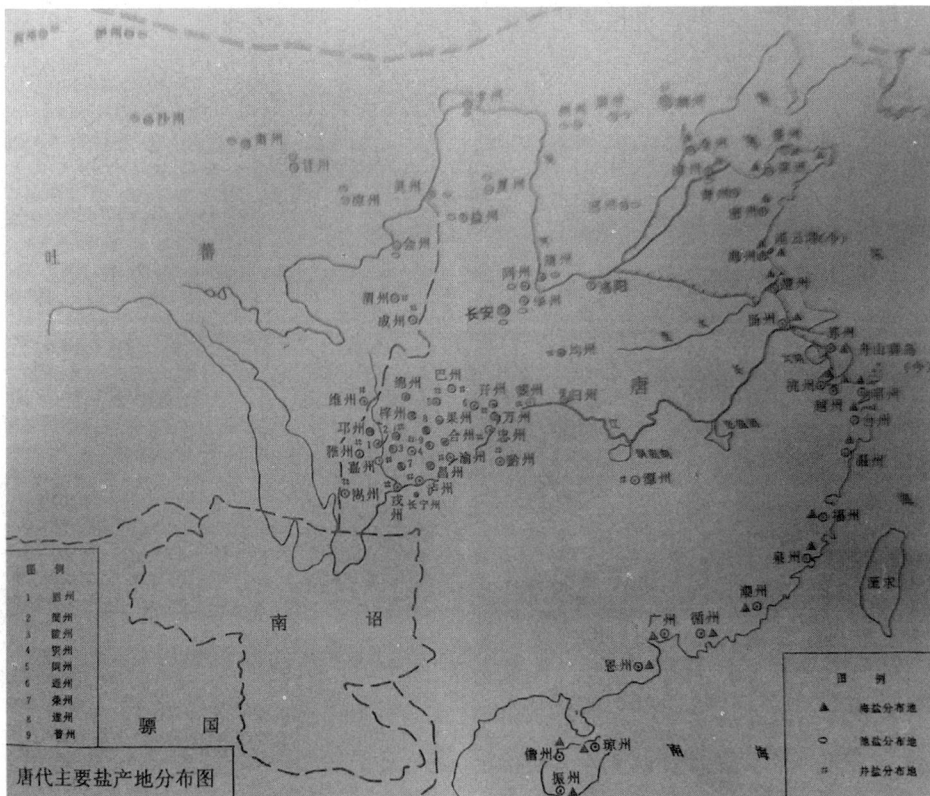

唐代盐业生产分布图
（翻拍自郭正忠主编《中国盐业史（古代篇）》）

从这里我们也就可以看到，久视元年间长宁建制以后，很快地，在"淯"这一羁縻区域就存在了两套行政系统，一套为地方政务性质的，即羁縻州。羁縻，其实质是"以夷治夷"，即利用土官治理土民。而羁縻淯州与其周边羁縻州，如长宁、琪州、晏州、筠州、高州等不同，在羁縻的同时，还在该地设淯井监以专务控盐。也就是说，这地方蛮夷占主体，于是建制上"羁縻"吧，夷人，你们自己管好自己的事情；不仅如此，管理上还是只要你不乱来，保住了稳定，中央政府最终还要给你钱物之类。另一套则是盐业专营系统，盐不属地方，更不属于蛮夷自治范畴，盐属于中央政府直管。

话说久视元年间，羁縻淯州的僚人头领，得到了朝廷的封赐，可以说是异常高兴。你想啊！把他们大体上与汉人等同看待，这可是历史上没有过的呢，而且还尊重他们的风俗习惯，优待他们这些蛮夷上层，不仅不向他们征收苛捐杂税，还给他们补贴，这也是历史上没有的好事儿呢！滪井呢？当然也还在僚人手上，控制了这滪井，那可是一本万利的好事情，那周边大大小小的羁縻州县的蛮人头领，哪一个敢不合作？然而，好日子不长。公元755年即天宝十四年安史之乱爆发，这不仅打乱了唐朝的政治格局，也使唐朝政府的经济政策发生了重大改变。战争引起的财政危机，迫使唐朝财政从依赖农业税转向重视间接税的征收。

于是一道圣旨下来，一应盐井收归国有，盐法施行至唐控制的一切产盐区域，羁縻的滪州也不例外。具体有以下几项：一是由官置监院，负责"收榷"与"出粜"。二是订立了食盐专卖价格，为每斗110文。三是建立了亭户制度，从事盐业的家庭免杂役，隶属盐铁使管理。四是盗煮、私贩盐严惩。

你看这"滪井监"厉不厉害！代表中央管盐的收购出售，执行中央统一定的盐价，对从事盐业生产的还免杂役，对私贩盐巴的还可以抓你来坐牢，换句话说设的有专门的警察机构，就有点像我们今天设的森林、铁路派出所之类，是可以直接干抓人之类的事的。

要将盐井收归国有，羁縻滪州的僚人上层一下就炸锅了，这怎么行？自隋以来宽松的山海政策你说变就变，没道理啊！底下嚷嚷要造反的也就有了，反的理由是：这大唐也算不了个啥？你看这安禄山一反，这朝廷不是没法子？连皇帝都得跑到这蜀中来躲避了吗！也有清醒点的不同的声音说：反啥，你看这安禄山、史思明不是很快就被打垮了吗？但那盐利实在太诱人了，僚人头领架不住乌合之众的怂恿，自己也想多占点，占有了滪井，这周边的琳州、筠州、高州、晏州、长宁州还不都得依从自己，这是多么安逸的事情哦！于是反吧。当然这反不过是平添了成百上千的僚人的牺牲而已[①]。胳膊扭不过大腿，反了，败了，忍了；再反了，再败了，再忍了……转眼间就又过去了120多年。

却说，到了公元878年，也就是唐僖宗李儇乾符五年，黄巢领导的起义开始了，这一次唐王朝更不好玩了。很快，在公元880年，黄巢的农民军就攻克长安，攻克了不说，这黄巢还称帝，建立了大齐政权，年号金统。

唐僖宗李儇成为唐玄宗李隆基之后又一位逃往四川避难的皇帝。年号呢，

---

① 邹按：诸僚的反叛是经常的事，这在《隋书》《旧唐书》《新唐书》中都多有记载。如：《旧唐书·太宗本纪下》载："（贞观十二年）十二月辛巳，右武侯将军上官怀仁大破山僚于壁州。……（贞观二十二年）十一月戊戌，眉、邛、雅三洲僚反，右未将军梁建方讨平之。"

也变成了"广明"。

屋漏偏逢连阴雨，公元 882 年，唐中和二年八月，涪州（今涪陵）刺史韩秀升又协同屈行从等人起兵造反。他这一反，一下就阻断了峡江路，也就是今四川至湖南、湖北的道路。那时的峡江路可了不得，是扼控荆蜀的要道，江淮贡赋全靠这条水路运送，关系着流亡成都小朝廷的经济命脉，乃至国祚。于是，宰相陈敬瑄急派警卫部队中负责仪仗的长官（押牙）庄梦蝶为峡路招讨指挥使，率两千军兵前往征讨。这庄梦蝶名字很美，是否如"庄周梦蝶"样有着诗化与哲学般的脑袋，不知道。人长得咋样？史料中找不到，但估计不会差，仪仗队的，摆架势给皇帝老儿看的嘛！

这庄梦蝶在朝中可能真也就只会玩点仪仗之类，不禁打，与韩秀升、屈行从交锋后，很快就被韩秀升他们打败了，退到忠州（治今四川忠县）一带。朝廷一看庄梦蝶吃了败仗，赶紧又派押牙胡弘略为应援使，又是个整仪仗的，带兵一千前往增援。这胡弘略名字也挺漂亮，宏韬武略也。然而，牛皮吹的，摆摆花架子行，真刀真枪就现原形，这胡弘略也吃了败仗。这就出问题了，因为韩秀升他们占据的地盘是通往湖湘的要道，江淮贡赋都要靠此条路运往成都，如今为叛军所阻，那些在朝中干这干那的官员们没俸禄了。更要命的是云安、涓井两监盐路也不通达。

云安在哪里呢？在今重庆云阳，是古代川盐的重要生产地，唐时在云安设有云安盐监管盐。其地，本身就在叛军韩秀升控制的地盘内，当然是盐运不通了。

涓井这边呢？涓井的僚人一看唐王朝被黄巢逼来这成都偏安，又疲于应付韩秀升的反叛，觉得机会又来了，也占据了涓井，自己熬起盐来。朝廷要盐吗？对不起，没有。你要想进来夺取么？我抢占泾滩湾要冲，也就是今天长宁县竹海镇三江湖一带，你就是天王老子都休想过去。这下连民间都没盐吃了。

民间没盐吃事小，盐利没了事大。盐利没了，官吏们的俸禄也就没了，连皇帝平时召见文武官员，处理政务的常朝，元旦、冬至等大庆之日在御正殿受群臣朝贺的大朝费用，以及宗庙祭祀活动所需费用也没有了。你说流亡成都的僖宗小朝廷危不危险？当然是危机重重，甚至可以说是气数已尽。把这气数给唐王朝弄尽的是我们前面说到的黄巢。

黄巢出身盐商家庭，善于骑射，有诗才，笔墨也还可以，但成年后几次应试进士科，皆名落孙山，于是他满怀愤恨地写了一首许多人都熟悉的诗："待到秋来九月八，我花开后百花杀。冲天香阵透长安，满城尽带黄金甲。"继承祖业成为盐帮首领。何以盐商变盐帮？盐商是面皮上的称呼，其实那时的盐商都要走私，为啥？因为盐国家垄断了，但是官盐价高，走私盐价低。然而盐不是奢侈品，是必需品，是"命根子"，走私盐价低，老百姓当然选低价的盐，所以，在官府那里盐商就是"盐贼"。这盐贼与官府冲突是必然的、经常的。只是这盐贩子，有的把事儿闹得大，有的闹得小而已，最先把事儿闹大的是王仙芝，然后黄巢加进去，成了唐王朝的掘墓人。而僚人占据滔井，阻断滔井盐运则可说是在这坟墓的位置上狠狠地挖了一锄头。

你看这闹的，强盛的帝国、气象不凡的大唐王朝竟然是被这"盐"，以及盐贩子们害了。

当然，黄巢终没有斗赢沙陀李克用的乌鸦兵团[1]，更没想到自己最信任的朱温会背叛了自己。这朱温，与乌鸦兵团一起打垮了黄巢，于是唐僖宗赐名"朱全忠"。不过，叛徒永远靠不住，与前面的"梦蝶""弘略"一样，"全忠"只是一个名号而已，朱温能背叛黄巢，当然也能背叛大唐，而且不会有心理障碍。公元 907 年四月，羽翼丰满，成为大唐最大藩镇的"全忠"称帝，国号梁。

曾经强盛的帝国大唐灭亡，五代十国开始了。

第五节　前蜀，滔州刺史整饬盐务

五代十国（907—979 年）是中国历史上一段时期众多割据政权的合称。五代（907—960 年），依次为梁、唐、晋、汉、周五个朝代；十国（902—979 年），为南吴、吴越、前蜀、后蜀、闽、南汉、南平、马楚、南唐、北汉十国。此处，与我们滔井有关的是前后蜀（907—965 年）。

蜀中，在这一时期首先存在的政权国号"蜀"，因后来又一政权国号也为

---

[1] 因其部首领，唐末节度使、沙陀族军阀李克用别号"李鸦儿"，故其军队主力称"乌鸦军团"。

"蜀"，故史称"前蜀"。前蜀为河南舞阳人王建所建。这王建出身于世代卖饼的饼师家庭，在《新唐书》《旧唐书》等正史中都是少年无赖，以屠牛、盗驴、贩私盐为事，里人谓之"贼王八"，正史看王建就不是个好人，简单说就是这王建出身贫寒，生平并不光彩。其实，这历史从来就是由成者为王者写成，后来为文的御用太史公们，口口声声要学司马迁秉笔直书，实际上不是那么回事，比如朱元璋吧，也出身贫寒，但在他们笔下就光彩多了。为啥呢？因为王建的前蜀，在后来的史家们那里从来就没正宗过，属于"伪政权"一类，所以这王建注定一辈子都当不了好人，注定就一"贼王八"。

而就这"贼王八"称王、称帝后并不荒诞，而是实实在在治理国家，励精图治，注重农桑，兴修水利，扩张疆土，实行"与民休息"的政策，蜀中得以大治。百姓的日子某种意义上说，比那诸葛治蜀好多了。所以，前蜀盛时，疆域达到了今四川大部、甘肃东南部、陕西南部、湖北西部。

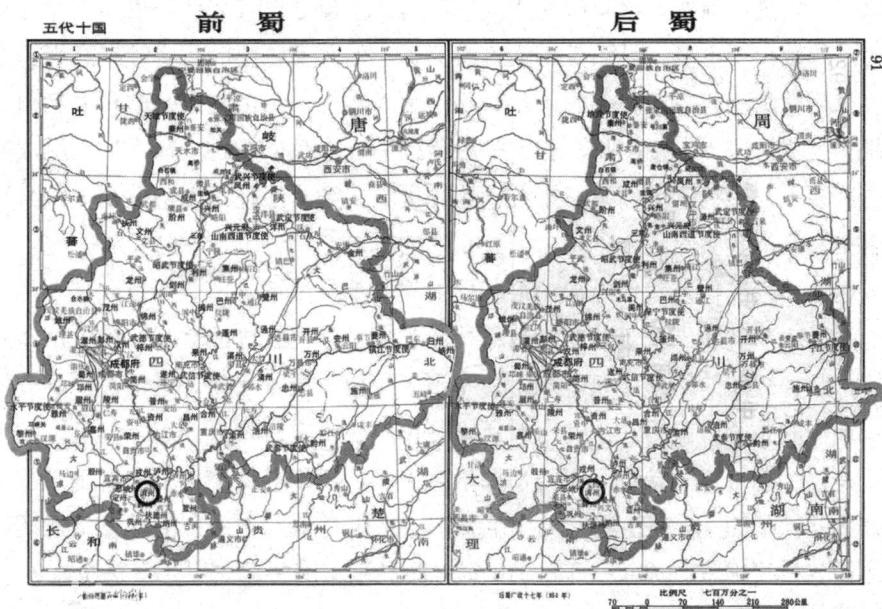

前后蜀，淯州在其国家中都占有极其重要的地位
（谭其骧主编《简明中国历史地图集》）

王建当然也不会忘记整治盐业，"私盐贩子"嘛，怎不知道私贩食盐的猫腻。所以，在瓜分国土的过程中也瓜分了盐产地，并施行专卖制度，沿袭唐制设立了管理盐业的官员。

僚人眼见唐僖宗疲于应付韩秀升的反叛，早已占据淯井盐的开采、熬煎、交易，完全脱离了汉政权的控制。然而，唐僖宗没法，他已经被东一个叛乱、西一个叛乱弄得焦头烂额；后来曾经一度控制蜀中的陈敬煊自顾不暇，也没法管制。

王建一统蜀中，解决淯井问题的时机成熟了。

五代前后蜀时期，关于淯井盐业情况，于今我们能稽考到的史证材料也极为有限。好在有王象之的《舆地纪胜》，从这里我们知道："伪王建蜀时，曰淯井镇，有淯井刺史。"而且知道"伪蜀王氏武城永平间，赐淯井刺史罗元审、罗元信牒，谓之淯井镇，今罗氏所收诰牒犹存。"诰牒上写着："敕牒：武成三年牒淯井镇羁縻十州五团土都虞候罗元审。"。前蜀王建兵变迫使唐朝封他为蜀王，且于唐昭宗天祐四年（907年）在成都正式称帝，国号蜀，改元"永平"，史称前蜀。次年改元"武成"。故王象之以其为伪政权。当然前蜀是否是伪政权不重要，城头变幻大王旗罢了。但其反映出的史实颇有意思。原本"少无赖"王建，在"羁縻十州五团土都"之上，也就是当时的羁縻高州、珙州、晏州、宋州、投附州、长宁州、淯州等之上，以及这十州当地人组成的地方武装①之上整了个淯井镇来统辖这一区域。而且还任命了淯井刺史，给淯井刺史罗元审、罗元信发了任命书。

这镇，当然不是我们今天的最基层的建制单位乡镇，而是军镇，是一个兼具地方行政职能和专营管盐的行政机构。刺史是个什么样的官呢？刺史，秦时始置，掌管一州的军政大权。刺，检举不法；史，皇帝所使。唐朝时的刺史相当于现在的省长。前蜀在淯井一域所设之镇不能说它就是省一级，但可以肯定它不是一个县级建制单位。因为前蜀沿袭唐制，对于盐铁产区采取的是"节度使兼领盐铁使"②所以，清人吴任臣编撰《十国春秋》说：在前蜀王王建期间整治盐务抓得很紧，成武三年（910年）即又檄文淯井刺史罗元楚整饬盐务。

---

① 《新唐书》卷一百六十七《王式传》："集土团诸儿为向导，擒甫斩之。"宋元之际史学家胡三省注："团结土人为兵，故谓之土团。"

② （清）黄本骥《历代职官表》卷六。

对于前蜀这次渼井刺史罗元楚整饬盐务，有些什么要求，罗元楚又是怎么操作的，我们没有相关确切资料说明，但有一点可以肯定，那就是要把唐末被破坏的盐业专卖制度恢复起来，让渼井盐路通起来，民间不再乏盐，政府财政不再少盐利。

这里尚需补充说明的是：据王象之说，王建所赐的敕牒在他任长宁军文学时（约1180—1200年）尚存。其时去前蜀永平年已270余年，似乎不可能，但以王象之为文之严谨，断不会空口白牙。所以，我们如今虽已找不到这敕牒了，但敕牒为我们今天在深邃的历史中探长宁盐业之微，提供了无须再考的确证则是毋庸置疑。

设渼井镇是中央政府对渼井盐务高度重视的表现，旧志因王建的后蜀乃短命的朝廷，系偏安一隅的"伪"政权，于是对这一行政建置重视不够，这不能不说是一种遗憾。

第三章 有宋，监、军建制皆因盐

第一节 因盐而置的"监""军"

公元 960 年后周显德七年，赵匡胤发动陈桥兵变，兵不血刃地从后周年仅八岁的恭帝柴宗训手中拿过权力，以宋为国号，定都开封，改元"建隆"，赵氏的宋家王朝开始了。

公元 965 年，也即宋乾德五年，蜀地归入大宋朝版图。

建立在唐末五代十国战乱后的宋王朝，对前朝覆灭的原因体会深刻，不深刻不行，不深刻就坐不稳江山。加之赵氏王朝是靠政变黄袍加身的，所以这赵匡胤一得到天下，首先关注的是如何才能把这江山坐稳。据司马光《涑水记闻》载赵匡胤得天下后，曾与其重要谋臣赵普有过一段著名的话，赵匡胤问赵普，唐末天下大乱以来，几十年间皇帝就换了十几个，要避免此情该怎么办？赵普说很简单，就是削弱武官的兵权，控制他们的粮草，把精兵的统辖权收到中央来就行[①]。此策一施行，君弱臣强的形势改变了，宋的江山内部问题不

---

① 司马光《涑水记闻》："太祖既得天下，诛李筠、李重进，召赵普问曰：'天下自唐季以来，数十年间，帝王凡易十姓，兵革不息，苍生涂地，其故何也？吾欲息天下之兵，为国家建长久之计，其道何如？'普曰：'陛下之言及此，天地人神之福也。唐季以来，战斗不息，国家不安者，其故非他，节镇太重，君弱臣强而已矣。今所以治之，无他奇巧也，惟稍夺其权，制其钱谷，收其精兵，则天下自安矣。'语未毕，上曰：'卿勿复言，吾已谕矣。'"（北京：中华书局，1989年 9 月）

大，然其武功不足则难以征服北方契丹、党项、女真，以至辽、夏、金政权相继建立，宋统治区域急剧缩小。

两宋政治中心南移，南方诸夷虽屡有反叛但终不会对朝廷构成威胁，所以宋朝对西南少数民族是政治上绥抚与经济上慰抚两手并抓，并且政治上的羁縻是以经济上笼络为基础。所谓宋朝羁縻政策中的经济元素，无非就是给少数民族生活必需的米、盐、彩等物品，这其中食盐以其独特的时代及区域特征成为夷汉价值认同的起点，盐，成了朝廷处理南方蛮夷事务的核心要素。

宋，蜀南各境域羁縻建制也未发生变化，比如高州（今高县一带）、珙州（今珙县珙泉镇一带）、晏州（今兴文县僰王山镇一带），以及淯州、长宁州等。整个治理，还是夷人你们自己管好自己的事情。不仅如此，治理上还是只要你不乱来，保住了稳定，中央政府最终还要给你钱物之类。

然而，因为淯有盐泉，这是国家财政命脉所在，虽说淯之盐泉的发现者在民间，且有夷人一份；盐神宗庙祭祀也可供奉你夷人罗氏的神像，但是开采权、管理权、经营权等都必须掌握在中央政府手中。于是宋朝廷随之在淯这一盐业生产地置淯井监攫取盐利，并"以抚御夷众"[①]。此亦是长宁县双河盐业在历史上最为鼎盛的时期。

在宋代监是个什么样的行政机构呢？监，在宋代不像唐代仅仅是一个某一行业的专门管理机构，而是属于地方行政建制范畴。宋不仅对武将予以分权，在中央一级行政及地方行政区划上，也采取了分权措施。地方行政区划基本上是两级建制，即府、州、军、监为一级，县为一级。府、州、军、监以上的大区称"路"，如四川初为西川路和峡西路，后宋真宗又将西川路和峡西路分为益州、梓州、利州、夔州4路。但因路一级的军、政、财、监四权分散，无统辖各权的职官，因而宋朝地方行政

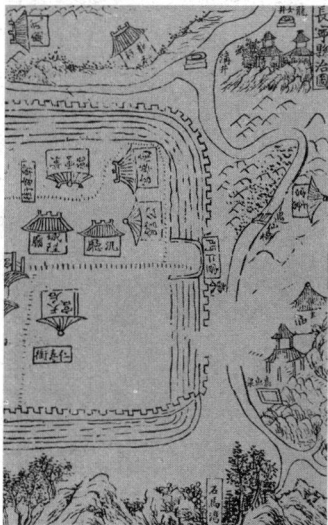

清嘉庆《长宁县志》中境域图所标识的淯井所在位置（邹永前据该志拍摄）

---

①《宋史·蛮夷传·西南诸夷》："淯井监在夷地中，朝廷置吏领之，以抚御夷众。"（北京：线装书局，2007年7月）

区划和官员始终没有正式形成三级制。古代作为行政体制的府、州我们十分熟悉，当然宋代的府也有些特殊，它属于州级行政建置，但其地位比州高，如开封、河南、大名、应天四京府。军、监字不陌生，但作为行政区划单位究竟是个什么样的玩意儿，我们则相对陌生。

军、监都是两宋的行政区划中出现的新单位。军始于唐，当时称军镇，属军事系统，多设在边区，只管军队不管民政。在宋代，军则演变为地方行政区划单位，即"地要不成州，而当津会者，则为军"[①]。军的长官称军使或知军。监，也始于唐，是国家经营的矿冶、铸钱、牧马、制盐等专业性的管理机构，在宋代也演变成了地方行政区划单位，其设置依然是设在矿冶、铸钱、牧马、制盐等产区，监的行政长官称监使或者监事。同时，宋代的军、监分两类：领县的或不领县的。领县的军监与府、州同级，隶于路，但实际地位要低于府和州；不领县的军、监与县同级，同隶于府或州。所以，宋代县级以上、路级以下的区划单位有府、州、军、监四类，县一级的区划单位有县、军、监三类。这军、监的级别有点像我们今天的市，有地级市，比如宜宾市、绵阳市、汉中市等，有县级市如四川德阳之下的什邡市、湖北恩施州下辖利川市等。不过我们今天的市似乎还要复杂些，比如北京、天津、深圳、重庆是中央直辖市，成都、武汉、广州等又是计划单列市、副省级市等等。当然，宋代在府、州、军、监四者中，州是领县的主体，换句话说就是"州"在宋的行政区划中是最为主要的。此即有宋以来我们常把泸州以南地区称作泸南的原因。搞清楚了这一问题，我们也就好理解渟井监，及后来的长宁军是怎么回事，它与盐政管理又是一种什么关系了。

宋定四川，即设渟井监。为什么？因为盐。宋初井盐政策有三个特点：第一，凡是大口径、产量大的井一律由官府设置盐监，直接经营管理。大口径产量小的井，或者用服役的人熬盐、运盐，政府收税，或者招募人承包盐井的开采、熬煎、经销等，政府收取承包费。第二，无论是官方经营管理的盐井生产出来的盐，还是民间经营管理的盐井生产出来的盐都不得跨界销售，四川以外的盐也不得入川销售，简言之就是盐的销售区域是划定了范围的。第三，整

---

①（宋）高承：《事物纪元》卷七《镇》，《丛书集成初编本》（中华书局，1985年版），李昌宪《宋代的军、知军、军使》，转引自《史学月刊》1990年05期。

个盐务都由漕司掌管①。这漕司是个什么样的东西呢？漕司是宋代官职，又称转运使。这是一个权重比较大的官，边防事务、弹压匪盗、刑事诉讼、农商经济、监督考察官员之责都在转运使。赵匡胤分全国行政区为十三道，后赵匡义分全国为十五路，淯井监属于梓州路，此后才有淯井监夷人叛乱，梓州路转运使寇瑊领兵弹压之事。

由此，我们清楚地看到，淯井应当是大井，因为是大井，所以宋朝廷才在此设"监"管之。

监，或为县级区划，或为府州区划，但在盐务行政上都属中央三司，也即盐铁、度支、户部三司使②。宋代，地方管盐机构重叠，枝蔓繁复；但产盐区设盐监管盐则是常例，如川陕井盐区的陵井监（址在今四川省仁寿、井研）、大宁监（址在今重庆市巫溪县）、富顺监（址在今自贡市，含富顺、荣县、威远等）、淯井监。"这些盐监，原都带有管理生产、收购，乃至支发等多种职能。"③

长宁县淯这一境域，西面与马湖路，也就是今天雷波、屏山一带接壤；向南则是扼控西南地区蛮夷的重要战略要冲；东面邻近安溪（今属合江县）；北边与绵水为邻。这一区域羁縻州县有十个。可以说是"深入夷腹百二十里。"④又因为有盐，汉夷冲突激烈。"淯井牢盆⑤之利，汉夷争之，乍服乍叛，迄于政和，百二十年。"⑥长宁境域，因此而设置"监"这一行政区划，后来，升格为"军"这一行政建置。

①《中国盐业史（古代篇）》第349页："一是大口大井由官府设监，直接经营；大口小井，或役民'煎输'盐课，或募人包纳课利……二是官井与民井盐的销售，均不得越界；川外之盐亦不得入蜀。三是盐务由漕司掌管。"

②《中国盐业史·古代篇》第261页："宋代朝廷的盐务管理系统，大致经历了前后发展两个阶段。第一阶段，是北宋时期，其盐务大权集中于三司，三司下设盐铁、度支和户部三部，其长官称三司使，或分称盐铁使等。盐铁部又分盐、茶、铁等七案，除三司外太府寺的榷货务亦以某种方式参与盐务。第二阶段，是北宋中期以后，即熙丰改制之后，朝廷盐权转归于户部左曹，并直接派员到各路，设置外台专司。与此同时，榷货务的分支机构和盐务活动也日趋夸大。"

③《中国盐业史（古代篇）》第262页。

④《舆地纪胜》卷166《长宁军·风俗形胜》："西境马湖，南控乌蛮，东介安溪，北接绵水。羁縻十州县。其盐池官后，为淯井监，深介夷腹百二十里。"（北京：中华书局，1992年10月第一版）

⑤牢盆，原是煮盐用的工具。因汉食盐官营的办法是，民制、官收、官运、官销。募民自备生产费用煮盐，官府提供主要的生产工具牢盆，即煮盐用的大铁锅用于煮盐，后即用牢盆指盐政或盐业。

⑥蒲果《忠佑词记》，转引自董春林：《以盐制夷：宋代西南民族地区羁縻政策管窥》，《广西民族研究》2015年第四期。

第二节　淯井生产形态探微

前面我们讲到，长宁之域产盐，所以这才有了羁縻州之外的淯井监，那么有宋基层盐业生产是怎样管理的呢？其盐业生产者又是怎样一种生产生活状态呢？

宋代，食盐生产资料所有制，就盐泉性质的盐业生产，包括：盐泉归谁所有；灶盘锅（镬）铛（浅锅）由谁提供；煎卤燃料及产地在哪儿，也即我们说的柴山归谁所有；又怎样供应熬卤等等。因而，其形态大致可分为三种：国家官有制、盐民私有制和官民综合所有制。根据制盐资料所有制与食盐生产者的结合方式的不同，食盐经营大致可分为官府直接经营、官制民收、民自经营官收其税三种类型，长宁淯井属于国家官有及官府直接经营。

制盐资料的所有制形态，只说明生产资料归谁所有问题；而食盐生产的实现，则是制盐资料与食盐生产者的结合过程。不论其生产资料归谁所有，归属于不同所有者的制盐资料，只有与身份各异的盐民相结合，才能构成各种类型的食盐生产体制。

大体说来，宋代的食盐生产体制至少有过五种：一是盐民自煎制，即自产自销的盐户，主要是淮浙一带的小"锅户"和川陕地区的小井户。二是租佃煎盐制，即从官府或大盐户手中租佃煎盐。三是雇佣煎晒制，多见于川陕私营盐井。四是劳役制，即囚徒服盐役，川陕官井通常是这一形式。五是催煎制，这是一种混合生产体制。处于这五种体制下的盐民，包括盐田、井、灶出租者与佃户，拥有制盐资料的雇工经营者与盐工、自煎户、半自煎户等。

宋代的盐户，接近或者超过六七万户，十余万人。这些盐户和盐业专业生产者，由于制盐资料及其所有制形态的不同，其称谓也不同。如盐户有灶户、直户、井户、亭户、锅户等，生产者有井夫、灶丁、亭丁、卤丁、役夫等。

　　川陕四路的盐井户，一般分为三等，即上等井户、中等井户和下等井户，也称为上等户、中等户、下等户。划分井户户等的依据，主要是各户的井灶数量、制盐人手，以及相应的年产盐量。具体标准，在各个不同时期和地区，也有所区别。按照当时的习惯法，通常是每三年勘察一次盐井产卤能力，并就各家的户等做一番调整。有数据表明北宋时陵井监富有的上等户，一家至少有一二十井。

　　长宁淯井有无盐户？有多少盐户？我们没有查到相关数据，或者说无法查到，因为石达开同治年间攻破长宁县城，在纵火烧毁县衙的同时，历史的档案也随之灰飞烟灭。但如果有，其井盐户数应是一个不小的数目。长宁淯井井灶熬盐在明代已是渐衰，而其时熬盐的井灶，众多盐户，竞相搭灶，灶烟缭绕，尚可形成"淯井晴烟"的景观，那么在淯井盐产最为兴盛的宋代，其规模肯定非常之大。当然，此景若放在今天，那可是典型的环境污染哦！

　　前已提到，宋时川陕井盐区盐监主要有陵井监、大宁监、富顺监、淯井监，这些都是大井。但陵井监、大宁监、富顺监除了官井外，还有小井，淯井监有吗？应当有，如老翁的盐井，但规模极小，所以，在我看来淯井在宋代是没有产生盐井大户的。还是那个原因，淯井是大井，而且是盐泉。

　　大井称官井，宋承袭五代旧制，实行国家专卖制，其经营方式分两种，"大为监，小为井，监则官掌，井则土民斡鬻，如其数输课。"[1]

　　我们这里只说大井，即"监"的经营方式。四川先后在四路设置十监，这十监是：益州路之陵井监、蒲井监；梓州路之富顺监、公井监、淯井监、南井监、富国监；夔州路之永安监、云安监、大宁监。监设官管理，其官的名称为"井监使"。因各监所管辖的井数不一样，如当时的富顺监管的盐井是六口[2]，而公井监则有井达五十七口[3]。所以，宋朝政府根据各监所辖盐井数多寡和出产的丰啬，规定了"日额"和"岁额"。如当时规定，陵井监"春冬日收三千八百十七斤，秋夏日收三千四百四十七斤"[4]，淯井监"岁额四十九万零

---

　　①《宋史·食货传》，北京：线装书局，2007 年 7 月。
　　②（宋）乐史《太平寰宇记》卷 88，中华书局《中国古代地理总志丛刊》，2007 年 11 月。
　　③（宋）乐史《太平寰宇记》卷 85，中华书局《中国古代地理总志丛刊》，2007 年 11 月。
　　④（宋）乐史《太平寰宇记》卷 85，中华书局《中国古代地理总志丛刊》，2007 年 11 月。

二百斤"。^①"日额""岁额"都由政府认定，政府收榷，各监必须完成。如果"岁额"完不成，当事者即会受到责罚。真宗时，富顺监就出现过由于卤薄完不成"岁额"，而受到责罚的情况。而淯井监发生一次夷人反叛，即是监克扣了给夷人的盐造成的，这很可能就是因无法完成"岁额"，于是在给夷人那部分里打主意造成的。

长宁淯井属于官井，宋代官井实行的是劳役制，其生产称为"盐井役"，其劳动者被称为"役夫"，从事着极为繁重艰苦的生产劳动。如果没有封建统治者的"特恩"，豁免其"日额"，他们没有停工休息的权利。所以我们才从史志资料中看到这样的文字："大中祥符元年，诏泸州南井灶户，遇正、至、寒食各给假三日，所收日额，仍与除放。"^②"祥符六年七月，诏诸煎盐井役夫，遇天庆等死节并给假。"^③他们昼夜劳作，从官井得到一份"米钱"。这米钱数量有多大，未能查到井盐生产的监井的确切数字。但从当时陕西解池洼夫的待遇"岁给钱四万，日给米二升"^④。元丰间修城民夫，每日每人给钱十文、米二升，^⑤可以做一推测。

井盐生产比池盐生产效率低，因此其待遇肯定不会高于洼夫；但应该高于修城的民夫，因为，盐井役夫的劳动强度毕竟要大些，且有一定的技术含量。盐井役夫负荷特别重，所得米钱微少，势必影响其劳动积极性，故统治者不得不偶尔增加米钱，以及偶尔放假什么的。也即，总的来说有宋监盐盐工们的待遇是比较优厚的，此也是北宋一朝，泸戎之南夷乱不止，而几乎无盐工骚乱的基本原因。

---

① （南宋）李心传《建炎以来朝野杂记》（甲集）卷14，北京：中华书局，2007年7月。
②《宋史·食货志》。
③ （宋）李焘《续资治通鉴长编》卷70、81，北京：中华书局，2004年9月。
④ （南宋）章如愚编《山堂先生群书考索》，又名《山堂考索》卷57。转引自《中国盐业史·古代篇》155页。
⑤ （宋）李焘《续资治通鉴长编》卷343，北京：中华书局，2004年9月第一版。

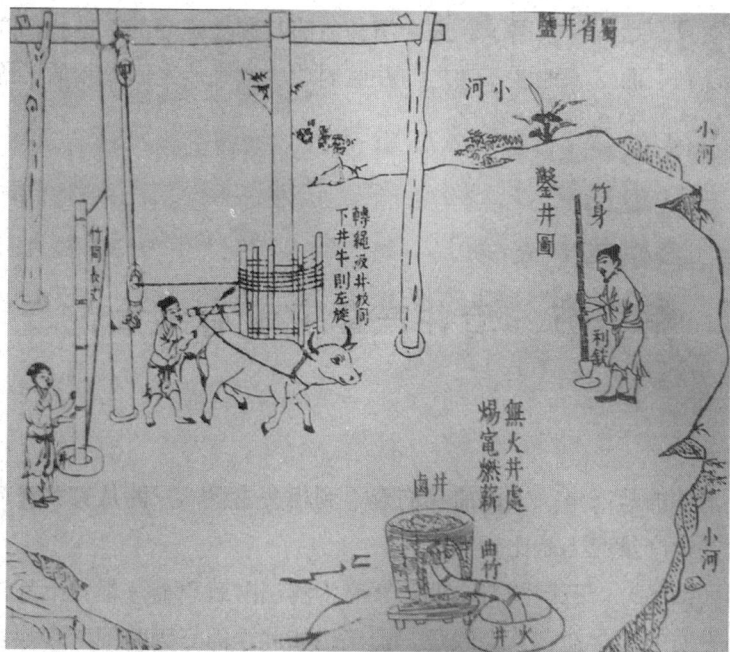

古代盐业生产图（翻拍自宋应星《天工开物》）

　　官井除了奴役盐井劳动者外，其煮盐所用柴草，通常也作为杂用变之为赋取之于民，为害甚烈。文同，也就是苏轼说的画竹"身与竹化"那位，在其《奏为乞免陵州纳柴状》一文中就写道："陵州仁寿等县百姓每岁输陵井监煎盐木柴共计三十八万四千二百余束。"《宋史》卷三百《周湛传》也有"云安监井岁赋民薪茅，至破产，责不已，湛为蠲盐课而省薪茅"[①]的记载。这周湛是一位能体恤民情的官员，曾经任过戎州通判，任上，戎州的土著之民尚不知医药治病，有病是由巫术驱之，周湛将治病的方子刻在石头上教给民众如何医治疾病，并禁止巫术驱病，这才使戎州进一步开化了。因而，周湛了解淯井夷务，因政府财税均有赖于盐，某种程度上说，盐工（盐夫）政府得罪不起；但柴茅征收不一样了，苛严一些对盐业的生产许多时候是利大于弊。由此征缴柴茅引发冲突就极其容易了。

　　专制体制下遇到了尚能体恤民情的官员，百姓日子可以好过一些，如遇到那些除完成官僚体制层层所需外，还贪得无厌的，那许多时候，你那日子就过

---

　　①《宋史·周湛传》，北京：线装书局，2007年7月第一版。

不下去，而只有造反一条路了。关于淯井监的盐利被掠夺的数据我们在接下来的部分将谈到。而这一地区，加之与井监周边少数民族之间的矛盾，你就可以想见那时的淯井不会平和安宁了。

第三节　淯井产量究竟有多大？

关于淯井的盐产量，宋以前我们查不到相关史料，只能从有关资料中进行推测，淯井盐产量应当是比较大的。

三国（蜀汉）：三国两晋时期，官府为解决财政急需，基本上都推行带有军事强制性质的"食盐官营"政策。蜀汉也如此，而三国时期"食盐官营"较之两汉，最大的不同点在于军事管制。郭正忠《中国盐业史（古代篇）》转引近人蒋伯超言："其以典戎之官，管牢盆之政，随地巡缉，盗无所容，尤权时之要策也。"如果我们以此来看《舆地纪胜》中关于"诸葛武侯所筑，以誓蛮者"①一语，其基本情况就解释通了。诸葛亮南征，是为解决南中叛乱，稳定后方，以利北伐，这中当然也包括建立后方战略物资库。盐是民之生活必需，也是军队必需的生活物资。我们在引言中谈到原张掖郡居延都尉遗址发现的汉简，即是为盐在军需供应中的地位提供翔实而基础的确证。所以，诸葛亮到了宜宾后，拿下夷人所占淯之盐泉，建军寨、设碉楼（武侯塔）于淯井一带，驻军对淯井盐业生产实行军事管制，是必然。军事机构在（塔在），夷人当然不敢妄动，军事机构不在（塔毁），盐业管制也就成为空话。反过来说，如果淯井盐产量小，那么诸葛亮是断不会在此建塔（军寨）以震慑夷人的。由此，我们说三国时淯井是置于蜀汉军事管制之下，也即，其盐产量肯定是一个比较大的数字。

隋唐五代：隋统一了南北，为盐业经济发展创造了良好的外部条件。隋文

---

① 王象之《舆地纪胜》卷一百六十六："武侯塔在宁远寨泾滩峡之下，耆老传云：诸葛武侯所建，以誓蛮夷。"

帝至唐前期均实行的是宽松的盐业政策，盐产区的面积和生产规模不断扩大。其盐政则经历了一个从无税制向有税制，从非专卖制向专卖制过渡的过程。安史之乱后实施商运商销就场专卖，盐在国民经济和政府财政收入中日益占据突出的地位。其时，淯井盐有了确切的史载，且地位作用突出。这也就是《资治通鉴》卷第二百五十五所说"云安、淯井路不通，民间乏盐"。至今，我们在史证中所能找到的关于唐时长宁产盐的文字，也就这十一个字。然而就这十一字，如果我们结合相关史料，其传递的信息量也是巨大的。

　　为什么两个地方路不通，就会"民间乏盐"呢？据吉成名《中国古代食盐产地分布和变迁研究》一文载，唐代井盐产地有山南道、陇右道、江南道、剑南道四道。四道盐井总数是91所，其中剑南道最多，达68处，山南道次之，陇右道、江南道最少。陇右道即今陕南、陇南一带，这一代所产之盐因战乱当然无法供应四川。江南道即今重庆彭水、酉阳、黔江、秀山，及湖南湘乡一带。山南道井盐产地分布在今秭归、巴东、奉节、云阳（云安）巫山、忠县、万州、宣汉、开县、阆中、南部、西充一带。韩秀升乃涪州（今涪陵）刺史，起兵阻断了峡江路，江南道、山南道之盐自亦难供蜀中。而剑南道呢？剑南道井盐产地包括今绵阳、德阳、三台、中江、射洪、浦江、彭山、乐山、简阳、资阳、内江、资中、遂宁、蓬溪、安岳、乐至、理县、盐亭、仁寿、井研、荣县、威远、自贡、富顺、宜宾、江安、长宁、卢山、宝兴，盐源、合川、荣昌、璧山及云南普洱等地。有如此众多的井盐产地，这一地区的盐产依然控制在唐王朝手中，但《资治通鉴》一书竟特别指出"云安、淯井路不通，民间乏盐"，可见淯井产量很大，地位极高。当然，还是遗憾，有唐一朝淯井盐产依然无确切的数据记录。

　　淯井盐产有了确切记载是宋代。北宋时期，井盐生产的地区有成都府路、潼川府路、利州路、夔州路、秦凤路和荆湖北路，共计六路。南宋时期，北方土地尽失，但井盐产地，除秦凤路部分失去以外，其余还在南宋控制之中。

　　成书于宋末元初的《文献通考》卷15《征榷考二》对于宋代井盐有一则完整的材料，这则材料全面记载了当时的产盐州、盐井数，及盐产量。为直观看到淯井在当时的重要地位，现将该文录于下：

　　　　煮井者，益州路则陵井监及二十八井，岁煮一百十四万五千余斤（乾德五年伪蜀知陵井监任元吉始请凿五井煮监，是岁得八十万斤，擢元吉永清令，是后浸增其数），绵州二十四万余斤，邛州九井二百五十万斤，眉州一井一万余斤，简州十九井二十七万斤，嘉州十五井五万九千余斤，雅州一井一千六百余斤，汉州一井五百余斤。梓州路则梓州一百四十八井三百六十六万余斤，资州九十四井六十四万二千余斤，遂州三十五井四十一万六千余斤，果州四十三井十四万六千余斤，普州三十八井二十二万九千余斤，昌州四井四万余斤，泸州淯井监及五井七十八万三千余斤，富顺监十四井一百一十七万三千余斤。利州路则阆州一百二十九井六十一万余斤。夔州路则夔州永安监十一万七千余斤，忠州五井五十一万三千余斤，达州三井十九万余斤，万州五井二十万九千余斤，黔州四井二十九万七千斤，开州一井二十万四千斤，云安军云安监及一井八十一万四千余斤，大宁监一井一百九十五万余斤。以各给本路。[①]

总计益、梓、利、夔四路有产盐州级政区 24 个，盐井 621 口（缺绵州井数，此按 1 口盐井计算），年产量 1621 万余斤。当然，这里遗憾的是没有具体到产盐县及盐井数。同时，我们也难以清晰地看出各产盐州相互间的数据对比。故，下面我们对这一资料所显示的生产数据做一比较分析，见下表：

路	州（监）名	监井数（口）	总产量（斤）	监井均产（斤）	均产量排名
益州路	陵井监	29	1145000	39483	9
	邛州	9	250000	27778	10
	眉州	1	10000	10000	15
	简州	19	270000	14210	12
	嘉州	15	59000	3933	20
	雅州	1	1600	1600	22
	汉州	1	500	500	23

---

① 转引自吉成名《中国古代食盐分布和变迁研究》，北京：中国书籍出版社，2017 年，第 166 页。

续表

路	州（监）名	监井数（口）	总产量（斤）	监井均产（斤）	均产量排名
梓州路	梓州	148	3660000	24729	11
	资州	94	642000	6829	17
	遂州	35	416000	11885	13
	果州	43	146000	3395	21
	普州	38	229000	6026	18
	昌州	4	40000	10000	15
	泸州淯井监	6	783000	130500	4
	富顺监	14	1173000	8376	16
利州路	阆州	129	610000	4729	19
夔州路	夔州永安监	1	117000	117000	5
	忠州	5	51000	10200	14
	达州	3	190000	63333	7
	万州	5	290000	58000	8
	黔州	4	297000	74250	6
	开州	1	204000	204000	3
	云安监	2	814000	407000	2
	大宁监	1	1950000	1950000	1

宋时，盐业体制大致可分三种形态，即国家官有制、盐民私有制和官民综合所有制。监为官掌，即其生产销售均在官府手中；井则民有，由民间负责生产经营，官方只管收取盐利。故宋计算产量时"监"实指盐井，至于一监中有多少口盐井？在计算产量中不再考虑，只以一监进行计算。如"泸州淯井监及五井"实即一监加五口井。我们从上表清晰地看到当时泸州淯井监加上周边，估计应是指江安南井（址在今江安四面山镇南井场）、大井（址在今江安大井镇），长宁桃坪盐井①、双河介湖②等，其产量很大，在24个井盐生产地中排

① 桃坪盐井，址在今老翁镇盐井村，据民国《长宁县志》称："因该井盐涩，后为官府封闭。"
② 介湖，址在今双河镇西门，据民国《长宁县志》转引宋代祝穆所著综合性地理志《方舆纪胜》载，"长宁军西城下有井，已废。为田，多荷。"

名第四位。注意，这里淯井监及五井，是不含富顺监的。一监加五井，一井均产 130500 斤，此与排名第 23 位，一井产量仅 500 斤的汉州（今广汉）井，可谓天上地下也。

《宋会要辑稿·食货》二十四之六有这么一段文字：

（熙宁七年）三月二十三日，梓州路察访熊本请依泸州进士鲜于之邵议，淯井监监井止存两灶官自煎，余咸水尽出卖。从之。

从这一记载，我们可以清楚地看到，淯井监盐井的卤水产量很大，除满足两座官营盐灶的需要以外，还可以卖给民间自煎。

第四节　淯井盐利及走向特殊

淯井盐利究竟有多大？其走向如何？最早可以考据和推测的数据是唐代开元年间的数据。

据唐代政治家、史学家杜佑所著，记述唐天宝以前历代经济、政治、礼法、兵刑等典章制度及地志、民族的专著《通典》[①]记载：唐玄宗开元二十五年（737 年）蜀中陵州（故治在今仁寿县境）、绵州（治今绵阳市东）等十州的盐井，总计有九十所。每年征收盐税八千五十八贯。平均到每一个盐井，征收税额约为九十贯。具体到各州是一个什么情况呢？当时的泸州共有盐井五所，年征收税额是一千八百五十贯，平均一所年征收税额达三百七十贯。而当时的资州（今资阳）有盐井二十八所，盐税征收额才一千八十三贯，平均一所

---

①（唐）杜佑《通典》卷 10《食货·盐铁》：唐开元二十五年（737）"蜀道陵、绵等十州盐井总九十所，每年课盐都当钱八千五十八贯。陵州盐井一所，课都当（钱）二千六十一向；绵州井四所，都当钱二百九十二贯；资州井二十八所，都当钱一千八十三贯；泸州井五所，都当钱一千八百五十贯；荣州井十三所，都当钱四百贯；梓州都当钱七百一十七贯；遂州四百一十五贯；阆州一千七百贯；普州二百七贯；果州二十六贯。"

每年盐税征税额仅仅三十九贯；荣州（今荣县、含自贡一部分）呢？就显得有些更离谱了，有盐井十二所，年盐税征税额才四百贯，也即一所三十三贯多一点。这是唐代前期四川纳入官府征税的盐井数量，以及盐税征缴额度。

泸州的五井，包括今富顺、长宁、江安等地的盐井数量。从这里我们看到泸州盐井的税额远大于其他盐井的税额。征缴额大，要么是征收指标不公，要么是泸州五井盐产量大。这里可能是盐产量大的原因，其他解释恐难讲通。比如陵州井，秦时开凿，是蜀中至为重要的一口盐井，对于蜀中人民生产生活贡献极大，对于四川财政来说不是可有可无，其时税额远低于泸州盐井的税额，只能有一种解释，那就是由于开采历史长，盐泉已枯竭，盐产量已大幅度降低。

盐利有多大？唐代渟井贡献有多大？《新唐书》卷六十志第四十三《食货四》，关于唐代后期盐的管理有这样一段文字：

> 天宝、至德间，盐每斗十钱。乾元元年，盐铁、铸钱使第五琦[①]初变盐法，就山、海、井、灶近利之地置监院，游民业盐者为亭户，免杂徭。盗鬻者论以法。及琦为诸州榷盐铁使，尽榷天下盐，斗加时价百钱而出之，为钱一百一十。

由此段文字，我们看到，设盐监，原因在哪里？在盐利。利有多大？每斗盐成本十钱，加价一百出售，利润额高达 1100%。有如此大的盐利，渟井产盐量又大，你说渟井盐在中央及地方财政中的作用大不大？当然很大。

有宋，渟井盐井产量、盐利及走向史料丰富。由此，也显示了渟井在朝廷中举足轻重的地位。

渟井监盐产量及用途，宋代李心传所著《建炎以来朝野杂记》一书中说得十分清楚：

> 蜀中官盐有隆州之仙井，邛州之蒲井，荣州之公井，大宁、富

---

①据《旧唐书·第五琦传》，第五琦，唐朝官员，曾任户部侍郎，同中书门下平章事等职。创榷盐法。主持金融币制改革，根据货币名目主义理论，主张少许增加铸币的铜含量就可以大幅度提高铸币面值。其主张施行之后造成通货膨胀，经济动荡。（北京：线装书局，2007 年 7 月第一版）

顺之井监，西和州之盐官，长宁军之滧井，皆大井也。若隆、荣等十七州民间之煎，则皆卓筒小井而已，其用力甚艰。……仙井岁产盐二百余万斤，隶转运司。浦江亚之，隶总领所。大宁盐二百五十余万斤，岁取其四分，计值九万余缗，亦隶总领所。滧井四十余万斤，岁取其赢五万余缗为军食之用。[1]

从该段文字，我们看到：蜀中的盐井属于官井的有今南充阆中的仙井、今邛崃蒲井、今荣县（今自贡市区部分）的公井、大宁监、富顺监、西和州的盐官，以及长宁军的滧井，这些都是大井。

仙井年产盐二百余万斤，隶属于转运司。浦井盐产量次之，隶属于总领所。大宁盐监产盐量是二百五十余万斤，上面一年取其四分，计值九万余缗[2]，也隶属于总领所。对于财政、军事的贡献，滧井很特殊，是于四十余万斤盐利中提取五万余缗补军用。

那么盐利究竟有多大呢？郭正忠主编的《中国盐业史（古代篇）》对宋代盐利做了比较详尽的说明，我们这里取三组数字与滧井盐做一比较。

广西静江盐成本 4.358 贯／箩，官卖 10 贯／箩，利润率 130%；
广西融州盐成本 4.548 贯／箩，官卖 13 贯／箩，利润率 186%；
河东（山西一带）盐成本 6 至 8 文，官售出价 36 文，利润率 350% 至 500%。
四川滧井盐成本约为每斤 16 文，官卖盐价 222 文，其利润率高达 1287.5%。

从以上数据我们看到滧井负担最重，这也是蜀南蛮夷之乱难平的重要原因之一。所以才有寇瑊平息滧井周边蛮夷反叛中，于"（大中祥符）三年，减泸州滧井监课盐三之一"[3]。

---

① （宋）李心传《建炎以来朝野杂记》卷14《财富一·蜀中官盐》，北京：中华书局，2007 年 7 月。

② 一缗钱就是一贯钱。一缗钱，值银子一两。据《汉语大字典》卷五，湖北辞书出版社。

③ 《宋史·食货传》，北京：线装书局，2007 年 7 月第一版。

有宋一代，四川井盐无论是否直接出售到市场，都是四川政府所仰赖的财源，这是不争的事实。而官盐作为政府财源，除了部分盐利提供给了总领所外，在用途上是多方面的。下面这一史料，不仅让我们看到了南宋时期涪井盐的产量、用途，而且反映了四川官盐财政用途。

据《建炎以来朝野杂记》卷14《财富一·蜀中官盐》载绍兴十六年（1146年）涪井盐课支出用途：

> 实产盐四十一万九千四百斤，内三万三千六百斤犒设、七千八百斤赡学、三万斤锅本外，余三十四万八千斤，每斤二百二十文，计七万七千三百十九贯五百文，而本军省计应用二万三千八十七贯八百十二文，余折官价钱引三万七千六百八十二缗而已。每岁大科二万三千余缗，漕司抱其半，尚亏万一千余缗，二十二年十二月悉除之。

犒设，即对蛮夷的犒赏，南宋政府每年对当时的羁縻州府都要支给盐、绢、银等物资作犒赏，盐，实即控制蛮夷的重要手段之一，从数据看此支出比重不大。赡学，即补助给官学的经费，宋代长宁有庙学，此亦是确证。锅本，是用作煎盐的资本，由此我们看到涪井产盐成本极低，不足年产的百分之十。这三项均以实物（盐）支给，显然在政府作为开支之前，此盐已直接扣除，不投入市场。

至于以货币支出部分，包括本军省计和大科，本军省计指所隶属的长宁军的各项开支，大科则应指上缴给总领所的课盐。最为悲摧的是把该上缴的上缴了以后，竟然"尚亏万一千余缗"，此即《宋会要辑稿·食货》卷二十八《盐法篇》中所说："岁计独仰盐井"。对比《宋史》卷四〇九《高定子传》云："公家百需，皆仰涪井盐利。"[1]这一状况有宋一朝均无变化，至宋宁宗末（1210—1224年），宋理宗初（1225—1240年）涪井盐利依然是地方官学和地方政府开支的主要来源。

总的来说，宋代的官收盐利，曾在中央财政岁入中占据显要地位。或曰：

---

[1] 高定子（1177—1247），字瞻叔，邛州蒲邱人。宋宝庆年间知长宁军。累官端明殿学士，签书枢密院事，兼参知政事。

"当租赋三分之一"[①]，或曰"天下之赋盐利居半"[②]，甚或占"国用""十之八九"[③]。

有宋一代，长宁淯井盐利在中央和地方财政中的贡献尤其巨大。

第五节　淯井生产方式是怎样的？

现在，我们来说说淯井的生产方式。我们稍学一点井盐开采知识，即知道"卓筒井"。卓筒井是一项了不起，甚至可称作伟大的钻井技术发明。卓筒井开创了人类机械钻井的先河，是世界钻井史上的里程碑，被称为"中国古代第五大发明""世界石油钻井之父"。

这是怎样一项技术呢？卓筒井是手工制盐的活化石，是直立粗大的竹筒以吸卤的盐井，"凿地植竹，为之卓筒井"，发明于北宋庆历年间（1041—1048年），比西方早800多年。其口径仅有竹筒大小，然而能打井深达数十丈。卓筒井主要靠三个技术，圆刃锉、表层套管、扇泥筒。扇泥筒安装有单向阀门，是世界上最早的单向阀门。有了这三个技术，盐井才能越打越深。卓筒井工艺流程包括钻井（修治井）—汲卤—晒卤—滤卤—煎盐共五个步骤。

所以，苏轼在《蜀盐说》中说道：

> 蜀去海远，取盐于井。陵州井最古，淯井、富顺监亦久也。唯自庆历、皇祐以来，蜀始创"筒井"。用圜刃凿山如碗大，深者至数十丈；以巨竹去节，牝牡相衔为井，以隔横入淡水，则咸泉自上；又以竹之差小者，出入井中为桶，无底而窍其上，悬熟皮数寸，出

---

① 《舆地纪胜》卷四十《淮南东路·泰州》："计每岁天下所受盐利，当租赋三分之一。"

② 转引自郭正忠主编《中国盐业史（古代篇）》，北京：人民出版社，1997年9月第一版，第286页。

③ 转引自郭正忠主编《中国盐业史（古代篇）》，北京：人民出版社，1997年9月第一版，第286页。

入水中，气自呼吸而启闭之。一筒致水数斗。凡筒井皆用机械，利之所在，人无不智。[①]

精于文字的苏东坡用白描的手法，向我们传递卓筒井诸多信息。首先是肯定了"蜀始创"的四川专利权，其次是对卓筒井技术要点作说明，圜刀凿井，大竹筒"套管护井"，小竹筒"单向阀门提捞法"，最后他还对这项"专利"的实用效果进行了调查，"利之所在，人无不智"。

涫井之井是卓筒井吗？不是。涫井属官井，官井为大井、浅井，"井皆在万山中最下处，溪河之中，咸水冲突而起，如济南之趵突泉。即，其处石为井，缭之以栏，覆之以亭，构桥以通来往。"[②]

那么，涫井是怎样一种生产技术呢？很遗憾，就涫井自身，在官方的史载文字中我们找不到；但如果我们根据权威文献中关于我国历史上井盐生产技术，再综合涫井的地理、传说、遗迹，我们依然可以窥探到涫井盐业生产技术之貌。

秦汉时期，是我国井盐发展史上的开创阶段，关于盐井井址，明末清初著名的科学家宋应星在《天工开物·作咸》中写道："蜀中石山，去河不远者，多可造井取盐。"[③]据成都市邛崃、郫县等出土的东汉"盐井画像砖"，蜀中盐场坐落在山峦重叠、林木茂密的山区中，平坝处有盐井一口，井上有两层矗立的木架，两人相对站立，以吊桶吸取卤水，吊桶分别系于绕过定滑轮的绳索两端，当一端空桶放下时，另一端汲满卤水的吊桶便被提了上来，再由上层架上站立者将卤水倒入旁边的盆型器皿内，利用落差，通过笕筒引流，注入稍远处的卤水缸存储起来，然后放进煮锅煎熬成盐。

长宁涫井，井在双河东西溪汇合之地，周遭诸山犹如万马归槽，于溪流中土人发现有暗泉系咸淡泉，于是凿井而提卤，再煎熬成盐，这样涫井盐诞生了。

其后，历三国、两晋蜀中盐井依然是原始的大口浅井，只是在汲卤技术上

---

① 《苏东坡全集》卷一百二十一《蜀盐说》，北京：燕山出版社。
② （清）刘献廷《广阳杂记》，转引自朱霞《从〈滇南盐法图〉看古代云南少数民族的井盐生产》，《自然科学史研究》，2004 年第 2 期。
③ （明）宋应星《天工开物》，上海：世纪出版股份有限公司、上海古籍出版社，2016 年 5 月第一版。

有了一定进步。汉之汲卤是牵引两只盐桶上下提送卤水。至宋则主要依靠牛革为囊汲卤。关于此技术明正德《四川志》卷25云：

> "（大井）深至六、七十丈，其广大者七、八丈，小者不过数寸。既凿得咸泉，然后募工以木石甃砌，大井以牛革为囊，数十人纤绳汲取之，自子至午，则泉脉渐竭，乃缒人至底，以手取水入囊，然后引绳而上，数十人者，昼夜号呼推挽始得泉，以柴煎而后成盐。"[①]

涪井自汉始，无论三国之蜀汉诸葛在此地建塔以震慑夷人，还是唐宋之"监"，后蜀之"镇"，抑或后来宋之"长宁军"，均为官有官办。宋更是如此，"大为监，小为井，监则官掌，井则土民干鬻"。[②]"蜀盐有隆州之仙井、邛州之蒲江、荣州之公井、大宁富顺之井监、西和州之盐官、长宁州之涪井，皆大井也。若隆、荣等十七州，则皆卓筒、小井而已。"[③]

涪井为官井，官井即"大井浅井"。也即，涪井自始至终不是卓筒井。我们从涪井遗存上可以寻到答案。遗存的涪井，民间称为雌雄井，址在今长宁县双河镇北门桥东西两溪汇合处——盐坪坝。据双河镇居民讲，雌雄井在20世纪七八十年代其井口还暴露在沙坝面上，口面宽约四五尺，和农村水井口面差不多，井壁以石砌成，不很深。最近当地政府已发掘出该井，其制与民间传言相同，也与吴天颖[④]《井盐史探微》引乐山地区档案馆69-7-75722-16号档案介绍的川康盐务管理局食盐配销巡回辅导团第四团1944年8月考察发的一段电文文字"经长宁县城北门外小河旁，发现有盐井一口，直径一米突许，深约2丈"一致。

现在，我们来还原那时的涪井盐的生产。

横亘于华夏中部的横断山系，到达四川盆地蜀南长宁，已是尾声。散布于涪地周遭的大大小小的山头犹如万马归槽，拱卫着这块不大，但却富饶的土

---

① 转引自徐东升《宋代科技进步对手工业的作用》，《中国社会经济史研究》，2006年第3期。
② 《宋史·食货传》，北京：线装书局出版社2007年7月。
③ 《建炎以来朝野杂记》。
④ 吴天颖《井盐史探微》，成都：四川人民出版社，1992年8月。

地，青山间东西两溪从深处走来，缠绕在田野之间，一会儿向南、一会儿向东，曲曲折折，终于在这大地的北面汇合。千年流淌，不，应当是万万年，也只有这上苍造就的，才可能留下万岁、万万岁的痕迹。终于，有一天这土地有了人类活动的痕迹，又终于有一天，有少男少女两个来到这东西溪的汇合之处，嬉戏之余突然他们发现，这溪水中有咸泉。

这咸泉在溪流之中，与众多已经开采的井盐不一样啊！怎么办？智慧的淯地人找到了采集利用它的方法。砌石，对溪水进行分流，找到盐泉的涌出点，然而，让淯地人没有想到的是从溪流底部涌出的泉水竟然是一咸一淡两股泉水。怎么办？这又是淯地人遇到的前人及其他地方开采利用盐泉没有遇到的新问题。淯井人曾想堵塞淡泉眼，然咸泉眼也没了泉水。何以塞淡泉，咸泉则无？以今之地质学解释，即是盐泉上涌得有压力，这淡泉的流动即是压力来源。怎么办？让咸淡二泉都涌流吧！这样在溪流之中，深两丈许，宽三尺左右的咸淡之井诞生了。淯地人很风流，他们把它叫作"雌雄井"，我相信那一定是淯地人命名的，只是后来附会于诸葛而已。

井有了，现在得汲盐泉水。方法与陵井差不多，在井上搭建平台，只是这平台与他处不一样，平台的基脚部分已经被潺潺而过的溪流淹没，如果你还不能想象淯井盐卤平台是怎样的？去"度娘"查查海上钻井平台吧！

为便于盐工提取卤水，平台上搭建有亭，连接平台与陆地的则是栈桥，此即刘献廷《广阳杂记》说的"覆之以亭""构桥以通往来"。亭内是矗立的木架，分上下两层，井架中为辘轳，上缠有无数圈麻绳，绳子下端牵引一个腰子形的大桶（或皮囊），辘轳两端均有四个手扳木柄和四个脚踏，手柄在内侧，脚踏在外侧；辘轳由四人操作，每端容两人，一人向内扳动手柄，另一人手扶高架也向内踩动脚踏，四人协力，辘轳转动，绳子牵引汲满盐卤的大桶，将其提上井来，第五个人把盐卤倒入一旁的大木桶中，利用落差，通过竹笕引流，注入稍远处的卤水缸存储起来，然后放进煮锅煎熬成盐。

很显然此井与苏轼所述卓筒井完全不同。正因为淯井与卓筒井，与陵井都不同，于是苏轼来了，来到了淯井监，并留下了一段千古传扬的文坛佳话，这是后话。

淯井所在，今之长宁县双河镇鸟瞰图（毛智摄）

战事

第四章　平静的蜀南起了风云

第一节　盐，刺疼夷人的神经

涪井盐成为官营自蜀汉始，诸葛亮夺取涪之盐泉后设寨建塔以震慑夷人。其后随封建专制政权对盐业的控制的松紧，涪地的社会也处于动乱与安定之间。公元 965 年，也即宋乾德五年，赵氏的大宋朝从后蜀孟昶手中接过蜀地，涪井的开发管理权当然也到了大宋朝手中。

　　庭院深深深几许，杨柳堆烟，帘幕无重数。玉勒雕鞍游冶处，
楼高不见章台路。
　　雨横风狂三月暮，门掩黄昏，无计留春住。泪眼问花花不语，
乱红飞过秋千去。[①]

大宋朝是风花雪月、离愁别绪、艳遇雅集的，然而对于盐的管理，大宋朝可从来没温文尔雅，盐务管理也从没有过半点松懈。攫取盐利与历史上短命的，抑或稍微长寿的王朝比，那可也是严苛得很，而且特重，重到高达 1287.5% 的利。为何？因为朝廷要养一大帮人啊！

---

① （宋）欧阳修《蝶恋花》，郑红峰编著《唐诗宋词元曲（第三卷）》，北京：光明日报出版社，2015 年 7 月。

宋朝的官僚体系原本就纷繁复杂，其官制又是两套，一个是官、一个是差，官是用来定级别、领俸禄、穿衣服和计算资历的，差是用来干事的。有官位无差事的比比皆是，因而官员也就特多。养官员当然得靠税赋，税赋从何而来，农耕社会自然得从耕者身上取。但据说这大宋的建立者赵匡胤吸取前朝教训，在太庙密室里立了块四尺宽、七八尺高的石碑，对宋二世、三世，以及万万世约法三章，其中有一条就是"不加农田之赋"。不加田赋，自然要天下之赋税盐利占一半以上才行。所以，"公家百需，皆仰淯井盐利"，立法也十分苛严，私自卖盐十斤即是死罪。

按理，对于淯井周边羁縻州县来说盐利高就高吧，反正朝廷是给我们安排了"犒设"的。然而这犒设是多少呢？南宋绍兴十六年安排的是三万三千六百斤，现在我们姑且就把整个北宋、南宋时期淯井盐用于犒设的盐定为这个数字吧。实际情况，推测北宋应低于南宋，因为在经历了北宋泸戎之南长达 100 年的战争后，南宋应当吸取了教训。那么，这么一个盐量，满足得了淯井周边十个羁縻州县夷人的需求吗？比较科学的是每人每年盐的需求量为三斤半，民间则有不咸不淡三斤盐的说法，这里我们姑且按三斤基数计算吧。三万三千六百斤够多少人吃一年呢？够 11200 人吃一年。那时淯井周边十个羁縻州县很显然不应当只有 11200 人。犒设不足，当然得民间交易，问题是淯井盐太贵了，官卖盐价高达 222 文，这交易落在谁身上谁都受不了，在北宋这矛盾肯定更为突出。受不了也得受，大宋朝创造了辉煌的文化，其武功，在一个以强权夺天下治天下的时代确乎太弱。这弱，对付北方马背上的民族麻烦，但对付南方这些穿行于山谷间的夷人却还是没有问题的，可谓弹压得住。弹压得住，不等于没矛盾，所以，淯地经常处于矛盾之中，只是看它在什么情况下激化成战争而已。

自公元 965 年，赵宋据有蜀地，已经过去 40 来年了。40 年里淯井之盐源源不断地运了出去。蹲守在淯江边龙鳌山、龙峰山、屏风山、万松岭等山上的夷人，眼瞅着那一船又一船的黄白的盐从自己眼皮子底下运走，心里那个疼啊！疼得难受。

想当初，这淯之盐泉还是我夷人先祖罗氏与汉人共同发现的啊！如今却是你汉家独占了去，占去了不说，你返还的那点盐根本不够吃，盐利你还弄得顶上了天，这怎能让人心甘啊！反吧，不是没反过，中央政权弱的时候，或者乱的时候，再或者逼得没法的时候，那是必然要反的。不是不反，只是时机未到罢了。

宋代，泸南汉夷较大的冲突有五次，这五次我们不能说每一次战争的导火索都是盐，但盐肯定是集聚矛盾、诱发战争的根源之一。

真宗大中祥符元年，也就是公元1008年，机会终于来了。

大中祥符是宋真宗的第三个年号。说到这真宗在宋代也是一个有作为的皇帝，著名的"澶渊之盟"[①]即是在这宋真宗手里签下的。"澶渊之盟"之后，宋辽双方和平相处，大致保持了百余年的，促进了中华民族的经济发展、文化繁荣、民族融合。事在景德元年，也即公元1004年。

几年后，赢得了和平，保持了大宋政权稳定和安全的宋真宗可谓志得意满，于是就有了这一件戏剧般的事：

景德五年（公元1008年）正月初三，这天朝廷的官员，宰相啊、学士啊等等，都还在闹闹热热地过年，互道庆贺、玩玩关扑之类。突然宫里派出太监来通知说开会，大年初三的开会，开啥会？一干朝臣们都有些蒙了，莫非北边又发生大事了？不是北方，北方出大事是一百余年以后了，那大事一出来大宋麻烦大了。那时中原大地战火连绵不断，百姓"或被驱庐，或遭杀戮"，"野无耕农，市无贩商，城郭墟废，邑屋荡尽"，"百里绝人，荆榛塞路"，而且，要了大宋半条命。

进了宫大臣们这才知道是虚惊一场。说是宫里发生了大事，原来是皇城城门楼上发现了一匹两丈来长的黄帛，似乎还捆着书。皇上说：皇城城门楼上谁上的得去呢，只能是天书，所以啊，大过年的要大家一起去扯下来看看。这真宗还说啊，前些日子自己半夜刚要睡，忽然卧室满堂皆亮，大吃一惊，见到一个神人忽然出现，此人星冠绛袍，走上前来对他说："一月三日，应在正殿建黄箓[②]道场，到时会降天书《大中祥符》三篇，勿泄天机！"皇帝感到惊恐得不得了，起身正要答话，神人忽然消失了。于是自己蔬食斋戒了整整一个月，

---

①1004年秋（宋真宗景德元年），宋辽在澶州之战后订立和约：辽宋约为兄弟之国，宋每年送给辽岁币银十万两、绢二十万匹，宋辽以白沟河为边界。因澶州（河南濮阳）在宋朝亦称澶渊郡，故史称"澶渊之盟"。此后宋辽百年间不再有大规模的战事，礼尚往来，通使殷勤，双方互使共达三百八十次之多，辽朝边地发生饥荒，宋朝也会派人在边境赈济，宋真宗崩逝消息传来，辽圣宗"集蕃汉大臣举哀，后妃以下皆为沾涕"。

而恰好在这一北方边患相对缓和的时期，蜀南因盐而引发的民族矛盾加深，战乱频仍。

②黄箓，道教用以记录有关天官功曹、十方神仙名属，召役神吏，施行法术的牒文。

恭敬等待，现在终于盼来天书了。

大臣心知这是皇帝老儿玩的名堂，这大过年的被招到这里来，一定有什么不寻常的事情，于是赶紧拜贺。果不其然待宋真宗率百官步行到承天门，诚惶诚恐地把那所谓的"天书"迎奉到道场，当众开了封口，只见帛布上写的是："封受命。兴于宋，付于慎，居其器，守于正，世七百，九九定。"另外还有黄色字条三幅，内容是说真宗以孝道承统，务以清净简俭，必致世祚长久云云。宋真宗命知枢密院事陈尧叟宣读后，依旧包起，郑重盛入预先准备好的金柜中，又派官员祭告天地、宗庙和社稷，在崇政殿设斋宴，接受百官朝贺。随即接连下了几道诏令：大赦，改元，改左承天门为承天祥符，群臣加恩，特许京师聚饮三日以示庆祝，等等[①]。然后便是封禅泰山。

北边没事，朝廷没事找事，"东封"正欢，西南边的少数民族真正开始闹事了。

西南方向的少数民族在《宋史》中被称为"西南诸夷"。按《宋史·蛮夷传》的说法，西南诸夷生活在汉牂牁郡这一地区，它包括：黎州诸蛮、叙州三路蛮、威茂渝州蛮、黔涪施高徼外诸蛮、泸州蛮。注意这里的叙州，可不是今之宜宾，这里的叙州指的是今湖南怀化一带地区。淯井周边蛮夷归属泸州蛮。泸南的十月正是收获的季节，泸州蛮闹起来了，闹事的是淯井周边夷人。

第二节　偶然地，事儿就闹起来了

事是从泸州江安县那边闹起来的。江安建立郡县制的县级行政机构较早，是在晋穆帝永和二年（346 年）。只是那时不叫江安，叫汉安，治所也不在今江安镇，在今泸州纳溪区大渡口那地方。而且，其后晋孝武帝（373—396 年）

①《宋史·真宋本纪》"大中祥符元年春正月乙丑，有黄帛曳左承天门南鸱尾上，守门卒涂荣告，有司以闻。上召群臣拜迎于朝元殿启封，号称天书。丁卯，紫云见，如龙凤覆宫殿。戊辰，大赦，改元，群臣加恩，赐京师酺。"

年间，今江安二龙口至长宁县开佛一带又建立了一个绵水县。再后来，也就是隋开皇十八年（598年）汉安改称江安，宋乾德五年（967年）降绵水县为镇，隶江安县。治所亦先西迁至今江安县古县坝，再迁至今江安镇。其境域，大致包括今江安境域及今长宁县长宁镇以下境域。按理江安归化早，不应有蛮夷存在，或者能成气候，然而，还是僚人北上入蜀的问题，以至江安南部有大量僚人聚居。这也就有了蛮夷闹事。

却说这泸南蛮夷生活区域已经基本进入了汉区，势必有一部分夷人受到汉文化的熏陶而逐步"声教渐同华人"，也即我们今天说的汉化。这对于保守的僚人来讲那无疑是巨大冲击。比如，婚俗吧，要像汉人那样所谓的明媒正娶，大姑娘接进家门，那怎么行？僚人结婚，女家于五里外结草屋而居，直到怀孕临产时才定居夫家的啊！对于这些同胞的异端之举，怎么能容忍呢？不行，处置之。

十月的江安，由长江冲积而成的坝区，阡陌纵横，这是一片利于生存的沃土。太阳西下，以种植为生的汉人，以及已经归化的僚人男人们牵引着有些慵懒的牛儿荷锄归来，女人在房前屋后吆喝着，散落在竹林中、田野里的鸡鸭仿佛还留恋着那一抹夕阳，不愿归家，炊烟燃起，一派祥和安宁的景象。对于农人来讲赋税重一点算不了什么，收成好，吃饱饭，年成不好，弄点野菜之类凑合着，日子依然过得下去，朝廷让人活，僚人不骚扰，不发生祸乱是他们唯一的乞求。然而他们不能左右自己的命运，从来不能，他们不知道祸乱什么时候开始，更不知祸乱什么时候结束。

祸乱究竟从什么时候开始，生活在南屏山、绵溪河流域沟壑间的泸南蛮夷也不清楚。那天，南屏山里密箐深处、绵溪两岸沟壑交错间生存的僚人打猎归来，收获颇丰，有野兔、山鸡、酸枣狗和野猪等等，回到溪峒①，干栏②下，燃起柴火，野兔烤熟了，野猪也烤熟了，米酒拿出来，年轻的、年老的，以及女人、孩子们，一个聚居的族群正兴致勃勃地享受辛苦一天换来的成果。歌之舞之，尽兴之际，突然一个土团成员醉醺醺地骂了起来：

---

① 溪峒，古时对我国西南地区某些少数民族聚居地的统称。

② 干栏，南方少数民族住宅建筑形式之一。（晋）张华《博物志》卷一《五方人民》："南越巢居，北溯穴居，避寒暑也。"（上海：上海古籍出版社，2012年8月第一版）后来发展成为离地构筑的房子，即上层住人、下层圈畜。

"这厮，没盐没味，有啥吃头？"

"哦，是啊！没盐没味，有啥吃头？"

"反了，杀尽那厮。"这时土团里有人第一个喊出了杀，也不知他要杀谁，许多时候都是这样，乌合之众的呐喊声通常由此喊出，并付诸行动。

"反了！杀了那厮吧！"土团里许多人跟着呐喊起来。

土团头目计引知道喽啰们憋着气，也不说话，只管让底下吼去。

"反，反，就知道反！阿罗都随了汉人，你们怎不处置？"这时一老者冷冷说道。目标有了，目标先是自己最为熟悉者，这也是常理。

是啊！这阿罗从了汉俗一晃又过去许多日子了。此前，阿苟、阿落也是悄无声息便随了汉俗的，照此下去，如何得了，岂不是我们的人会越来越少，我这土团没法干下去了。计引在一旁也不敢想下去……

"对，杀了那厮去！"一众土团武装成员跟着吼了起来。

"万万不可！"这时蛮夷头目中一个叫斗婆行的企图制止道。

"对，杀了那厮去！"

喊杀声一下便盖过了斗婆行的声音，土团成员们不待计引发出指令，便就拾起兵器向丛林外冲了出去。很快队伍便下得山来。首当其冲的当然是阿罗和他新娶的汉家婆姨，然后是阿落、阿苟……一夜间，南屏山附近内属的夷人户几乎被自己的同族弟兄们杀了个精光。天亮了，杀得尽兴的夷人也累了，但"得胜归来"的夷人依然如打了鸡血样兴奋，吆喝着回到了自己的聚居地。

已经开发成为 4A 级景区的绵溪河流域，至今依然是密林深菁（长宁县古河镇政府提供）

消息很快便报告到了江安知县那儿。这还了得！真要反了不是？于是急忙知会巡检任赛前往缉拿凶犯。这任赛想，这肯定是夷人中好酒贪杯者干出的事情，也就没怎么当回事，带着几个人便直奔夷人聚居区来。夷人知道事已惹出来，躲是躲不掉了，于是来了个一不做二不休，设伏将任赛几人杀了。

杀了朝廷命官的夷人，此时是不能不反了，这还不说，反叛的夷人还迅速地占领了淯井。泸南第一次动乱正式拉开帷幕。

泸南夷人叛乱的报告很快就送到了京城开封，对于泸南蛮夷之叛，朝廷并不怎么看重，毕竟南人之乱小打小闹而已，自可任由其闹去；但居于绵水一带的叛夷，竟然溯流而上占淯井，夺朝廷盐利，那可不行。于是迅速下达诏书，派遣皇家卫队的武官阁门祗候①侍其旭带兵前往弹压，这是一个从八品官员，让他去有点锻炼的意思；这一带乃蛮夷所居，也就偶尔闹闹事而已，所以朝廷依然按其一贯的"和断"②之策行事，要求侍其旭带着招抚文书前往招抚叛乱的蛮夷。

侍其旭奉了圣旨一路从开封赶过来，已是接近年底。对于朝廷派员前来招抚，这边绵溪河流域的溪峒夷人早已经从江安那边打探到了消息，知道朝廷是来招抚，也是来弹压的，于是夷人头领和土团头目一商议，决定先自首认罪再说。

侍其旭到达江安，夷人早已在南屏山上宰牛宰羊，设坛等候，一副自新悔过的样子。然而，等侍其旭带领队伍沿淯江溯流而上，向淯井进发，夷人再度反叛了。为啥又反？原因很简单，说是让我蛮夷好好过日子，却又控制着要命的盐捏拿我夷人，明摆着是不让我们夷人过安生日子，你说我能不反吗？这夷人一反，侍其旭这边也就不再讲礼数，带着兵马转而赴夷人聚居地绵溪河。

战场在绵溪河口的牛转拐处铺开，侍其旭的人马不多，但算是正规军，武功较弱的宋军对付马背上的民族不很行，但对付山谷间的乌合之众还是绰绰有

①阁门祗候，宋官署名。掌皇帝朝会、宴享时赞相礼仪，凡文武官自宰相，宗室自亲王，外国使节与少数民族首领朝见、谢辞时，按其品秩引导序班，赞其拜舞并纠其遗失。东上阁门掌庆礼奉表，西上阁门掌慰礼进名。有东、西上阁门使与副使、宣赞舍人、通事舍人、阁门祗候。阁门使与副使承接皇帝旨命，宣赞舍人传宣赞谒，阁门祗候分别辅佐宣赞舍人，诸官皆武臣清要之选。

②和断，宋朝处理南方少数民族事务的基本国策，即对于少数民族部族之间的冲突，以及普通的骚乱，总的指导思想是令冲突各方停止冲突，言归于好。这种"和断"的方法，对于维护社会稳定，起了重要的作用。

余。绵溪溪峒蛮夷武装先是依托山崖之险抵抗了一阵，但很快便被训练有素的宋军追斩了数十人，并且擒其首领三人，当然侍其旭的人马也损失了 20 多人。

侍其旭还双管齐下，一方面武力镇压，另一方面则是利诱。夷人头目中那个叫斗婆行的，当初本就是闹事的反对者，所以，在收了侍其旭的衣服、绸缎以后便就投降了。对于投降的斗婆行，侍其旭本打算按照叛逆之罪诛杀他，但毕竟宋朝的官员自己权力有限，尤其武官随时都受着监军的节制，侍其旭只得将打算按大宋律对斗婆行处以死刑的报告送到了朝廷。朝廷依然按其一贯"抚"的指导思想，不予批准，并指出：利诱其投降，实即诏安，如今招安后又以叛逆之罪杀他，岂不是违背了当初的约定，缺乏诚信。不予批准不说，还命令侍其旭必须讲究信义，恪守诺言，寻找更为妥当的制御夷人的方略予以施行，不得动不动就讨伐镇压，骚扰生事。要说，这大宋也够仁慈的了，当然，前提是夷人不再生事，接受招抚。

第三节　已经不再是小打小闹了

转眼就到了第二年，也就是真宗大中祥符二年（1009 年）。侍其旭带领兵马依然驻扎在江安一带，但反叛的问题依然未能彻底解决。夷人依然经常凭借淯江两岸山岩之险阻断盐运之路，且有愈演愈烈之势。

这不，那天满载着淯井盐的漕船从淯井监出发了。淯井监监当官^①知道此段时间夷人虽已被弹压下去，但仍时不时地滋扰，比如下山杀掠内属户，抢夺汉家等等，所以一面加派人手押运，一面也将此情知会了侍其旭。侍其旭呢，也不敢怠慢，速急派兵从淯江溯流而上予以接应。但事情偏有不测，那天正好

---

①《宋史·职官志》："监当官掌茶、盐、酒税场务征输及冶铸之事。"监，督察、主管的意思；当，是当值、当事之当。监当的本意就是"主管此事"。事有不定，皆可随事以此名之。由于宋代于坑冶、铸钱、牧马、产盐等地设置的特别行政区划也叫"监"，故掌管这些事务的官员总称监当官。

是佛来山庙会，从十里八乡过来朝山的信众的客船、货船、渔船拥堵在了佛来山下，兵士们在河道上虽是横冲直撞，但越冲越乱，最后竟至动弹不得。

涫井这边，按照约好的时间本应由马帮将盐由涫江岸边陆路运至泾滩下装船，再以漕船抵江安。然而，眼见货物大部运抵泾滩下，该是装船的时间了，侍其旭的人马仍不见踪影，涫井监监当官就有些急了，不按时交接货物，按照宋行政管理考核规定，那可是要计入考核，直至问责的啊！正在心里发毛的时候，只听周围铜鼓声起，无数的夷人由丛林中杀了出来。押运的兵丁勉强应战，但毕竟人少，几下便落了下风败逃而去。准备的一船几千斤盐落入了夷人之手[1]。

命保住了，涫井监监当官倒也有几分高兴，毕竟运输迟延的责任已怪不在自己头上了。

但那边，还待在佛来山下动弹不得的侍其旭一听夷人劫了涫井之盐，恼怒和兴奋一起涌上心头。恼怒，是想着如果是按自己的意愿镇压，杀、杀、杀，那夷人敢动个啥，自己这个正月早在东京城里陪着女眷观赏关扑，到城东旧宋门外的仁和店，或是新门里边的会仙楼好好享受一番了。如今却被这夷人拖住，下派锻炼真还不知何时是一个头。而目下还要担些责任，怎不恼怒。不过这下也好，夷人这一闹，事大了，千载难逢的机遇啊，只要把这夷人问题解决，自己岂不是功德圆满，提拔重用，离开这鬼地方，回东京享受去了。于是赶紧将此情上报了朝廷，说：夷人躲避在悬崖险峻之处，经常滋事，并未服罪，如今又聚集党徒抗拒抵御政府军不说，还劫持我官盐，希望能发兵三至五千，与附近各州县巡检一起奔赴涫井监震慑，诱迫其归降。如果泸南蛮夷还敢嚣张，那就顺势讨伐诛戮。侍其旭的算盘是：如今口实已经有了，只要你夷人再敢猖獗，哪怕你不猖獗，我也要把你杀个鸡犬不留。

收到侍其旭的报告，朝廷这下也不能不重视了。这还了得？你偶尔弄点事

---

① 宋代漕运，在涫江上一只船承载是多少，我们无可考据。据黄纯艳所著《造船业视域下的宋代社会》一书，宋代在长江上的漕运船只为浅底船，常见的是载重一千至二千五百的料船，也有载重一万石船。所谓料船，是古代没有出现吨计量单位前，船只的运载是以料为单位来计算的。其原意是指造船所用木料的数量。以后，渐渐地把船木料在水中浮力的承载量，用来计算船只大小。据测算"一料"其承载量约为现在的三百多斤。那么一千料船承载力也就是30万斤，即150吨。考虑到长宁县涫江泾滩段航运疏浚是南宋宁宗（1208—1224）年间虞杭孙任长宁守的事，故我们这里估计当时涫江航运运载力应当远低于这个数字。

就弄点事吧，或者你内部闹腾就闹腾吧，闹腾起来了，我"和断"，也就是公断和裁决。和断得了就和断，和断不了，那我可不管你牛打死马还是马打死牛。如今你却要动朝廷的命根子，那可不行！于是朝廷立马加派力量前往处置。任命文思副使[①]孙正辞为黎雅州水陆都巡检使，东染院副使[②]张继勋、内殿崇班[③]阁门祗候侍其旭为同巡检使。

一帮武职官员任命了，兵呢？兵，"发陕西兵尝经阵战者付之"。怎会是发陕西那些久经沙场的士兵给这些个带兵的将领统帅呢？难道仅是这些陕西兵能征善战？不是，这里涉及宋代兵制问题。宋赵匡胤重建统一的封建政权，吸取唐末武臣权力过重的教训，一应制度以削弱武将兵权为目标，军事制度发生巨大变化，北宋时期皇帝直接掌握着军队的建置、调动和指挥大权。其下军权由三个机构分掌。枢密院为最高军事领导机关，掌军权及军令；三衙，即殿前都指挥司、侍卫马军司和侍卫步军司，为中央最高指挥机关，分别统领禁军和厢军；率臣，为禁军出征或镇戍时临时委任的将帅，统领分属三衙的禁军，事毕皆撤销。简言之，即是枢密院有调兵之权，却不掌管军队；三衙掌管军队，却无调兵之权；遇有战事，由皇帝任命率臣领兵出征，从而实现了"发兵之权"与"握兵之重"的分离。这种体制对于消除中唐以来绵延200多年藩镇割据的局面，确实起到了重大作用。然而宋武弱亦由此而定局。

所以，有将，还得单独给兵。而且，皇帝老儿想得很细，在将陕西兵交给孙正辞的时候，又令陕西转运使李士龙奉命与孙正辞一起前往戎、泸处理蛮夷事宜。用得着这么安排吗？提防武官手里所握之兵成为某家军，如后来的"岳家军"而已。在这些命令下达期间，又命令阁门祗候康训同为管勾（官名），执掌陕路（今三峡奉节县为中心的今川江水道以及川东鄂西一带）的军事、行

---

① 文思院，宋代文思院的职能，据《文献通考》卷60"文思院"条说："掌造金银犀玉工巧之物，金彩绘素装钿之饰，以供舆辇、册宝、法物及凡器服之用。"即负责造各类器物供宫廷及在京诸司之用的机构。文思院又分上、下两界（院），即制作分工，规定上界负责金银珠玉等器物的制造，下界负责铜铁竹木杂料等器物的制造。其官员，在唐代原本由宦官充任，后梁取代唐朝后，文思院使不再由宦官充任，而是改由士人充任。后唐庄宗灭后梁后，一度又以宦官充任，后唐明宗即位，又以武臣充任文思使，从而开了宋代文思院专任武臣之先河。

② 东染院使，官名。宋太平兴国三年（978年）分染坊为东、西染院，改染坊使为东、西染院使。后为武阶官，属西班诸司使。政和二年（1112年），改为"武义大夫"。据《中国历代官称辞典》，上海：上海辞书出版社，1992年8月第一版。

③ 内殿崇班，官名，武臣，七品。（宋）李心传《建炎以来朝野杂记·官制三·勋官》："国朝遁唐制，文臣朝官，武臣崇班以上，遇恩辄加之。"

政文书起草和文卷、簿籍等档案管理事宜。

朝廷考虑到施、黔、夔、峡①一带的蛮夷，其时也不安分，时有滋扰，见朝廷发大兵征伐叙泸一带夷人，从而忧虑惧怕祸及自己而另生事端，又专门布置下去，要求孙正辞等一定把他们抚慰好。考虑到春夏之际，泸戎蛮夷之地，瘴毒——山林中湿热蒸郁能致人疾病的有毒气体严重，要求部队在冬初到达那里即可。和平年代，参与战争即是英雄，因而奖励上，比照曹利用讨伐宜州叛贼的赏罚格次予以奖惩，具体这格次是啥样，没细查，但估计应该是就高不就低了。

可以说真宗虑事已经很周全了。但孙正辞还有些不满足，又以北方的士兵不熟悉南方的山川道路为由，向朝廷提出希望能够招募当地人作为部队补充，如向导等，并配备兵器、给养。孙正辞说的是老实话，估计行的也是老实事，但赵宋王朝的当家人真宗皇帝的脑壳清醒着呢，你自己招募，还发给武器装备，岂不是要整个孙家军之类，我大宋军可从来都是武将无兵，兵由我赵家配给的，于是真宗下诏：不行。理由当然不是这个，理由是泸南一带乃边境，穷乡僻壤，交通不便，民并不富庶，战争供给十分不易。同时要求孙正辞等人，如果蛮寇不接受招安，但只要是在剪除了反叛者的情况下，其他的人只要畏惧服从，不再生事叛乱，也就不要再穷追猛打。真宗还将丁谓处理夔州蛮夷事务，招抚夔州蛮夷，与夔州蛮夷歃血为盟，将双方盟约刻在铁石柱上的文字给孙正辞看，让他从中学习，不得越雷池。同时一再强调，对于以衣服绸缎等招安来的夷人必须留下来好好款待，不得杀害。

说到这儿，大家觉得是不是这真宗真是菩萨心肠？是，也不完全是。处理泸戎事务，赵家的儿孙们有祖训。太祖赵匡胤当年在派遣钱文敏任泸州知州时就告诫过："泸州地近蛮僚，犹宜抚绥……苟有一毫侵民，朕必不赦。"②宋不嗜血腥也是真的；但宋不滥杀，与其立国之要，即防止武将坐大威胁朝廷关联更大。对于宋朝廷来说，燕云十六州早在石敬瑭手里就已经弄出去了，土地多一寸少一寸没关系，周边少数民族问题，能拿钱摆平的事就不是事。所以少打仗，武将无用武之地，不易累积战功，无功则不易坐大，这对赵家王朝就是

---

①施，指今湖北恩施一带；黔，指今重庆黔江、彭水一带；夔，指今重庆奉节一带；峡，指今湖北宜昌一带。

②《宋史·钱若水传》

好事。

因此，"和断""招抚""绥靖"之策贯穿了宋朝处理西南诸夷始终。当然，宋真宗也不是吃素的，在强调不杀降者的同时，也强调对于抗拒不从者，进兵讨伐，绝不姑息。

第四节　战争，只能说告一段落

转眼间，初冬时节就到了，泸戎之南，密林深箐，竹之海洋，烟雨朦胧，雾色苍茫。孙正辞等兵分三路，西路由戎入南广河，进入珙州地界，逼近淯井；东路越南屏山经由梅岭堡逼近夷人老巢晏州；中路沿淯江而进逼淯井。三条路逼着夷人只有退，而无再犯戎泸的可能。

三路大军向泸南淯井进发的同时，招安文告也发出去了。这边夷人虽说闭塞，但依然早就得到了信息，朝廷的大军这回真的来了。不愿被招安的继续往深山老林逃窜。愿意接受招安的则赶紧到江安县城自首认罪，与政府歃血为盟，并刻石记事。有一个叫计引的蛮夷，想着朝廷怎会这样轻松就让你过关？就算朝廷说话算话，底下的人食言也不是一次两次。计引不愿前往县城自首认罪，带着自己那一支夷人土团藏匿在深山老林之中。孙正辞呢？这回贯彻真宗的旨意也还彻底，迅速派人将朝廷的诚意告诉他，计引知道，抗拒下去，恐怕后果很严重，也就只得接受了招抚。

从来都有帮闲者，这边朝廷安排部署处理泸南蛮夷问题，刚刚有点眉目，离泸南不远的邛部（今凉山西昌、越西一带）的蛮夷来凑热闹了，他们凑热闹不是造反，而是向孙正辞请战，说他们非常痛恨泸州夷人背叛朝廷，自相残杀，愿意举兵跟从大军讨伐他们。孙正辞等将此情况报告给了真宗皇帝，这真宗皇帝真还不简单，脑子里一下便想到了，邛部蛮夷帮朝廷讨伐泸州蛮夷是假，想得到泸戎之南那片地方才是真。如果同意他们参与，讨伐泸州蛮夷成功，那时邛部蛮夷提出其期望，肯定麻烦，于是下诏给邛部蛮夷，要他们把自己的土地守好即可。

冬去春来，转眼间就到来大中祥符三年的正月，东京依然笙歌燕舞，一派繁华景象；但泸南蛮夷之事仍未完全解决，跑进密林深箐的蛮夷依然时不时地窜出来骚扰着淯井的安宁。飨礼、燕礼之余的真宗皇帝也依然牵挂着战斗在前线的将士们。于是下诏指示孙正辞：

泸南一带，到三月份，即进入更为艰苦的时期，丛林中的湿热蒸郁致人疾病的瘴气，及有害的物质会愈来愈厉害，这些会直接威胁到将士们的健康。因此，如果在三月后，戎人还不归顺，依然未能解决泸戎之南蛮夷问题，那就考虑留下部分兵力扼守险要之路，确保淯井监盐路运输畅通即可。

同时命令孙正辞、侍其旭、李怀思、史崇贵自三月起各自领兵屯守在附近郡县，如泸州、戎州等地。又赐给孙正辞部队辟瘴药，并派遣使臣火速送到。

其实，孙正辞他们，主观上的确不想在这烟瘴之地拖延太久，泸南、戎南缺医少药，染上瘴疾，弄不好那是要命的事情，巴不得快点解决这泸戎之南蛮夷叛乱问题。所以，孙正辞等只待皇上高高兴兴、心无旁骛地把正月过完，就速急向朝廷报告：安抚泸戎之南蛮夷的事情，现在已经搞定了。蛮夷方面的忽余等人素来忠顺，防守和驰援淯井监，捕杀反叛的蛮夷，可以说不遗余力，至今在捕杀叛蛮上仍然没有懈怠。希望能够就此结束泸戎之南战事，率军回师。

春夏期间，正值万物竞长之时。这天，宋真宗刚刚下诏要求各州府必须到民间收缴粘竿、弹弓、罗网之类捕杀鸟类的"作案"工具，对那不开眼的敢私藏不缴，严惩不贷。便接到孙正辞的上奏报告，十分高兴，当即派遣身边亲信内殿承制[①]郝照信携带诏书，前往泸戎之南，通告忽余等人，表彰他们归顺朝廷、学习汉人生活方式所取得的进步，希望他们再接再厉为朝廷安定戎泸之南做出贡献。

又一再告诫孙正辞等人，对于朝廷已经释放的被俘且已经投诚返回溪洞聚居地的夷人，绝不可以再发生"邀杀"这样的情况，何谓"邀杀"呢？邀杀，也就是拦截那些已经改邪归正的夷人，并加以杀害。为啥真宗皇帝的诏书里要特别提到这一点呢？问题很简单，因为战争过程中，双方许多时候是杀红了眼，对于敌人可以说仇恨于心，怜悯尽失，因而战争中常出现胜者屠戮战俘的情况。此际，作为打赢了的大宋官兵"邀杀"蛮夷，属于必然。

---

① 内殿承制，官名。北宋大中祥符二年（1009）置，为武臣阶官，七品。元丰改制，定为正八品。政和二年（1112）重定武臣阶官名，改为敦武郎。

那么，宋真宗严禁朝廷官兵"邀杀"，是宽厚仁慈吗？是，也不完全是。主要还是我们前面说的"绥靖"，稳定泸戎以南是朝廷目标，而严防武官坐大威胁朝廷则是其根本。

严防武官坐大的手段，上面说到的只是皮毛。更有效的手段还在于把打仗的武官与治理的地方分离开来，宋是绝不会采取唐时那种藩镇的治理模式的。武将打完仗，你的任务也就结束了，该奖则奖，该惩则惩，该提拔重用的提拔重用。离开你带过的兵，离开你战斗过的地方，走人，此为必须，继续治理该地区，没门。

现在，泸戎之南的叛乱平定了，所以，朝廷便迅速又任命了执掌宫廷内部侍奉事务的官员，也就是皇帝左右供职官员史崇贵任管理戎泸州军马事务的官员——管勾[①]。

为啥这样任命呢？朝廷是给出了理由的，这理由是：这时候夷人虽然已经安静下来，不再闹事，但仍然有逃窜至深山密林、岩穴洞窟之中，没有服从、归顺的。考虑到孙正辞等人的军队撤离了，那些人或许还会互相招呼着聚集起来，再度为寇，史崇贵曾经出使这一地区，对于蛮夷的情况非常了解，因此任命他管勾戎泸州军马事务属于任人唯贤。

当然，还有更深一层的原因，那就是这孙正辞也不是个善良之辈，在执行朝廷既定方针上也是多有越雷池之处。此前的"邀杀"，没有孙正辞等人的放任，那是

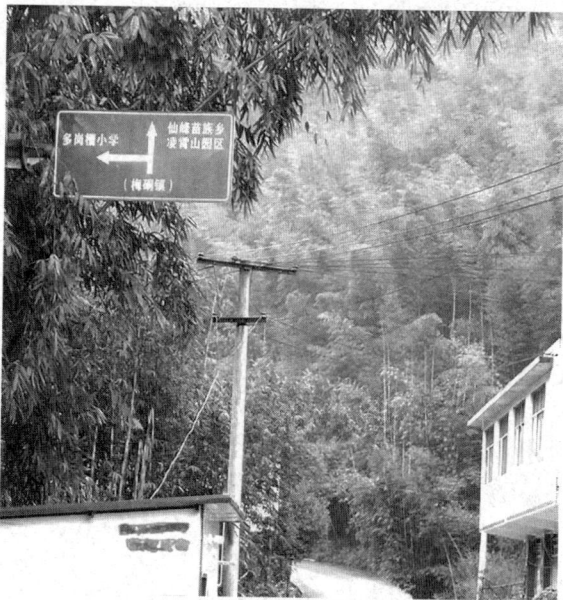

多刚漕这一地名依然存在于现实世界中，图为长宁县梅硐镇多刚漕路标（梅硐镇政府提供）

①管勾原为办理之意，宋代始以管勾为官职，如"管勾北宅所"，掌管的是诸王出纳事务，设管勾官员二人。

不可能发生的。而更为恶劣的是孙正辞曾经带兵多次进入夷人主要聚居地区晏州多刚县一带，能带走的带走，不能带走的则一把火烧掉；最为恶劣的是放火焚烧夷人储藏粮食的仓库，给夷人生活造成巨大的困难，乃至灾难，并诱发新的冲突，有违真宗皇帝一再强调的"蛮夷亦吾民也，不可使乏食"。

孙正辞离开戎泸二州，史崇贵上任。戎泸蛮夷第一次反叛告一段落。

当然，这里面最为高兴的是在这苦瘴之地待了两年多的侍其旭了，这一下他终于可以回到京城享受那份繁华和温暖了。

第五章　一次深刻的蜀南战事记忆

第一节　盐，依然是反叛者的目标

战争的伤痛并未过去多久，或者本身这伤痛就让泸戎以南的夷人难以忘怀。他们能忘吗？孙正辞带兵进入他们的聚居地区，那可是烧杀抢掠无所不用其极啊！何况，还有盐，价格奇高，且难以买到的盐，要命的盐。于是，时隔三年，夷乱再度发生，率众造反的正是孙正辞祸害最烈的地方——晏州多刚县夷人。

真宗大中祥符六年（1013 年），晏州多刚县夷人斗望下达命令发动暴乱，攻击的地点正是宋朝廷在泸戎之南的疼点——淯井监。

泸戎之南的七月，天热得发疯，从早上太阳一爬到天庆观上面，地上就如着火一样，让人憋得难受。再憋得难受，活还得做。

东西溪汇合处的淯井，是繁忙的地方，提卤、熬盐的盐夫们，可是一刻也不能懈怠，懈怠一刻，损失的便是盐利、盐税。骄阳似火，对于盐夫们不过是一味添加剂而已，该怎么干，还得怎么干。那提卤的立在水中还好，站在盐井架上就苦了；当然最苦的还是熬盐的，太阳裹着火，是要出人命的节奏。所以，那些个熬盐的工人几乎都是在火炉边待一会，就到溪流里浸泡一下，如此消消身上的火气。当然，监官也不敢闲着，只是他们监督的岗亭设在阴凉之处而已。

酒肆的老板和伙计早已起来做好一应接待客人的准备，烧茶、备菜、做饭按部就班进行着，当然，那酒也必不可少，要知道大宋朝廷是要靠盐、酒之税养政府百官呢。所以只要你喝得进去，政府是不会管你是否是酗酒，何况这泸戎之南乃烟瘴之地，酒可是防湿毒的好东西呢。所以，这涫井酒肆，虽说不如京都的东仁和楼、会仙楼那般生意兴隆，更比不上樊楼豪华，但也是十分热闹。

这一天，对于嘉鱼泉酒家来说还有点特殊之处，那就是这天晚上，涫井监的官员们要在此宴请新到的驻防官员借职平言[①]。借职，就像我们今天的挂职锻炼，但任实职则是早迟的事。而且，山不转水转，弄不好，哪一天这平言就地转任实职也是完全可能的事情，所以搞个接待那是必须的，何况，大家来这苦瘴之地，都有种不很乐意的情绪在心头，借此大家豪饮一场，未尝不是件快意的事情。

下午晚些，太阳下山，提卤、熬盐的盐夫们依然不敢歇息，他们要抢着把中午太阳最毒时耽误了的时间抢回来，所以盐工们提卤的号子依然，那熬卤的烟火向上升腾，然后与天际的薄云混合在一起，飘向了遥远的地方。此时，涫井监的上品级的官员们则陆续来到了嘉鱼泉酒家，一番寒暄，一一介绍，依次入座，酒宴开始，一切都在有条不紊地按常例进行。

酒，当然是从涫井监监当官的提议开始的，酒过三巡，自然就有些微醉，也就是该行酒令的时候。宋代是中国古代最具生活情趣的朝代，玩酒令宋人当然是行家里手，尤其是诗词格律类，一群人聚在一起，不顾柴米油盐酱醋茶，只论琴棋书画诗酒花。当即有建议玩投壶令的，也有提议玩征经史令的，最后大家一致觉得还是击鼓传花令有情趣。于是一边喝酒，一边玩击鼓传花令。

这令与我们今天的击鼓传花差不多，也有主持人。这主持人叫"录事"，也就是仲裁，由一位才色双绝的艺妓担任。录事上来，涫井监监当官当然得任起始执花者，唱一句词，传一次花，有行酒令者自己不能唱于是喝一杯酒，委托艺妓唱词，气氛愈来愈热烈。

花很快就到了平言手上。平言接过花正要说词儿。突然间有兵士从门外抢进来报告晏州多刚县的斗望打过来了，还没等喝得兴起的官员们反应过来是怎

①借职，仅有虚衔而非实授的官职。《宋史·选举志三》："策入平等而武艺优者除奉职，次优借职。"宋代武臣的职级，分东、西、横三班。入仕者先为三班借职，转三班奉职，依次递迁，最高可至节度使。

么回事，就只听呐喊之声已近嘉鱼泉酒家了。

此时，似乎谁也记不得今晚为谁接风了，保命要紧，夺门而出的官员们很快就消失在了惨淡的夜色之中。摞下个平言，官场生涯刚开始，当晚便成了夷人叛乱的牺牲品。

率众攻进淯井监的斗望的目标当然并非平言，斗望的目标是淯井的盐，有备而来的斗望当晚即占领淯井，将盐洗劫一空，并大肆抢掠淯井平民的粮食、家禽、家畜等。淯井监盐工和民众的鲜血染红了淯井东、西溪水。

江安知县，奉职文信，很快就接到了淯井监方面的报告，于是领兵前往弹压。何为奉职？即奉行职事，这里即指江安知县文信还掌管淯井方面的治安事务。为什么江安知县会管淯井监事务呢？因为这一时期的长宁境域所设政权为羁縻性质，即羁縻淯州和羁縻长宁州，乃蛮夷自治；淯井监虽为县一级机构，但其主要职能是管理盐务、盐政，与我们今天的经济开发区差不多，平时啥子都是自己玩，但一有治安方面的事那就的得找州县了。

这奉职文信，奉行职事，摆摆样子即可吗？为何又犯之前江安知县的错误，而且这次文信不是派人，而是自己亲自讨伐呢？当然，把事情看得很小是一个原因，根本的还是宋代的考核制度中规定：如果地方治安出现问题，是要影响官员升迁的。何况这泸戎以南乃瘴毒之地，来这里就不是件安逸的事情，如果反叛事件报上去，就麻烦了。上面考核时，那可是不管你事情发生的原因是什么。中央集权体制之下，全国上上下下，那么多大大小小的事呈上来，谁有那么多工夫一个一个地细问前因后果、来龙去脉。依例留级或降级即可。如果酿成严重后果，那就更糟了。如此，你说那文信想不想把事情解决在自己手中？当然想，只可惜这江安知县、奉职文信也是脑筋没有急转弯，没有想到如果自己贸然进发，掉了脑袋怎么办。

得到报告的文信，脑袋如进了水，立马便带着兵马往淯井方向而来，目的很明确，把夷人驱逐出淯井监，确保淯井盐业生产正常，盐运道路通畅，上缴朝廷不短一分即可。应当说文信的想法是对的，反正抱着自己娃娃不哭即是上策。

文信的人马由淯江逆流而上，行至绵溪河口无事，行至屏风山（今佛来山）下无事，过安夷寨还是无事，文信有些确信斗望等叛夷不过是乌合之众，暴乱不过就是想劫掠淯井盐而已了。哪想到斗望的理想比他高远得多，早做了迎战准备不说，而且采取了关起门来打狗的策略。待他的兵马到达泾滩一线，斗望的人马由龙峰山、竹海山上，及红桥河等方向涌过来，文信所部很快便被斗望的人马打了个落花流水，文信也把命丢在了去淯井的路上。

淯井之民原本听说江安知县已率军前来弹压，以为只要躲两天即可返家的，此时，得知文信折戟的消息皆万分惊恐，只得赶紧收拾起不多的行装，出龙透铺，经由今天的硐底河，再转花滩桥，由沙河驿渡南广河逃向戎州城，以求自保了。

而那斗望呢，也实在有些胆大妄为，烧淯井监，杀朝廷命官还不满足，竟然率领兵马沿淯江顺流而下，进而劫掠了富义（今富顺）、江安、合江等县治，以及"西南会要"泸州。

第二节　平叛，不期望用战争结束

烧淯井监，杀官吏，劫掠泸州，那可都不是小事情。所以消息在第一时间便报告到了住资州（今资中）的梓州路转运使寇瑊那里。寇瑊何许人呢？在北宋是称得上政治家的人物。看到斗望的架势，就知其不是简单派点兵马就收拾得了的。关键是，按朝廷的能力，解决斗望不成问题，但如果斗望的理想真的十分高远，多方动员，南方诸夷一旦也都跟着动起来，那就麻烦了。强力镇压，有违朝廷一贯的绥靖之策；不强力镇压，反叛的夷人遍地开花，后果严重，他策难寻。

于是寇瑊当即命令梓州路所属梓州、遂州、果州、资州、普州、昌州、戎州、泸州、合州、荣州、渠州等州[1]巡检，率领自己统辖的兵马迅速于泸州江

---

①梓州路，两宋时期行政区划，与益州路、利州路、夔州路，合称"四川"路，"四川"作为地理区划由此得名。据《宋会要》载：梓州路行政治所最初设于三台梓州，固名梓州路。大中祥符年间，梓州路行政治所迁治资州（今资中），皇祐年间又迁治遂州（今遂宁），后复还旧址梓州。领梓州（今绵阳）、遂州（今遂宁）、果州（今南充）、资州（今资阳）、普州（今安岳）、昌州（今重庆永川、大足、荣昌）、戎州、泸州、合州（今重庆合川）、荣州（今荣县、自贡贡井区）、渠州（今渠县、大竹、邻水、广安等）等州，及怀安军、广安军和富顺监。

安县会合。自己则沿沱江迅速南下到达富顺监，等候各州兵马到达会师地点。

却说各州巡检，接到寇瑊的命令，当即按照寇瑊要求，调集公私船只，满载武器、粮草，并且把旗帜扯得老大老大，锣鼓敲打得声震天外，声势浩荡地向江安进发了，很快各路兵马便集于江安清浮坝。其时，江安县城在汶江（即长江）之中州也即今江安城北十里的古县坝。为何寇瑊要把驻军之地选在清浮坝呢？清浮坝，现在的名字叫牛角坝，位于今之江安县城西部，处长江之中，是由淯井而来之淯江入长江处，在此驻军，用兵之需也。各路兵马到达清浮坝驻扎下来，寇瑊也已抵达。到达清浮坝的寇瑊按照既定方略，并未立即向淯井进发，而是安营扎寨，向淯井周边各支系蛮夷发出公告，表明大军已经到达江安，告诫各支系夷人切不可与斗望共同为恶。

公告发出，夷人也知道胳膊扭不过大腿，于是不久蜀南各羁縻州蛮夷、各姓地方武装（土团），以及乌蛮独广王子[①]等都表示绝不背叛大宋，乞求结盟。

那段时期，或许是有史以来长江之上的清浮坝最为热闹的时期，一百余艘大小不一的战船、商船乃至游船，布满了长江南岸的淯江口。着文官服、将官服、兵士服，船工服，以及各式蛮夷服装的人布满了江安县城。当然，斗望派来打探消息的探子也混杂在里面，不过，寇瑊并不在意，寇瑊不是嗜血的屠夫，不希望用蛮夷的血染红自己的顶戴。寇瑊的目的就是要给斗望以威慑，让他知难而退，如此泸戎之南少去许多血腥的屠杀。

会盟那天，久雨的蜀南天气出奇的好，阳光顺着长江江面映照过来，跳跃着一束束金灿灿的花朵，如同美酒诱惑着每一个在场的盟誓者。远山，以及那些高大的树上的枝叶已经暗淡下去，让位于清浮坝上招展的旌旗，用楠竹竹竿竖起的盟誓之门已经矗立在清浮坝坝头，一切就绪。锣鼓喧天中，寇瑊引领各羁縻州蛮夷、土团头领，及乌蛮王子来到了誓门之下，面向浩浩长江，将新刺的猫、狗、鸡血和酒饮之。"誓与汉家同心击贼"的口号声响彻长江两岸。

---

①《宋史·卷四百九十六列传第二百五十五蛮夷四》："未几，纳溪、蓝顺州刺史史个松，生南八姓诸团，乌蛮独广王子，界南广溪移、悦等十一州刺史李绍安，山后高、巩六州及江安界婆婆村首领。"

从上文，及相关史料看，以上各支系蛮夷大致包括今纳溪、古蔺、合江、南广、珙县、高县、江安等地蛮夷。乌蛮源于汉族史书对西南土著居民的称呼。乌蛮是西南地区的统治者，而白蛮是西南地区的被统治者。

清浮坝，今江安县淯江汇入长江口处牛角坝（邹永前摄）

随即，寇瑊又发布公告，承诺官军到达，只讨伐反叛者，绝不诛杀老幼，并且表示官军到达还会赐给衣物、钱币和酒食等，以此分化斗望军心。同时，也希望斗望前来接受招抚。

然而斗望没有动，斗望心里没底，毕竟自己为祸泸戎间这一步已经走出去了，而且还顺风顺水的，即使此时他想回头，下面的人也不一定认为那就是彼岸。

与此同时，朝廷之上的宋真宗也随时关注着泸戎之南的一切。在寇瑊为分化斗望而努力的时候，宋真宗又派内殿崇班王怀信作为特使，亲往江安与寇瑊等人共商安定抚慰夷人方略。

寇瑊在期许和等待，没有斗望的回应。于是寇瑊向真宗报告：

> 夷人尝于二年春烧淯井监，杀吏民。既赦贷其罪，复来寇边，声言朝廷且招安，得酒食衣服矣。若不讨除，则戎、泸、资、荣、富顺监诸夷竞起为边害也。[①]

已经失望的寇瑊表达的意思是，斗望等人已经是屡次为寇，劫掠淯井监等地，依赖我大宋宽宏大度，赦免其罪的政策，从不悔过，一再作恶。若不讨伐除之，那么，戎、泸、资、荣、富顺监诸夷都竞相起而效仿，那蜀南一带边患就将更严重，希望皇上同意发嘉州、眉州（今乐山、眉山）驻扎的军队捉拿剿灭斗望等叛逆，以此震慑蜀南蛮夷，使其心生畏惧，不敢反叛。

①《宋史·寇瑊传》。

　　转眼之间，时间就到了九月，朝廷又下诏任命怀信为嘉、眉、戎、泸等州水陆都巡检使[1]，阁门祗候康训、符承训为都同巡检使，也即怀信为正都巡检使，康训、符承训二人为副都巡检使。同时，调发虎翼、神虎两支兵马三千余人给王怀信。

　　却说这宋真宗也是个勤于政事、心细之人，调兵遣将之余，心中仍牵挂蜀南战事。这日一大早起来便招来了枢密使（宰相）陈尧叟。陈尧叟，四川阆中人，说到古城阆中，这阆中曾是巴文化中心，单是状元就唐代出了尹枢、尹极二状元，宋代出了陈尧叟、陈尧咨二状元。这陈尧叟不仅是状元，且器宇轩昂，举止大方得体，回答皇上垂询时口齿清晰，辞意畅达。既是蜀中人，熟悉蜀南夷务，且长时间在广西边地任职，有丰富的处理夷务的经验。真宗对陈尧叟说道："前两年孙正辞征讨蜀南蛮夷，虎翼军中有三个小校官曾经率领兵士冒险深入蛮夷溪峒，为那次平定夷人之乱立下了汗马之功。我牢牢记下了这几个人的姓名，现在把这三个人也调配给怀信。当年孙正辞还招募有乡丁，号'白芳子兵'[2]，因为他们善于识别山川险要，所以让他们作为向导，现在也令怀信招募。同时，打算以宋贲知江安县，与怀信等同议蜀南蛮夷事务。你看如何？"对于真宗的考虑，陈尧叟完全赞成。这样寇瑊又点集了隆昌、泸州、富顺监"白芳子弟"六千余人。

　　此次，朝廷的架势拉得也算特大了，虎翼、神虎两支正规军三千余人，乡兵六千人，梓州、遂州等十一州地方武装，每支以一千人计一万一千人，整个南征人数已是两万。以如此精壮队伍对付整个蜀南之夷都应不在话下，何况就一多刚县蛮夷叛乱。

---

　　① 都巡检使，官名。宋朝沿边溪峒有都巡检使，其职权主要是巡马递铺、巡河、巡捉私茶盐等。品级为七品。

　　② 白芳子弟：芳，一种香草；通"稧"。关于白芳子弟的活动见诸记载者共有四次，第一次在真宗咸平六年（1003）；第二次在真宗大中祥符二年（1009）；第三次在真宗大中祥符六年（1013），即本次；最后一次是宋仁宗时。其主要出现在北宋川峡地区的施州（在今鄂西恩施地区）和泸州一带，是用以镇压少数民族的一种武装组织，也即是一种乡兵。至于为何叫"白芳子弟"，至今尚无定论。

　　"白芳子弟"后来成为称为"胜兵"的乡兵。李心传在《建炎以来朝野杂记》对"白芳子弟"的演变情况做了如下概述："皇祐元年秋，始令子弟抽点随军者，日给粮米。又令主户名下，差拨子弟人数最多者，权立主户充指挥使等名目以统之。时三邑子弟之籍，总三千三百六十三人。"这说明，"白芳子弟"的一部分人已被抽点随军留下，成了常备的乡兵。即"泸州、长宁军胜兵"。

第三节　战争还是全面展开了

一切就绪。平静的大地从此又增添了战争的印痕。

十一月，部队由怀信、康训分别统领，怀信所部沿浯溪（浯江）溯流而上，走水路，康训则领所部从陆路由南屏山过来。很快康训所部就在绵溪河、红岩山一带与叛乱的夷人发生了遭遇战。在由绵溪深入的怀信军与从南屏山背后插过来的康训部的合击下，夷人很快败退，二千余的夷人队伍，死伤者达五百余人，宋军夺得梭枪藤牌无数，首战告捷。

天色已暮，宋军于绵溪口牛倒拐安营扎寨。那时的绵溪河床高阔，江面平缓，冬日里寒风如刀，除了守卫的士兵缩着脖子还站立在寨子周围外，其余的军士们早已进入了梦乡。

但斗望没有，斗望觉得这是个机会，战斗了一天的宋军已经累了，而且漆黑的夜，对于常在丛林中行走的他们来说是最好的掩护。斗望决定乘夜进攻驻扎在绵溪牛倒拐处的怀信部。

叛乱的夷党三千余人从两个方向，打着旗帜，一阵蜂拥向营寨逼来。斗望判断错误，其实，怀信没睡，这怀信早有安排，待斗望军过来，只集中兵力对付一个方向的斗望部，很快三千蛮夷又作鸟兽散。

第二战，夷人偷鸡不成反蚀把米。

宋军很快就进至今佛来山下，又在罗固募村与二千斗望军遭遇，斗望军再败。怀信引兵至斗行村追杀二百余人，当然，这怀信也不是宽仁之辈，此时，也同孙正辞等一样，不会管你夷人的生计之类了，接连烧毁夷人寨栅一千多道。追至斗行村上佛来山，又接连攻破了夷人四座山寨。一天之内三次战斗，均以宋军获胜而告终，三战下来共获斗望军首级百余，夺得夷人粮食五千石（合今计量五万斤）、枪刀等武器万数。

接到怀信战报的寇瑊十分兴奋，当即从江安清浮坝大本营出来，乘船奔浯井而来。据《宋史》载，这寇瑊自小就失去父母，由祖母王氏抚养长大，虽为读书之人，却生性豪爽仗义疏财，精通音律，对于易经八卦、阴阳五行等颇有研究[①]，于山川形势、佛道所在自也是十分关注。寇瑊职任梓州路转运使，在资州即已知道这蜀南虽还是蛮夷之地，但其腹，在废绵水县，去清井监水路上有一普贤道场，建于唐武则天与玄宗时期。相传普贤于西方参加法会之后，返回峨眉途中有些疲惫，于是在这山上象鼻嘴处小憩，后有此道场，颇负盛名，有"峨眉姊妹"之誉。所以，当他听到怀信所部已经拿下佛来山时，十分高兴。

"只是不知这佛寺在夷乱之下境况如何了？"寇瑊想。

于是，寇瑊急急地乘船沿清江溯流而上，当夜抵达佛来山下开佛寺码头安顿下来，仰视这山确是高大雄伟，夕阳映照之下的佛来山，如一锦屏矗立于清江之上，再看这山竟如一睡佛，心中便生许多期待。

佛来睡佛，现为AAAA级风景名胜区（毛智摄）

第二日，一早起来，沿山路陡直而行，磕心坡可谓名不虚传，双脚落于山壁之间，胸脯几乎贴着山壁而行，上得山顶人已是气紧，身旁古树参天，山下一江清流萦绕，周遭几十里地众山皆俯，的确是一修行的好地方，非有至诚之心难以抵达也。然而，到达山顶的寇瑊有些失望，整个佛寺已经破败不堪，残垣断壁间唯一殿尚在风雨之中飘摇，从殿宇的气势上可以看出这是原来的大殿，大殿屋顶早已坍塌，木质的构件也已腐朽，唯石柱尚在；门上方的字也已难以辨认，依稀可以看出是个"大"，所以可以确定这应当是大雄宝殿。而其

[①]《宋史·寇瑊传》。

他各殿已经完全被夷为平地。佛陀、普贤，及各尊者塑像散于杂草丛中，虽然许多已肢体不全，然从轮廓依然可以看出这些塑像并非出于乡里凡俗工匠之手。见此情形，寇瑊平添了对于蛮夷不敬尊者、长者，不信佛圣的几分恨意，寇瑊开始有意地放纵怀信们的烧杀行为了。于是，罗固募、斗引等聚居村落三十余村、房舍三千间，在寇瑊这一恼恨中化为灰烬。

宋军沿着淯溪继续前行，很快便就到达武宁（今长宁竹海镇、龙头镇境域），战争在这三江、蜀南竹海一带全面展开。这一带，除了已是斗望的堡垒部分外，关键是这里的泾滩，滩急崖险，舟楫不通，道路险峻，龙湾山、龙峰山，及今天的蜀南竹海等制高点扼控着取淯井的道路。所以，对于寇瑊而言，这里志在必得。斗望虽属蛮夷，但智商不差，也知道这里是他的门户，也是必须固守。以致要想取得战争的胜利，对于怀信、康训等而言，并不如之前一路扫荡而来那么容易了。

最先率部到达泾滩一匹绸下的宋军是怀信部，怀信自入淯溪以来，一路可以说是硕果累累，自然自信心也是满满的。当下即分遣部下，乘夷人不备，攻陷夷人所居村落罗个颏、罗能、落运等，并且攻占了三江口的制高点龙峰山，缴获武器无数，斩夷人首级无数。斗望人马从龙峰山上投崖而死者不计其数。当然，同样的是怀信也烧毁夷人房舍千余间、粮食逾万斤。那天鼓角齐鸣、火光冲天，惨烈的厮杀声，至今仿佛依然回荡这山崖之间，以致至今铜锣这一地名依然鲜活地存在于我们的行政建置中[①]。

很快康训的兵马也到达了泾滩，两路兵会于泾滩，一路下来，兵马已有些劳顿，于是寇瑊一面令各部于泾滩建寨安营，一面遣康训率部修筑泾滩路，以利大军通过。不料这康训运气没有怀信好，修路期间被斗望人马袭击，战斗不利，康训摔死在龙峰山的悬崖之下。怀信迅速带领兵马增援，大败斗望部，这才又再度站稳脚跟。怀信将营寨安扎在晏江口上，却又被斗望部乘夜偷袭。好在寇瑊与符承训已经侦查到了斗望的行踪，迅速将此消息通报给了怀信，自己也从泾滩拔寨赴晏江口。到达晏江北山（今龙湾山），斗望部一万余人已从东、南两面，即今蜀南竹海和龙燊山逼近了怀信营寨。怀信依靠强大的弓弩环寨御敌，在寇瑊策援下，总算打破了斗望的合击。此战，斗望部死伤千余人。

---

① 铜锣，民国《长宁县志》卷一，"铜锣乡，在县北，距城四十里，地高峻而险。寇瑊与淯井监蛮大战于该处，瑊尝击铜鉴鼓吹，因名铜锣井。"

两军相持于三江口一线，斗望兵马退守蜀南竹海山上、红桥河及龙獒山一带；寇瑊则分兵扎寨驻于一匹绸下、龙峰山上及三江口，成犄角之势。

说话间就已是大中祥符七年（1014 年）正月。对于宋军来说虽说战事尚未结束，但毕竟是过年，气氛还是得有点，兵士们远离家乡不说，即便将官们也是远离家小来这烟瘴之地，加之自十一月开战以来，全军上下几乎就没歇息过，所以寇瑊当即吩咐下去，一定要让兵士们过好节，杀猪宰羊必须，兵厨之酒必喝。何谓"兵厨酒"？"兵厨酒"，典出竹林七贤之阮籍。据《三国志·魏书》载：这阮籍本来不愿做官，听说"步兵厨营人善酿，有贮酒三百斛，乃求为步兵校尉。遗落世事，虽去佐职，恒游府内，朝宴必与焉"。[1] 后来便以"兵厨"代称储存好酒的地方，此地储存之酒则称之为"兵厨酒"。到了宋代酿酒有了进一步发展，官营的酿酒坊，宋人称为"官库"，又叫"公库""公使库"，故而官库出产的官酒便叫官库酒、公库酒，俗称兵厨酒。

前后蜀时期僚人大举北上，蜀地的经济发展趋于停顿，蜀南更是如此。在北宋建立后的 150 余年间，蜀南蛮夷叛服无常，朝廷用兵不断。自然，酒也不断。此酒也就名曰"兵厨酒"。以致后来这蜀南长宁军之"兵厨酒，名冠东州"。

至于军士们喜欢的杂耍、蹴鞠[2]、关扑[3]之类那也是必须玩的。

这天，已是正月初七，人日[4]，人日嘛，自然人为大。寇瑊安排下去，今天的蹴鞠不玩"白打"，玩"筑球"，竖起两根高三尺二寸的竹竿，之间相距二尺八寸，竹竿间拉上麻绳编就的球网。把怀信、康训分率之军士分别组成球队，左军十六人，球头王涉、跷球张重、正挟朱云、头挟文久、左竿网易增

---

[1]《晋书》卷四十九《阮籍传》，北京：线装书局，2007 年 7 月第一版。

[2] 蹴鞠，又名"蹹鞠""蹴球""蹴圆""筑球""踢圆"等，"蹴"有用脚蹴、蹹、踢的含义，"鞠"最早系外包皮革、内实米糠的球。因而"蹴鞠"就是指古人以脚蹴、蹹、踢皮球的活动，类似今日的足球。我们所熟知的《水浒传》中高俅所玩即是这东西。

[3] 关扑，以商品为诱饵赌掷财物的博戏。（宋）吴自牧《梦粱录·正月》："街坊以食物、动使、冠梳、领抹、缎匹、花朵、玩具等物，沿门歌叫关扑。"按宋例，年正月初一至初三民众可纵情关扑三天。

[4] 正月初七，传说这天是人类的诞辰日，即人的生日，民间把这天叫"人日""人日节"或"人胜节"。在这一天，女子用彩纸、丝帛、软金银等材料制成小人的形状，戴于头上，也贴于屏风等处。吃七宝羹，一种由用七种菜做成的羹，各地做法不完全相同，在人日的时候食用，以此来取吉兆。吃面条，登高赋诗。"人日"反映了中国古代劳动人民祈福纳吉和求平保安的愿望，以及对"人"本身的尊重。

宋代蹴鞠图"筑球"（图片采自网络）

贵、右竿网李今、散立胡元；右军也是十六人，球头曾有、跷球刘马、正挟奚于、头挟齐为树、左竿网周格飞、右竿网陈于中、散立丁未，摆开阵势玩了起来，而且，赢了还将给予重奖。

这一下兵士们可是高兴得不得了。球场上几乎是拼了命，有时两队还会因碰撞发生不愉快的争执。看台上的寇瑊等人也不制止，任随兵士们闹个够。

入夜，寇瑊又叫摆上酒席，当然七样羹也少不了。说是大过年的军士辛苦，喝好酒，啥都好了。酒过三巡，猜拳行令，兵士们就有些把持不住了。

这一切都被躲在竹海山上密箐中的斗望看在眼里。斗望心中那个喜啊！只听斗望对身边的人说：都说寇瑊老儿治军甚严，原来如此，此时，正是我掩杀宋贼的好时机啊！一声令下，只听得呐喊之声从竹海、龙獒山及红桥河等方向传了过来。然而，让斗望想不到的是，待自己的队伍逼近三江寨的时候，寨内却是万箭齐发，自己的人马根本无法靠近寨子半步。而埋伏于三江寨附近的寇瑊部则从周围杀了过来，斗望腹背受敌，只得向红桥河方向逃窜，逃跑中溺于江水中死者不计其数。此战以宋军大胜结束。

退守于多刚县的斗望军心生畏惧，斗志尽失，不敢再战，来到寇瑊军寨，纳牛羊、铜鼓、器械等等，表示臣服。寇瑊等按照宋真宗之意予以安抚。二月初，宋军还淯井，夷人首领斗望及诸夷人村落首领都亲自前往淯井监，表达其愿，表示希望免于死罪，杀牛、羊、猪三牲誓言，永不为寇侵掠边境。言辞间可以说是十分的真诚。寇瑊等以金玉、绸缎等犒劳，斗望等人也感恩戴德高兴而去。

牺牲的牺牲了，但战争总算以和平的方式结束，幸也。而这一切与宋的治国理念，当然主要是寇瑊的治夷理念有关。

第四节　见证历史的千年荔枝

寇瑊，字次公，汝州临汝人。就除大理寺丞、知开州，迁殿中丞、通判河南府。坐解送诸料失实，降监晋州税。以太常博士通判并州，改监察御史。真宗祀汾阴，王嗣宗知永兴，辟权通判，专领祠事。迁殿中侍御史，为开封府判官。尝奏事，帝询施州备御之术，因谕之曰："东川控蛮夷，尔功已试，其为朕镇抚之。"命为梓州路转运使。[1]

正是在梓州路转运使任上，寇瑊成了长宁历史上，乃至民间口耳相传的一个重要历史人物。

大中祥符六年平定蜀南蛮夷叛乱的寇瑊，深知斗望等人虽因畏惧而臣服，甚而声称永不叛乱了，但解决问题，确保长治久安还得有两手，也就是我们今天常说的"一手硬，一手软"，软硬兼施。

这一手"硬"，即是加强军队和城防建设。加强军队建设，仿唐名相李德裕职任剑南西川节度使时募兵戍边之事，从蜀南本地选拔青壮年一千余人组成常规军，称为"雄边子弟"[2]，隶属禁军，归宁远寨指挥，职责是守卫淯井

---

①《宋史·寇瑊传》。
②《舆地纪胜》卷一百六十六《潼川府路·长宁军》。

监。何谓禁军？禁军是封建时代直辖于帝王，担任护卫帝王或皇宫、首都警备任务的军队。但宋代有所不同，宋太祖赵匡胤，即是官拜五代后周禁军统领，经陈桥兵变，黄袍加身，由禁军拥护为开国皇帝。之后赵匡胤再邀集诸多拥护他之高级武官杯酒释兵权，建立北宋中央集权之东京禁军。宋太宗再分置多职、互相制约以听皇帝号令，遏阻前朝唐代藩镇割据地方之祸。因此，在宋代正规军即为禁军或禁兵。禁军从各地招募，或从厢军、乡兵中选拔，由中央政府直接掌握，分隶三衙。除防守京师外，并分番调戍各地，使将不得专其兵。每发一兵，均须枢密院颁发兵符。禁军士兵实行募兵制，且沿五代制，文面刺字，社会地位低于一般平民，一旦入伍，终身服役，直至老疾退役。寇瑊从蜀南遴选之乡勇归属于禁军，注意哦，这可是中央军呢，读过《水浒传》吧？林冲就是禁军教官，此即"州有胜兵"[1]，此为长宁有正规军驻军之始，也是长宁成为军镇之始。同时，寇瑊还在淯井监建寨栅，挖深、疏浚护城河以成监城。寨栅在功能上，保护淯井盐业生产为首要，但同时它也是城壕，因而，此也为长宁县城筑城之始。

另一手"软"，则是疏浚、安抚。寇瑊深知夷人反叛其根在淯井之盐。淯井盐泉是官井，开采权掌握在中央政府手中，所熬之盐十之八九为官府取走，对于夷人而言，虽有犒赏，那是少得可怜。以交易形式获取盐利高达千倍，对于夷人来讲倘若再限制他们贸易，那就无疑是逼他们造反了。所以，寇瑊在平定斗望的反叛后做的另一件重要的事情就是，呈请朝廷比照戎州的办法，允许附近的夷人入监进行交易，交易的形式主要是以马换盐，及其他生活必须品。[2]据王象之《舆地纪胜》载，南宋时，长宁军与夷人的交易中，马的交易量一年达三百九十多匹。

为何比照戎州呢？这是因为其时的戎州事实上也是置身于夷人区域之中。置戎州也与僚人入蜀相关，梁武帝大同十年（544年），先铁讨定占据宜宾，但"夷僚"依然占据今市境周边各地，官家为"镇抚戎夷"于是改"僰道"为戎州。期间有一个重要人物来到了戎州，那就是大名鼎鼎的黄庭坚。所以戎州之名流传中华大地。如果没有这黄庭坚安置于此，恐怕后来的人要记住这"戎

---

[1]《舆地纪胜·卷一百六十六，潼川府路·长宁军》。
[2]（宋）杨仲良撰，李之亮点校《皇宋通鉴长编纪事本末》卷第二十六"近界蕃人赴监鬻马者，请比戎州例给直市之。"哈尔滨：黑龙江人民出版社，2006年12月第一版。

州"二字就难了许多。因为这"戎"在古时那是落后的象征。"戎州"改"叙州"的原因即在此。"戎州"不雅，在中国古文化中"东夷、南蛮、西戎、北狄"都非华夏，属于野蛮、落后、不开化之地。北宋哲宗绍圣四年（1097年），戎州当时有一个副长官，认为经了唐宋，中原文化已经成了宜宾一地之主流，再以"戎"字称之，实在不雅，请求朝廷易其名，并依据《尚书·禹贡》里的一句"西戎即叙"，建议改"戎州"为"叙州"。[①] 当然，改一地之名是有程序的，就像我们今天改建制名称一样。所以"戎州"改为"叙州"的时间已经是1114年，宋徽宗政和四年了。此亦标志着宜宾正式进入中原主流文化范畴。

传为寇準所栽的荔枝树，已经枯死老化，逾千年，但至今仍顽强地挺立在长宁县竹海镇塔沙村的土地上。（图片为王旭提供）

因此，戎州和长宁军在稍后的时间里，都是朝廷认可的夷汉边贸中心。

宋代夷汉矛盾何以多以和平方式解决呢？根还是在宋朝本身的情势。蜀南宋朝边地的少数民族问题是很严重的，特别是北方和西方的对抗。为了减少西南方向少数民族问题的压力，对西南方向与少数民族的冲突采取的是"和断""绥靖"政策，族群间闹起了、打起来了，中央政府来"和断"；造反了，那就是大棒加胡萝卜，征剿和安抚并列。因而，朝廷选拔西南方向氏族杂居地的地方官，也多选具有人格魅力和精明强干的人，寇瑊称得上这方面的佼佼者，其策可行，蜀南少了血腥和暴力，也为淯井监换来了30年的和平。

寇瑊不专以武力胜人之兵，而以宽容与妥协服众，从而赢得了蜀南人民的崇敬和爱戴，清嘉庆《长宁县志》载"时多刚县彝酋斗望，劫泸州，烧淯井监"，寇瑊闻讯，带兵进驻淯井监，杀敌数百后"置戍守，建皆栅，浚三濠以

---

① 转引自刘火《叙州旧迹·谈谈宜宾的简称》，北京：现代出版社，2017年7月第一版。

环，保障多方，民始安乐"①，即为此事。

由此，在蜀南民间将寇珹战胜斗望的地方，也即竹海镇三江世外桃源一匹绸旁那棵千年荔枝树传为寇珹所栽。

至今那棵古老的荔枝树依然矗立在那里。虽然它已枯死老化，然而它却可以说见证了一段真真切切发生在长宁这块土地上的历史。

于是，400多年后，有一个叫周洪谟的邑人，以榜眼入仕，官至礼部尚书，依然记得长宁处于夷汉交界处，自东汉以降，因盐利，因贸易，因习俗等，民族纷争乃至战争不断，虽在宋代几次大规模用兵后，这一地区有了相对的和平，但仍是矛盾重重。所以，在其为长宁重修县厅所写的碑记中，依然强调"诸夷种族时屡出劫村落"，"为今之计者，莫若益高其城，益深其堑，诘戎兵，练士卒，入以固守出，以克敌"。②另一方面，周洪谟又极具悲悯情怀地指出：夷人造反，往往都是地方长官不懂夷情，有意无意逼出来的。建议"以夷治夷"，在当地设置"长官司"（土司），委任都掌人首领为世袭土官，纷争就可平息。

当然，皇权之下，文人士大夫们祈求的和平，许多时候只是理想而已，夷汉矛盾与其他制度性矛盾只有缓和，没有消除。400年后的周洪谟没能从根本上解决问题，400年前的寇珹的努力，也只为大宋朝廷赢得了蜀南30来年的和平与安宁罢了。

---

① 据四川省图书馆馆藏电子版（清）嘉庆《长宁县志》。
② 民国《长宁县志》，长宁县志办公室1985年8月翻印。

第六章　旧政、新政，战火依然未息

第一节　"庆历四年春"的三江战事

为了确保涪井盐业生产，其间，宋朝廷还曾将负责戎州、泸州、资州、荣州，及富顺监巡查缉拿走私茶盐的都巡检使公署治所，从戎州迁于江安县。

为什么迁？因为那时扼控蜀南蛮夷的驻军之地戎州至长宁涪井，有两条道路，一条是由长江顺流而下，至江安清浮坝入涪，再溯流而上，此为由戎入涪之水路；另一则是由南广河至高县，然后转陆路入涪。二者都十分难走，相较而言，由江安入涪那就便捷了许多。

涪有了驻军，监管巡查的机构也伸进来了，然而，盐利实在太厚，冲突依然，一旦有了导火索，战事依然要来。

还能背诵吧？

　　庆历四年春，滕子京谪守巴陵郡。越明年，政通人和，百废俱兴。乃重修岳阳楼，增其旧制，刻唐贤今人诗赋于其上。属予作文以记之……

对，就是范仲淹在《岳阳楼记》中写的"庆历四年春"那年，即1044年，蜀南夷人斗敖，进攻设在今蜀南竹海三江世外桃源的三江寨，从而拉开了蜀南第三次动乱的帷幕。

初夏，"娇翠"是竹海美的主题，而三江湖则是一幅静谧的山水画、一首清新的诗。淯溪、红桥河在此汇聚，湖水凝然不动，若一缸浓浓的绿酒，湖风轻柔地吹着，醉了湖畔的翠竹。泾滩在远远地等待着，以澎湃的姿势等待着静谧的到来。蓦然，几行白鹭从湖中小岛上那棵参天的古榕树中悄然飞出，水天一色，留与游人魂牵梦绕。

今日三江，图中为三江世外桃源酒店，左为蜀南竹海南坡，
面前一方为龙峰山（毛智摄）

对于驻守三江寨的大宋官兵而言，美景虽不是其沉醉的理由，但悠闲自在却是必然的享受。操场，演练的兵阵早已变成了蹴鞠的场地，驻守三江寨的兵士只有一二十人，无法进行设有球门、捉对厮杀的蹴鞠赛——"筑球"；只能"白打"，白打不设球门，有二人场、四人场，乃至十人场。一人也可以玩，一人玩属于个人赛，叫"井轮"，参赛者轮番上阵。井轮对个人要求颇高，没有多年的苦练与较高的禀赋，是玩不转井轮的。高俅就是玩井轮的高手，这高俅如不是井轮玩得溜溜的转，那是断不可能由苏轼的"小秘书"成为端王赵佶的贴身跟班，进而徽宗身边的权臣的。

这天，三江寨新任的长官刚刚到来，新老交替，送往迎来，照例要有一场蹴鞠赛。而且，新到任的寨官是成都过来的，"齐云社"成都分社的会员，因此，团体的"白打"之后，新任长官还来了场个人表演赛。晚上照例是接风酒，这新任寨官不仅蹴鞠玩得好，喝酒也是一把好手，读过史书，早就知道蜀南出蒟酱，也知道这涪井兵厨酒是一等一的好酒。虽说由成都府过来，到这烟瘴之地任职有些委屈，但能每天饮这蜀南兵厨之酒，又未尝不是一件快意之事。当夜，那场酒的确是人生一场喝到极致的酒了。

蹴鞠玩了，酒喝了，静怡、和平的气氛飘荡在三江口的上空。他们没想到有一个人的眼睛一直都在盯着他们，在等待他们进入飘飘然的状态。这个人就是斗望之孙斗敖。

对于斗敖而言，祖父斗望当年的盟誓早已消失在了时空里。自己，以及整个族群的一切行为都必须以现实为出发点。盐愈来愈贵，一匹马所换盐少得可怜，可耕土地还不断地被汉人占去，而这一切都源自一个极不公平的规定：夷人不能典买汉人的土地，汉人却可以想尽办法将夷人的土地变成自己所有[①]。这些都让斗敖心里憋着一口怨气，但斗敖知道发动战争必须具备三个要件：

一是要能打赢宋朝廷的驻军。大宋朝廷的驻军，由寇珹遴选地方精壮组成"胜军"之后，已经具有了极强的战斗力，不容易战争，特别是涪井监不仅有寨栅、深壕，而且驻军强大，稍有不慎，就可能会偷鸡不成蚀把米。斗敖或许脑子里装的东西，不如我们那些熟读三十六计的汉族将官多，但智商不低，他知道找薄弱环节，而且得攻其不备，这薄弱环节就是三江寨。

二是要能通过战争获取要命的盐。获取要命的盐，那就是要确保自己拿下三江寨后，消息在短时间内没能传到涪井监去，而恰好这时有运盐的盐帮到达三江口，在泾滩装船转运。

三是敌人得处于娱乐至死的状态。这一点至关重要。

所以，战争的日子一定是要来的，只是时间问题。斗敖从父亲手中接过权柄，等待至今已有整整十年了。时机成熟，斗敖迅速行动。

---

①《舆地纪胜》卷一百六十六《潼川府路·长宁军》："汉户许典买熟夷田土，汉户田土不许夷人典买。"典卖，又称"活卖"，是指中国历史上买卖不动产的一种方式。指将房屋、田地等不动产出典于人，收取一定典价，在约定期限内原价回赎。与绝卖不同，绝卖是所有权的转移，不能赎回，而典卖则是附条件的、临时的所有权的转让，可在一定期限内赎回原物，过期不赎才视为绝卖。典买，与典卖对应。指承典人有权在双方约定的典期内享有该财产的使用权和收益权。典当届满，承典人返还财产，收回典金。

初夏的三江，黑暗笼罩，草木的芬芳滋润着三江寨兵士们的鼻翼，参天的古榕上栖息的鸟儿似乎也是醉了，悄无声息。唯有天上的星星，依然用不眨眼的警醒眼光，穿透黑暗，告诉人们，平安即将不再，这里又将发生一场血腥的争战。

斗敖的人马，几乎是从地底冒出来的，龙獒山、龙湾山、竹海山、连山密箐深处，红桥河、涪溪河河流之中，四面八方几乎不留空隙，如蚁般涌向三江寨，喊声四起，三江寨守军尚未反应过来，便成了瓮中之鳖，驻守三江寨的宋军全军覆没。

攻破三江寨的斗敖，吸取了祖父的教训，不再四处出击，而是守在三江寨这个进可攻退可守的涪井盐运输的要道上，守株待兔的斗敖果然得到了他想要的。

第二天清晨，三江寨一如往常，但先期到达三江寨的涪井监盐运马帮的两个探子，依然感觉到了周围静得有些异常，然而就在他们想回转去报告的时候，丛林中窜出的一干人马，俘虏了他们。盐帮运出的盐也轻易地成了斗敖的战利品。

消息很快就通过梓夔路钤辖司[1]传到了朝堂之上。朝廷于是派遣秦凤路[2]总管[3]发兵一千人，并选了三名使臣率军星夜兼程赶往蜀南。不久，朝廷派出的军队就到达了蜀南一带，战争也无悬念，很快斗敖的叛军便被击溃，斗敖等表示不再为寇。

然而，不过三个月时间，也就是在七月，也是史载那句，蛮夷"叛服无常"，斗敖再度侵扰三江寨。这斗敖聪明，但无智慧，上一次得手，原因是什么？很简单，是涪井监驻军无战争概念。你想啊？斗敖第一次进犯三江寨，距离寇瑊平定蜀南过去了三十年，俗话说"三十年河东三十年河西"，物是人非，驻守涪井的从将官到兵士不知换了多少茬，谁还记得当年战争的血腥？驻守的官兵们在教头的带领下每天照例练练操是必须的，但警惕却肯定没有。一来夷人有盟誓，二来谅那蛮夷也不敢轻举妄动，所以娱乐至死是必然。

---

[1] 钤辖司，官署名。北宋咸平四年（1001）始置于西川，后沿边及内地亦置，为地方军事机构，领一州或数路兵马，总其屯戍、营防、守御之政令。

[2] 秦凤路，中国古代行政区划名，治秦州（今甘肃天水市）。

[3] 总管，其意很多。这里是地方高级军政长官、军事长官或管理专门事务的行政长官的职称。

而此时，战争的硝烟才过去三个月，将官与兵士们忘性再大，也不会如此不长记性。因此，此次斗敌的人马一动，即被淯井监指挥使散直^①王用等领胜兵击退。

"越明年"，职任大宋副宰相（参知政事）的范仲淹，因扩大相权，由辅臣兼管军事、官吏升迁等改革，使恩荫减少、磨勘严密，被罢免相职。带病的范仲淹虽个人前途已堪忧虑，仍心系苍生。因为，他知道蜀南安宁不过是暂时的，蛮夷问题时不时困扰着朝廷，动乱或许就在现在眼前，民间的疾苦之声依然。于是有了那向天下士大夫们的千古一呼："先天下之忧而忧，后天下之乐而乐"。

心忧天下的范仲淹是正确的。五年后，即皇祐元年（1049年）二月，泸戎之南再度发生夷乱。此次夷乱发生的原因，正是为官者背离了"先天下之忧而忧，后天下之乐而乐"之基本操守，没有把国家、民族的利益摆在首位，没有为祖国的前途、命运担忧分愁，没有为天下人民幸福出汗流血之理想与境界。"监不得人"也。^②

第二节　因"监不得人"引发的动乱

此次夷人叛乱发生的原因是什么？是淯井监的监官差了晏州（今樊王山镇）夷人的钱。差什么钱？差的柴火钱。何以会差柴火钱呢？这得从淯井熬盐说起。

井盐，都得熬制。熬，即需要柴茅。柴茅的获取有两个途径，一是作为杂役取之于民，二则是向民购买。羁縻州县夷人自治，因而也无贡赋；但他们可

---

① 散直，官名，侍从之官。
② 对于皇祐元年（1049）二月这次蜀南夷乱，《皇宋通鉴长编纪事本末》卷第四十九"仁宗皇帝·淯井夷叛条"在记述该事变后，总结道："兵战死甚众，饥死者又千余人，盖由本监不得人致此。"

以将柴茅卖给盐监。按说一手交钱一手交货，不会有矛盾，但自古官家因各种原因打白条的事，时有发生。比如上解中央税赋是硬指标，不按时足额上解要影响年终考核，因此，在盐税未完成，或为了争当先进，将柴茅钱挪用上解，这边柴茅钱差着；又比如，这淯井监监官们好吃好喝，行政费用超支了，钱从哪儿填补？淯井监除盐税、盐赋外，其他农业税赋几乎没有，而夷人是"贡赋典籍不上户部"，当然差柴茅钱即成一途了。

这不，淯井监的盐官就差了夷人卖柴茅的钱，差了不说，还打伤了代表夷人来讨要柴茅钱的晏州夷人头领斗落的妹妹，及随同斗落妹妹前来的一干夷人。[①]被打的斗落妹妹回去向哥哥及族人一哭诉，这一下便犯了众怒，整个夷寨陷入了巨大的愤怒之中，"杀进淯井监去，砍了那鸟官"的喊杀声在密林上空回荡，好在斗落还算理智，知道这"反了"不是小事，所以不敢造次。

当然，那时也有监督机制，淯井监负责监督工作的官员将这一情况迅疾报告给了泸州知府张昭信。这张昭信是个明事理的官员，一得到这个消息，心里那个急啊！夷人一旦闹起来，发生了反叛事件，那考核就又麻烦了。虽说事是淯井监惹出来的，但问题来了，地方上还是要负主要责任。于是，得到淯井夷人可能闹事消息的张昭信，赶紧派出信使亲往夷人洞寨劝说，经过信使一番劝谕，并转达张昭信的承诺：一定将淯井监监官所为上报朝廷给予处理。夷人这才信服了张昭信的话，表示不再生乱。

然而，这张昭信虽为泸州知府，领有泸南羁縻州县的蛮夷事务，但深入夷腹的淯井监却为朝廷直属，所以除了有麻烦事找他外，淯井监监官根本不买张昭信的账。这不，不仅不收手，还以扰乱朝廷管理秩序的名义，羁押了也是前来讨要柴茅钱的婆然村夷人细令。

但，最终导致泸戎之南夷人再度叛乱，则源自婆娑寨的一顿伙食。

却说，这淯井盐运，走的是淯江，经由淯江走船，长宁州是其必经之地，而婆娑寨，也就是今之长宁镇（清末民国时称安宁桥）是其必须靠岸休憩的码头。那天，盐船照例在接近傍晚时分到达了婆娑寨，盐船在洗脚凼停靠，船工们照例留在船上自己弄点吃的果腹，一干押运的军士则不会如此草草，也照例来到开在这岸边的百味楼酒肉一番。这是军士们工作餐之地，也是军士们寻欢

---

①（宋）杨仲良撰，李之亮校点《皇宋通鉴长编纪事本末》卷第四十九："初，监户负晏州夷人钱，殴伤斗落妹，其众愤怒，欲报之。"

之处。上得岸来，军士直奔百味楼而去，也就几步路。按说这里是他们的老地方，开店的老板也熟悉，不应当有事，可许多时候该来的还是得来。

古镇安宁桥之洗脚凼码头（黄钢摄）

一干人走进店里，店里人不多，仅左上方靠墙处有一桌人，从衣着看，应是汉人。老板娘见一干人进来，知是押运盐船的军士来了，赶紧迎上去，口里呼着官人上座，把他们引到那临窗一边的雅间坐了下来。老板算过漕运的日子，知道盐运的船只该是今日到达，所以早已做了准备，菜不一会儿就上来了，花生、牛肉、鹅鸭排蒸、二色腰子、紫苏鱼、鸡签、盘兔、白肉，及开封府传过来的百味羹等都是军士们喜爱的菜品。菜好，酒自然也喝得好，加上闲汉[①]把他们往常在此就餐的相好一个一个地叫来了，自然，三杯酒下肚，猜拳行令，气氛一同往常。

却说里面那桌的人，先前见一干军士进来，就几乎没再说话，这时，吃完饭从里走了出来，走便走吧，偏偏那桌的人也喝了点酒，有人就管不住嘴巴，叽咕着从这一干军士吃饭的雅间走过。这些个军士中有耳尖者，一下就听出这

① 闲汉，宋时在酒楼里帮着客官（客人）买些小东西，召唤妓女，取送钱物等的人。

是一群熟夷的声音，装束虽与汉人无异，但蛮夷学说汉话的口音依然很重。于是这耳尖的军士霍地站起身来，大声呵斥："哪里来的鸟人，这里也是你等来的吗？"

那一干夷人也是喝了点酒，听到这军士的话，心里本就憋着的气也一下上来了，三两句后，双方便动起手来。原本，这些经过禁军教头训练过的军士对付这一桌几个熟夷是不成问题的，但一来他们的酒实在已经喝得有些高，二来是这酒楼外街上、檐下那些尚未归家的夷人一听这里面闹了起来，便都跑了进来，先是看热闹，后来打起来，这些不嫌事多的人就都成了英雄，七八个军士很快便就被打了个落花流水，灰溜溜地跑回了船上。

群殴，乃至械斗，原本平常。然小民殴打军士或者官员，那就不一样了，说轻点是不把官府放在眼里，往重里说则是挑战秩序，甚或给你一个反叛的罪名也未尝不可。

这不，原本安宁桥这次军民冲突就一群殴而已，但淯井监监官可不这样认为，或者说朝廷上下都不会如此认为。因此，事一发生，淯井监监官即让驻守淯井的禁军，前往长宁州将群殴的主要参与者落占等十人抓了杀了，罪名当然也是有的——叛乱。杀个汉民得有相当的说法，比如所谓铁证之类，但杀蛮夷则实在用不着大费周折，何况，有了反叛这个罪名，那就实在是名正言顺。所以，即使后来真的发生了叛乱，淯井监监官却连处分都没挨上。

淯井监监官杀了落占等十人，这一下彻底激怒了夷人，叛乱再度在蜀南发生。夷众聚集了一万余人，攻破了三江寨，并围困了淯井监，以至很久水陆都不通，盐运受阻。

得到淯井夷乱消息的宋朝廷当即下诏知益州①田况，要求其派兵前往弹压。田况令梓夔路兵马钤辖宋定前往增援，同时，又征集白芳子弟二万余人参加作战。数月后总算平息了此次骚乱。

史料中，记述这次战争过程没有几个字，但战乱平息后对官员的奖励情况在《皇宋通鉴长编纪事本末》一书中却记述十分详尽：知益州田况、梓州路

---

① 益州，百度百科释为："中国古地名，汉武帝设置的十三州（十三刺史部）之一，其最大范围（三国时期）包含今四川、重庆、云南、贵州、汉中大部分地区及缅甸北部，湖北河南小部分，治所在蜀郡的成都。……天宝元年改州为郡，益州改为蜀郡，益州遂除。"按此条目宋代无"益州"，查宋建制区划，北宋二十三路，二百三十四州，无益州。其实，宋代成都府（次府）在淳化五年曾降为州，即"益州"，并罢节度，嘉祐五年才复为府。

转运司何知至获宋仁宗赵祯亲自签发的嘉奖文书；梓夔路钤辖宋定，知泸州李道宁，泸州巡检孔道宁，嘉、眉州巡检陈遇，知淯井监刘继英，淯井监押费元庆，资荣州巡检李友忠，王齐雄，梓夔路都监王楷，梓州都监张斌，遂州巡检王文质，简州巡检孔惟恭，梓州路走马承受翟文秀等人，或迁官，或加职，或减磨勘年。①

"迁官""加职"大家都明白，何谓"减磨勘年"呢？减磨勘年，就是减少按规定要考察或锻炼的年限，提前提拔。这中"知淯井监刘继英"和"淯井监押费元庆"就是肇事的盐官吗？民国《长宁县志》职官录载的名单起于正和，其他史籍也未查获相应信息，故不得而知。至于肇事者，《皇宋通鉴长编纪事本末》卷第四十九"仁宗皇帝·淯井夷叛条"在记述完毕以上事变后总结道："兵战死甚众，饥死者又千余人，盖由本监不得人致此。"一场动乱，草民和士兵血流了，丧事依然办成喜事，责罚的文字则依然轻描淡写。

而其中最为得意的当属知淯井监刘继英、淯井监押费元庆二人了，你想，惹出了事端，却获提前升迁，当贺不当贺？所以，不等朝廷嘉奖提拔的文书下来，二人便在熙春楼摆酒大肆庆贺起来。杯觥交错间，还忘不了对那个吃力不讨好的张昭信的挖苦。

的确，这张昭信成了冤大头，事不是他惹的，但账要算在他这个地方官头上，骚乱平息后的嘉奖提拔没有他，而且，知泸州早在骚乱期间就已换了他人。

第三节　一场因告密导致的血腥屠杀

一场历时几个月的动荡，以官员们的弹冠相庆结束，但矛盾依然。这不，嘉祐二年，也就是公元1057年，距上次皇祐元年蜀南事变过去仅仅八年，长宁州三里村的夷人斗还等人又开始商量着反叛的事了。

---

① 《皇宋通鉴长编纪事本末》卷第四十九。

事的起因还是盐。按说长宁州的人食盐是不成问题的，产盐的虽说是淯州，但这盐的运输通道则要经过几乎整个长宁州的地界，那时从三江寨至黄土坎（今长宁县古河镇街村）都是羁縻长宁州的地盘。然而，长宁州的夷人眼瞅着那一船船盐从淯江经过，自己生活中的食盐却少得可怜，心里不憋着气才怪了。

而上次，也就是八年前那次事件的阴影至今没有散去。一场斗殴，十个人的命就没了，这冤不说；后来的镇压，那也是刀光剑影，转眼之间，年轻的、年老的、男的、女的一个个就没了啊！我们的记忆是易于淡化的，但八年时间还不足以消弭一切，特别是当这一切发生在自己身上的时候。所以，长宁州夷人仇恨的种子始终在，而让这仇恨开始发酵，并不断增长的人叫斗还。

斗还，落占的弟弟。八年前斗还才十二三岁，目睹了那场杀戮。好在他人小，宋军杀进寨子的时候，他躲进碧玉溪的芦苇中捡了一条命。躲在芦苇中的少年眼瞅着宋军刀枪下自己的小伙伴一个个血肉横飞，眼睛里流不出泪水，嘴里也喊不出声音，只有恐惧和仇恨一并种进了心里。人渐渐长大，恐惧渐渐消失，仇恨和复仇的种子则不断生长。

开始时，斗还以复仇为由邀约要好的年轻人起事，但响应者极少。是这样一件与盐相关的事启发了斗还，让他改变了动员口号。

已经是寒冬，夷寨里的盐依然紧缺，用一匹马换取的盐还不够族人吃上一年半载。从陡石坎（今长宁老翁盐井村）那边弄回来的卤水虽可一用，但苦涩不说，还带着些臭味。那天吃饭，菜羹端上来，一大家七八口人，每人一碗。小妹正端起碗准备喝，母亲却在一旁呵斥："那碗是你阿哥的，别喝。"

"一样的菜羹，怎会分哪碗是我的，哪碗又是妹妹的了？"斗还有些想不明白，于是问母亲是怎么回事，母亲支吾着不想回答，在斗还一再追问下，这才说，因为盐太少，只能让打猎的多吃点盐，否则没了力气，打不了猎，那更是没了法子。寨子里各家各户都是这样，为了男人有力气打猎，有限的盐都基本上用在了男人身上，而许多女孩缺盐死去了。

斗还灵光一闪，突然想到：是啊！盐，盐才是命根子。没盐，这都是官家造成的，也只有从官家那里抢到盐才能生存。斗还决定以获取盐为动员令。

果然，这一动员令比复仇有效，很快，斗还身边便聚集起了一百五十人。动员所及长宁州周边村寨一二十个。事已筹备了一段时间，这时有人提出长宁州黄土坎头领斗盖，与斗还属于同氏族的，平常也表现出对汉人，特别是对汉族官员欺压夷人行为的不满，应当联合他一起起事。

斗还也觉得是这样，决定去黄土坎找斗盖。斗还去见斗盖是用了脑子的，他知道如果贸然去见，一旦斗盖不愿一起起事，对于他的来到必起疑心。因此，斗还采用了迂回的策略，先是一早前往江安赶场，下午从江安返回安夷寨三里村的时候，在黄土坎见斗盖，借口是路过，顺道来看看兄弟。

下午太阳偏西时分，斗还来到了黄土坎。见斗还来，斗盖十分热情，当即宰鸡弄饭招待斗还，并说早就盼望着斗还的到来了等等。见斗盖如此热情，斗还不待酒席上来就把他们准备的情况告知了斗盖。说话之间，刚出锅的整鸡和羊腿便就端了过来。席间二人相谈更欢，你一杯我一杯之间，斗盖还责怪斗还，说是这么大的事也不早些告诉他，把他当了外人。当然责怪的同时，斗盖也劝斗还，此事重大，恐不宜贸然行事。朝廷对于我夷人反叛向来不会手软，真反，恐怕那时又是尸骨遍野哦！斗还说己意已决，断无回头之理，希望斗盖助力。斗盖无法，只好虚与委蛇，并且约定当年年关乘汉人过年的时候起事。

斗还满怀着希望回到了三里村，并将与斗盖商谈的情况告诉了参与起事的一干人。大家一听那兴奋劲就不用提了，于是各自囤积粮食，打造武器，积极行动起来。各个村寨都沉浸在期盼胜利的喜悦之中。

然而，斗还没想到这斗盖当面应承下，私下却悄悄派人至淯井监，将此情况告知了淯井监监官。

得知此情的淯井监监官大惊失色，一面派人暗将此情上报泸州府，一面不等泸州方面的回复，即派禁兵前往长宁州，力图将事变弹压下去。为了不让长宁州三里村斗还发现淯井监禁军异动，淯井监禁军没走淯江这条最为便捷的水路，而是选择先北行，即从淯井监出来，至武宁（今长宁县龙头镇），并未乘船东行，而是转而向硐底方向，往沙河驿，北上以后，再折返回来，由三元、李端方向进入三里村一带。

队伍一早出发，当天入夜便就到达了目的地，屠杀开始了。

寒冬的夜，来得十分突然，转眼间，密密的竹篱和重重茅屋就已坠入漆黑的夜中。三里村的男女老幼也歇息了，夜静的有些奇怪，先是什么声音都没有，突然间全村的狗都叫了起来，然后就是人的凄厉的呼喊声响彻夜空。没有比这更震耳欲聋，更令人恐惧的声音了。如狼似虎的禁军突进村寨里，不分老小，逢人便杀。屠杀整整持续了一夜。天亮了，光明的来到，让一切罪恶暴露在了眼前。房前屋后、林中地里、溪流水田，尸横遍野，血流成河。屠杀持续下去，长宁州十里八乡无论男女老少，不管是否参与谋反，七千余人，转瞬间便成了大宋王朝祥瑞时光之下的冤魂。"捕斩七千余级"[①]的捷报送到钤辖司，钤辖司喜极，迅速将该喜讯上报了朝廷。斗盖也用七千余条自己姐妹兄弟的生命，换得了皇帝赏赐的钱三十万、锦袍、银带，以及长宁州刺史的官帽。

"七千余级"是什么概念呢？明末长宁县人口也就五万余人，且当时的长宁与现在的境域大致相同，而北宋长宁置军时的羁縻长宁州境域大约也就今长宁镇、开佛、古河地界，人口最多也就一万多人而已，一万多人而七千余人死于非命，那是怎样的血腥和残酷哦！民，在任何一个专制与独裁的政权那里，草芥而已。

以至于，两年后苏轼来到这里，依然可以闻到那股血腥味，感觉到那一股重重的肃杀之气。

如今的三里村一带早已是块充满魅力的土地，山与水交融，阡陌纵横，人与自然和谐发展，一派祥和之景。这里是我的祖居地，先祖是在480多年后，这块土地再次经历了一场空前的杀戮之后，于雍正九年（1731年）由湖南新化迁徙而来。来这里落脚的还有一支李姓家族，他们祖籍浙江省仁和（今属杭州市），明万历年间入川，明末清初，天下大乱，南溪城被张献忠军所破，其先祖苟全性命于此。

在此繁衍生息的邹、李二姓如今已然是两个庞大的家族，子孙散布于长宁及全国各地。然而，他们中有几人知道这块土地上曾经的屠戮呢？对于生活在这里的人们，无论邹姓、李姓，抑或其他姓氏，什么是家？家就是夫妇、父母、子女、兄弟、姐妹，以及那家族的血脉一代一代传下去。什么是家园？家园就是山川、河流、阳光、雨露、空气，是房舍、田野、竹林、鸡鸭、猪羊，以及祥和、安宁、自由、幸福，有时甚或就是苟且。

然而，千百年前这块土地上的生民有时要苟且也难，似乎永远也难以躲过那一轮回。

[①]《宋史·卷四百九十六列传第二百五十五·蛮夷四》。

第四节　新政下发生的蜀南战事

这是蜀南发生的第四次战事，时间是在宋神宗熙宁七年，即 1074 年。

此时，大宋赵家的江山已历 110 余年，宋神宗继位时 20 岁，这是一个在继承帝位的好年龄，充满青春活力、朝气蓬勃，有理想有抱负，却也非少不更事。然而继承大统的赵顼面临的朝政已经积弊甚深，各种矛盾突出。这不，继位的第三天，三司使韩绛等人，就给皇帝陛下交上来了一份财政状况报告，报告里赫然写着八个字：百年之积，惟存空簿。

也就是说，国家财政的账上是一文钱都没有了。

没钱的原因，大宋比较特殊，那就是钱用来养官、养兵、买和平。养官，文官集团的人数与俸禄要逐年增加。养兵，罪犯和难民也编入厢军，避免其造反。何谓"买和平"呢？买和平就是每年都要拿钱给北方强势的少数民族契丹、西夏等，名曰交岁费。

为何宋会出现此种状况呢？这与赵匡胤留下的"祖宗之法"的核心思想——为维护皇权，能花钱买的就一切都不是问题相关。后来的皇子皇孙们没办法，改不了。

所以，大宋的经济是繁荣的。可惜，经济的增长速度永远赶不上开销的增长势头。至神宗熙宁年间收入已达五千零六十万，但支出也是五千零六十万，收支相抵财政账上一年下来为零。

怎么办？神宗皇帝脑壳疼。必须改革，这时王安石走上前台，有了后来的"王安石变法"。变法的核心是理财，这一点王安石早在其任国家收支官员时给宋仁宗的万言书中就说得很清楚：

今日天下之财力日以困穷，风俗日以衰坏，患在不知法度，不法先王政故也。……患在治财无其道尔。[①]

也就是说，财政原本不该成为问题，问题是因为理财无方。因此，王安石的改革说白了，就是如何聚财。其变法举措，税赋改革方面包括：方田均税、青苗法、农田水利法、募役法、市易法、均输法等等。而得意之笔当首推青苗法。

农耕社会，自古农民最难过的是春天，青黄不接的时候。民间自来即有农民于此际向有钱有粮的富户人家借粮借钱以度不给。约定夏粮秋收后加息偿还。利息虽高，还贷原不成问题，然而灾年呢？靠天吃饭，总有颗粒无收的时候，于是，此时借钱借米的农民只好卖地了。土地兼并由此而生。

既如此，王安石想：那不如政府以低息贷给农民啊，这样政府有收益，农民减轻了负担。王安石的想法和方案都不错，神宗也觉得要得，然而，理想很丰满，现实却很骨感。既然是政府行为，当然有任务，就有考核，官员们自然要层层落实下去，而且奖惩挂钩，贷款自然多多益善。于是官员们可不管你需不需要贷款了，需要，你自然要贷，不需要，你也得贷，而且许多时候要加码。

而募役法，王安石的本意是让百姓以赋税代兵役，但实际操作中则成了各级官吏搜刮民脂民膏的手段，出钱的多寡全凭官吏一句话，王安石事实上等于把一把血淋淋的刀子递到了各级贪官污吏手上。

新政进入第六个年头，因改革引发的社会矛盾日益突出。这天是神宗熙宁七年三月二十六日，一幅反映社情民意、描绘民间疾苦的画卷送达御前，图中的景象触目惊心、惨不忍睹：开封城外尘土飞扬的道路上，流亡的难民扶老携幼蜂拥而至，个个面有菜色、衣不蔽体。

京都尚且如此，京城之外哪有例外。蜀南当然更不属例外。因为，盐属于官营，创造更大财政收入当然也在王安石的法眼之内。这一时期，政府盐利增长了一倍多，从不足 1000 余贯增至 2000 余贯[②]。哪里来？靠增产，增加一倍多的产量，以那时的生产能力，不可能。因此，盐利的增加，唯有增加盐税和提高盐价二途。然而，无论何种途径，都是羊毛出在羊身上，百姓负担加重。

---

① （清）毕沅《续资治通鉴》卷六十八熙宁四年二月甲子日条。
②《中国盐业史（古代篇）》第 284 页。

淯井监深介夷腹，夷人首当其冲。

其时，泸州、戎州之南的少数民族被称作乌蛮。晏州有六姓，纳溪有二十四姓，其中比较强大的姓有两个，一个是晏子，一个叫斧望个恕，其他诸姓都向其进贡。晏子所居，在长宁、宁远以南，[①]晏子的地盘距离淯井监可以说非常非常近。斧望个恕所居，在纳溪、江安以东。

正当神宗为改革焦头烂额的时候，被盐逼得没法的晏子率六姓夷向淯井进攻了，目标十分明确，夺取淯井盐。这时距离皇祐元年（1049 年）又过去 25 年。

朝廷此次派出的剿抚蜀南蛮夷的人是熊本，这熊本是庆历年间进士，曾经在戎州担任过通判。通判是个什么官职呢？通判在宋代是一个非常厉害的官职，管监察的，名义上是知州副职，但有直接向皇帝报告的权力。知州向下属发布的命令必须要通判一起署名方能生效。所以这熊本对蜀南夷务可以说非常熟悉。六姓夷攻淯井的时候，熊本在京城宰相府任职，于是朝廷任命他作为全权处理此次蜀南蛮夷之乱的官员。

淯井、晏州有六姓，纳溪蛮夷事务属泸州知府所领范围，晏子、斧望个恕两个人，熊本没有直接打过交道。但熊本是个有心计人，知道朝廷要的是稳定，绥靖与和断是处理泸戎之南事务的基本原则，而且熊本知道晏子、斧望个恕两个人十分狡黠，不采用"羁縻"之法，各姓蛮夷未必就会臣服。熊本处理蜀南蛮夷叛乱还是两手，一是利诱，二是镇压。

所以，熊本在派兵形成高压态势的同时，又派人对晏州六姓夷、纳州二十四姓夷进行招降纳叛。

战争在以蜀南竹海为中心的区域全面展开。史料中，熊本其实极不遵守战争规矩。比如这件事吧，在熊本大兵压境和所谓宽宥之下，有一个夷酋战败请求投降，当时熊本手下有个叫贾昌的副将，想要将这夷酋杀了以获取战功。其时，职任提点江东、利、梓路刑狱的范百禄劝贾昌不杀，贾昌不听。没办法，范百禄只得亲往泸州劝熊本，说："杀降者是不祥之事，自古以来就是'救人一命胜造七级浮屠'，活千人者封荫子孙。平定泸戎之南，你定下的规矩是利

① 长宁，今长宁镇一带；宁远，今竹海镇、双河镇、龙头镇，江安县红桥镇、兴文县共乐镇等，即今蜀南竹海及其周边地区；长宁、宁远以南，包括今长宁富兴、梅硐，兴文僰王山、仙峰、九丝城等区域。

诱与镇压两手，如今蛮夷来降，你怎可食言，怎能容许骄横之将，在你管辖的范围之内为所欲为呢？"听了范百禄的话，熊本有些惊慌和茫然，赶紧飞传檄文制止了贾昌。

由此，我们看到这熊本某种意义上说本是个言而无信之人，如果不是范百禄的话刺中了熊本的命门——贾昌滥杀实即不听话，是以下犯上，熊本食言恐怕是一定的了。

范百禄是个什么人呢？这范百禄是成都华阳人。曾经任中书侍郎，也就是宰相级别。范百禄在此次蜀南战乱平定后，留了个誓蛮碑[①]，该碑立于武宁县，治在今龙头镇江河村。

长宁军、武宁县遗址，由图看确实是山环水抱之风水宝地也（苏跃林摄）

而熊本最为恶劣的做法是以毒箭射杀夷人。我们都知道，古人打仗讲究一个师出有名，也讲赢得光明正大。特别是朝廷，那扯起的更是保境安民的正义

①范百禄誓蛮碑，历史记录有两说。《舆地纪胜》泸州郡江安县条目下曰："偶住亭，在江安县之对。建中初，山谷自樊道（戎州的古称）还，过邑，宰石谅同游此亭，书《琴操》。后改为渡泸亭，有范百禄《平蛮碑》，见石正行《亭记》。"（明）周复俊《全蜀艺文志》卷五十二："范中书百禄誓夷文，熙宁七年平五国蛮，作文以誓之，碑在今报恩寺（址在长宁军东门外）。"其文今存，见民国《长宁县志》卷十五。先有《舆地纪胜》，后有《全蜀艺文志》，是否可以理解两地为此碑先后保存地，或者有两碑？

之师的大旗。如果用毒箭射杀一个两个人还说得过去，要是大规模使用，将被世人所唾弃。而这违背道义之事，熊本就干了。熊本派兵士与夷人交战，交战后退却，以招募来的老兵射手和黔州（今重庆黔江一带）蛮夷猎人为弓弩手，用毒箭射杀夷人，夷人大为恐惧，不敢言战。

战争的结果：

损失是将领景思忠战死。原本这景思忠是不会战死的。其时，景思忠任参军，交战斗中景思忠率本部兵五百人为前锋，夷人据险与来剿官军作战，景思忠所部人少，远道而来，地势不利，实难取胜。危急之下，有部下劝景思忠引军撤退，景思忠不听，一心想杀敌立功，最后寡不敌众阵亡。其弟景思立、景思谊随后在与夷人作战中也阵亡。后来，长宁将他们祀之为"三圣"，建立了三圣庙，又称旌忠观。

收获则是巨大的，长宁等十郡八姓及武都夷皆归附了朝廷。晏子、斧望个恕、仆夜皆愿意向朝廷进贡，接受大宋王朝皇帝的命令。只是没想到那晏子未等到圣旨下来就死了，于是只好让个恕知归来州（今属泸州古蔺县一带），仆夜知姚州（今云南姚安县一带）。任命个恕之子乞弟、晏子之子沙取禄路为把截将、西南夷部巡检。

蜀南又一次动乱被平定了。

第七章　长宁军，蜀南形胜之扼控

第一节　战端因色心而起，还是其他？

第五次战事是41年后了。

宋徽宗政和五年（1115年），晏州，也就是现在的长宁县的富兴、梅硐，兴文县僰王山、仙峰、九丝城等乡镇的夷人头领卜漏反叛，并首先攻陷了梅岭堡，知寨高公老逃脱。

梅岭堡址在今这蜀南竹海山下的江安县红桥镇公益村，至今寨堡遗址尚存。

为啥这卜漏反叛首先要攻打梅岭堡呢？官方记载的是："公老之妻，宗女也，常出金玉器饮卜漏等酒，漏心艳之。"[①]翻译过来就是，汉夷一家，这卜漏常到梅岭堡知寨高公老家里做客。高公老的妻子是族姬，本来是比较近的皇亲，近到啥程度呢？这高公老的妻子是濮安懿王赵允让

江安红桥镇公益村寨堡遗址局部（图片采自网络）

①《宋史·赵遹传》。

的曾孙女，宋太宗的昆孙女，即六世孙女。而且呢，这濮安懿王赵允让是宋英宗赵曙的父亲，也就是说这宗女与当时的皇帝宋徽宗的服属尚未出五服。所以算得上金枝玉叶。这金枝玉叶，入乡随俗，从未把卜漏等当夷人看待，只要是这卜漏来了，就常常拿出金玉酒器盛酒给他们喝。岂料这卜漏起了色心，竟就为此反了。

这里你可能首先要问的是：这赵家皇帝的女儿为何会嫁到这僻远的蛮夷之地来呢？说怪不怪，这皇帝的家族是会繁衍生息的，一百多年后，这宗室与皇室的昭穆，也就是亲缘关系有的就会越来越远，这些离皇室远的宗室，许多已从贵胄中分离出来，成了比较贫困或者社会地位较低的人户。比如我们熟知的那个刘皇叔刘备吧，自称皇叔，在东汉末与关羽、张飞结拜兄弟时是干啥的呢？编卖草席的。

宋代是个世俗化程度较高的社会，门第婚让位于财婚，婚姻论财成了当时社会的显著现象。于是一些想集富贵于一身的商人便会通过出钱的方法娶宗室女子。这也就是当时所谓"宗室以女卖婚民间"[①]。还得知道哟，这买宗女的价位可比一个贫寒的进士，被高官或皇亲国戚们看上后"榜前选婿"所付价款要高呢。高多少呢？一个宗女顶得上五个进士，在极度善待知识分子的宋代，一个进士以金钱衡量的身价，依然不如一个宗室女，你说在皇权社会这知识分子的地位有点悲摧不？

好了，你可以想象得到，这高公老的政治地位及经济条件肯定不差，其妻子，宗女，金枝玉叶，用的锅碗瓢盆又都是金玉之器，这蛮夷卜漏看见了能不动心吗？

问题是这卜漏因财色能闹起事吗？或者说此次动乱真的是因色而起吗？应当说此次战事的直接起因可能是在这儿，但深层次的原因不是。

还是柴茅惹的祸。

井盐是熬出来的，熬盐自然要火，那时没有电、天然气之类，邛崃有火井，那是个案。熬盐最需要的还是柴茅，柴茅哪儿来？当然是老百姓身上取。取就取吧，草民们从来都是把交皇粮国税、服杂役看成天经地义的事情。问题是，官员或衙役们在征缴皇粮国税、安排草民劳役时还要耍花样，此次动乱，问题就又出在这官员们、衙役们耍花样上。

---

① 转引自梁志宾《风雅宋——宋朝生活图志》，北京：中国财政经济出版社，2014年9月第一版。

当时，泸州安抚使叫贾宗谅，是个武人，特喜欢无事生非。强行摊派竹木，惹得下面是怨声载道。这不说，底下的官吏们在征收竹木的时候还总是耍花样。这花样怎么耍呢？得从柴茅竹木的收购说起。柴茅自然要"干"，干了的柴茅才好烧，此是一；其二竹木要"老"，老才禁烧。水分重了烧不着，嫩了不禁烧。所以这收购柴茅竹木得考老嫩，扣水分。于是收购原材，包括黄谷、柴茅等等就有寻租空间。所以，交原材的一定是想法要掺点假，比如把柴茅干的、老的覆盖在面上，湿的、嫩的裹在里面。另一方，也就是收购方一定想法扣秤，往死里扣。只有这样，执掌收购大权的官员，或者说就一收购员，才能在这里面捞到油水。这淯井监管收购柴茅的官员们也不例外，在考老嫩时，那是想尽法子要多从夷人送来的竹木里剔除嫩的出来，水分呢，若当扣百分之三十，那一定要扣出百分之四十来。收购柴茅时遇着年轻、好看的女人来交售柴茅，那还一定要揩油、占便宜。

因为这贾宗谅本人不修德，下面自然肆无忌惮，对于缴纳竹木消极者，还采取诬陷的办法，致其获罪，这次针对的是夷人头领斗个旁。

这贾宗谅不是个东西，底下自然吃喝嫖赌样样俱全。这钱从哪儿来，当然是从自己手中的权力里面来。剔除出来的竹木不许夷人带走，扣除水分是一再加码。然而，仍填不满这帮人整出来的窟窿。怎么办？

那天夷人头领斗个旁属下有几个夷人进淯井监交了柴茅，照例又到酒肆买了酒喝，这一喝自然又是一醉，醉了自然又是于街边睡了。夜黑风高，淯井监收柴茅的官员一看机会来了，于是叫来心腹密语一番，心腹出去，不过半个时辰，监井那边火光冲天，划破了漆黑的夜空。旋即便传来了"柴山起火了"，"夷人放火烧了柴茅，快快缉拿凶犯"的声音。坐镇的官员这边反应也是特快，缉拿凶犯的监军立马就出动了。

却说那几个醉了的夷人，有稍清醒者，听到"夷人放火烧了柴茅，快快缉拿凶犯"的喊声急忙叫醒同伴，睡眼惺忪中慌不择路地逃窜。然而，还没待他们跑出几步，几个人便都束手就擒。带入大牢，一番大刑侍候。几个人就招供是头领斗个旁指使他们烧了柴茅的，原因是斗个旁对淯井所产之盐供应夷人太少，却无休止地征收柴茅素来不满。

当然，贾宗谅这边是不会等到这几个夷人招供的，那边早已派人到多刚漕捉拿斗个旁去了，还在梦中的斗个旁当夜即与那几个醉卧淯井监的属下一起成了阶下之囚。

纵火烧毁官家财物按大宋律乃重罪，但在夷人之规里，不过赔偿些钱财和牲畜而已。但贾宗谅却杖其脊背、施以黥刑致几个夷人死去。

一桩纵火案，不到几小时即行破案，明眼人都知道是贾宗谅们构陷。然而，夷人呢？愤恨不已，声言：他们头人根本没有罪。说归说，终是只能"怨恨不已"[①]而已。

"怨恨不已"之外，有个一直在等待着的人感觉到机会来了，这个人就是卜漏。卜漏本在夷人中威望极高，于是卜漏借此机会与晏州各部夷人联络，结成同盟反叛宋朝廷。而且这卜漏与此前几次闹事反叛的夷人不同，卜漏志存高远。他的理想是：出戎、泸，北上直捣成都。然后，于北面屯军以守剑门，东面据守白帝，内则乘各州县没有防备，分而破之。对外与吐蕃、溪洞修婚姻之好，以为唇齿，互相声援，全蜀可传檄而定。至于那些不服号令的，用兵即可。不出半年蜀中可定[②]。此为《皇宋通鉴纪事本末》之说，以此看来，《宋史》所谓因色而起就站不住脚了。

元宵节，梅岭堡上下沉浸在节日的欢乐气氛之中。高公老作为知寨当然要把这元宵节过得闹闹热热的，请来的杂耍、小曲班子虽说比起京师班子差了许多，但比戎州府、泸州府的那也断不会差到哪里去。卜漏依然是高公老的座上宾。

入夜，张灯结彩，新搭建的山棚下人流涌动，乐声嘈杂，方圆好几里地都能听见。击丸蹴鞠、踏索上竿、吐五色水的吸引着人们。坐在戏楼入神观看戏曲表演的高公老无论如何没想到事情正在起着巨大变故。早已隐藏在观看热闹的人流中的卜漏的人马现只等卜漏一声令下了。

当夜，卜漏的人马轻易便拿下了梅岭堡，高公老侥幸逃脱，高公老妻子则做了卜漏的俘虏。当然，高公老妻子曾经用来款待卜漏的珠宝酒器也成了卜漏的战利品，四乡汉族居民，以及熟夷自然也成了卜漏剽掠的对象。卜漏还分兵攻打乐共城（今兴文共乐镇）、长宁军、武宁县（治今长宁县龙头镇后河，属长宁军）、江门（今叙永县江门镇）等军寨。

此时的蜀中安定已久，川人可谓是风气纯正、谦让恭顺，不习武备、怯懦惮事。夷人到达之处，无论是守城迎战的将官，还是四乡八里的平民，可以

---

①《宋史·赵遹传》。
②《皇宋通鉴长编纪事本末》卷第一百四十一。

说无不惊骇不已。但卜漏在攻击长宁军时还是受到了长宁军军民的全力抵抗。当时，长宁军新置，版籍中许多是归化入的，汉人与熟夷杂处一地，可谓难得。[①]600多年后，已经是清同治年间，又一支反叛的队伍到此攻打这小小的县城，也受到了顽强的抵抗，几万久经沙场的军人，对付区区几千守城兵民，十来天后才靠地道得以破城。这方土地上的人不好战，然能战也。

卜漏反叛的消息很快就上报到了朝堂上，朝廷之上可以说是大为惊骇，你想这被俘虏的人里面有皇帝的宗亲，服属还那么近，这还了得！宫廷里权斗，你杀我，我杀你，那是我赵家的事，岂有你蛮夷乱来之理！

正好，当时梓州转运使赵遹的部队正在昌州，也即今永川、大足、荣昌一带。于是朝廷命赵遹率部迅速赶往泸州处理夷人反叛事宜。提点刑狱，也即负责刑狱审判的法官兼检察官贾若水，也随后到达了那里。

这时，乐共城监押[②]潘虎又诱杀罗始党族[③]首领五十人，再度引起蛮夷的巨大愤怒，经卜漏联络，泸戎之南夷人反叛者十余万人的队伍形成了。泸戎之南事变，处置不当，整个蜀南甚或蜀中都会陷入巨大的危机之中。

第二节　战争未能停息谁之过？

到达泸州的赵遹督促贾宗谅率部进驻江安县，据守水路要冲，并调集周边军力以及物资至乐共城、长宁军、武宁县等军事要地以图抵御卜漏等的进攻。

在此期间，成都府路、利川路、夔州路援军也集结至长宁军一带，成都等地援军与宗谅所部会合后军力达万余，按说应当能抵挡住卜漏等乌合之众的进攻了。然而在卜漏等再度侵犯武宁、乐共、梅岭堡的时候，贾宗谅在武宁首战即吃了败仗。

----

① 《皇宋通鉴长编纪事本末》卷第一百四十一。
② 监押，五代、宋掌诸州兵马的武官，宋时乐共城乃宋军在晏州驻防地。
③ 罗始党族，宋时聚居于晏州一带的族群之一，统称泸戎夷。

　　事是贾宗谅惹的，卜漏来攻，按说贾宗谅应该有所忌惮，然这贾宗谅却不这样想，他心中想的是，我弄你一两个人的命，你便反了，看我今天怎样收拾你！所以，一听探子来报卜漏率军前来，即大呼"快哉"。对着将校、军士们说：加官晋爵的机会来了，将校、军士们听着也有些激动。怎不激动呢？一两仗打下来，只要活着，当官的就能挣到品阶，当兵的就能拿到赏赐。这等好事，也就西北才有，如今在这平安无事的蜀南也有了，怎不高兴呢？

　　所以，这贾宗谅见卜漏来攻，也不迟疑，当即出兵迎战。然而，让贾宗谅没想到的是卜漏颇有战斗力，而这边的蜀中军士呢？久未真刀真枪地干过，一番冲杀下来，就锐气全无。裨将陈世基、王士杰等战死，军士也死伤一百余人，只得弃武宁寨灰溜溜地逃往长宁军躲了起来。

　　军情报告很快送到了赵遹那里，赵遹是心中一阵窃喜，想贾宗谅那厮本就是一个棘手的东西，指挥起来原本就不顺手，倘若不弄出点祸事来，要拿掉极不容易，有此机会，当是好事。自然。经此事件后，赵遹也知道了，要战胜卜漏，不是他想象的那么简单了。

　　卜漏呢？屡胜，也就愈加猖獗，到了没有一天不出来劫掠的地步，蜀中上下大为震骇。

　　面对此情形，赵遹只得一面收拢余众进驻乐共城，明里表示将采用朝廷一贯的政策，对夷众予以招安，以期分化泸南蛮夷诸部族；暗里却是筑城寨，请求调拨援兵，以应不测，并做好准备，随时向卜漏发起攻击。

　　当然，赵遹也忘不了秘密上书弹劾赵虎和贾宗谅二人。

　　赵遹在密奏中历数了赵虎、贾宗谅过激行为导致晏夷之变的罪过后，表示泸南边事，作为转运使官本不应该干预，但作为大宋臣子自己又不能坐视不管，所以在贾宗谅兵败的情况下，收贾宗谅麾下疲弱的士兵驰赴乐共城，权且施行招安之策，希望泸南边患早得宁息。[①]

　　这里，赵遹的招安，不过说说而已。因为，赵遹知道招安素来是大宋国策，赵遹不敢有违；要战，你得把文章做够，比如"不得已"等等。他收集贾宗谅的兵马，哪怕是残兵败将于自己麾下，于大宋赵家都十分忌讳，私自收编

---

　　①《续资治通鉴》卷九十二："梓州路转运使赵遹密奏贾宗谅激变晏夷之罪，且曰：'泸南边事，转运使官不当干预，臣不敢坐视，已收赢兵驰赴乐共城，权行招安之策，庶边徼早得宁息。'然遹本意乃欲专事进讨，兵端愈大矣。"

部队，弄不好便会惹火烧身。

所以，虽然赵遹此时的进讨之意已决，而且想把兵用得愈大愈好，但他不敢贸然行事，必须把文章做够。一方面表示要落实朝廷的招安之策，收编部队是不得已为之；另一方面则是要坐实卜漏的罪行，让自己师出有名。

何况，大宋的文官们责任感很强，赵遹也一样。此时的赵遹，已经有了宏大的理想，那就是要较为彻底地解决蜀南问题。

赵遹的目的达到了，朝廷下诏斩了潘虎，罢了贾宗谅的职务，以康延鲁取代贾宗谅，并受赵遹节制。

诏书还要求赵遹：审势度势，如晏夷还不收敛，不断猖獗为祸，即理直气壮地前去掩杀；如果夷人已退散回家安居乐业，或者悔过自新，归降朝廷，即不得再贪求立功赏赐，别生事端。①

朝廷的意思，还是在贯彻其一贯的绥靖政策，以示宽仁。然而，"宽仁"多半是纸上的东西，"杀戮"才是朝廷上下都要的。

事态按着赵遹设计的方向发展。斩潘虎，基本平息了罗始党族人之怨；罢贾宗谅职务，让多刚漕一带夷人解了气。所以，到四月春和景明的时候，夷人归附的盟誓即在今长宁县梅硐镇举行。

盟誓那天的气氛特别好，晏州柯阴、罗碾、五斗、扶莱等县蛮夷一千余人，首领斗冈等二百四十七人，以及叛乱的首要分子卜漏等十余人，都来到了距离当时长宁军所辖区域约十里的梅赖村坝，在这里卜漏等与朝廷派来的使臣一起刺猫、羊、鸡血，和酒饮誓。卜漏等表示一心归宋，绝不再为祸大宋，侵扰长宁军等大宋军寨。朝廷使臣当然也不忘历数卜漏等所犯罪行，并且明确表示，卜漏等所犯之罪，不是不足以杀之，而是大宋圣君不忍杀之，此恩典，希卜漏等谨记。朝廷还犒以卜漏等酒食，赐予其金银、绸缎等，令其回去后安居乐业，不得再犯。卜漏等皆面向大宋圣君所居方向，一而再、再而三地叩头，表示谢君父的恩德。

赵遹将盟誓情况向朝廷做了奏报，当然，在将夷人归附情况奏报完毕后，赵遹也不忘强调，自己是两手硬，在与夷人盟誓的同时，分兵修复梅岭堡，并创筑诸城寨，以备不测。

---

①《续资治通鉴》卷九十二："'罢宗谅等；审度事宜；如晏夷尚敢猖獗，即仰前去掩杀；若已退散着业，或悔过归降，即不得要求功赏，别生事端。'以康延鲁取代贾宗谅并受而听通节制。"

但真要再打仗，还得有条件，即卜漏等再度侵扰长宁军等。

受了招安的卜漏是否又犯下了新的罪行，我们未能从其他相关史料上得到信息。然而，按赵遹的说法是卜漏等很快就又犯下不可饶恕的罪行。

时隔两个多月后，赵遹关于泸南边患的报告再度奏报到了宋徽宗赵佶那里。在这个报告中赵遹奏称：晏州夷人背叛盟誓，常出没于长宁军及其周边地区，烧杀抢掠。如果对此置而不问，恐会养成奸恶，生出大患，不可不早考虑。但以目前自己谋事的能力恐不能取胜，不敢轻举妄动，深入剿贼。请求从秦凤路^①、泾原路^②、环庆路^③合计调兵三万，前来攻讨卜漏。^④

赵遹在该报告中，只是笼统地说卜漏常出没于长宁军及其周边地区，烧杀抢掠。并未说明时间及烧杀详情。朝廷等的就是这个，所以很快就同意了赵遹剿灭夷人的请求。只是在调兵上一样地打了折扣，未尽如赵遹所愿。仅从永兴军路^⑤选兵二千，泾原路选兵三千，环庆路调兵二千供赵遹使用。

同时，仍以赵遹为泸南招讨统制使，王育、马觉为同统制，雷迪、丁升卿军前承受，孙羲叟、王良弼应副钱粮，并听遹节制。

赵遹要的是三万人，结果得到的兵力不过八千人而已。赵遹有些心寒，但也无法。大宋就是这样，把兵放在将官身上，哪怕你是文官，都一百个不放心。

赵遹没有退路，必须硬着头皮干下去。

一场血与火的大战也再度在蜀南这片土地上全面展开，并刻下深深地印痕。

---

① 秦凤路，北宋熙宁五年（1072）分陕西路西部置，治秦州（今甘肃天水市）。辖境相当今宁夏苦水沟、云雾山，甘肃蒲河，陕西贾赵河以西，长城以南，秦岭、潘冢山、岷山以北，青海日月山、达坂山以东地。其后废置不常，辖境亦有伸缩。

② 泾原路，北宋旧置泾原路经略、安抚使，统辖泾州、原州、渭州、仪州、德顺军、镇戎军。

③ 环庆路，北宋时期统领庆州、环州、邠州、宁州、乾州。宋康定二年（1041）分陕西路置环庆路经略安抚使，治所在庆州（后升庆阳府，今甘肃庆阳）。辖境相当今陕西长武、武功、旬邑、礼泉等县间地和甘肃环江、马莲河流域以东地区。

④《续资治通鉴》卷九十二："赵遹奏：'晏州夷贼渝盟作过，出没剽掠，若置而不问，恐养成奸恶，别生大患，不可不早为之计。但事力未胜，不敢轻举深入。乞就秦凤、泾原、环庆路共调兵三万，前来攻讨。'"

⑤ 永兴军路，北宋庆历二年（1042）析陕西路东部置，治京兆府（今陕西西安市）。辖境约当今甘肃省环县、庆阳、宁县和陕西省长武、武功、户县等市县以东，陕西省米脂、吴旗等县以南，镇安、山阳、商南等县以北，山西省闻喜县、河津市以西南，河南省三门峡市以西地区。

第三节　和与战，终以杀戮结束

是年十月十三日，赵遹率领三万余众由江安出发，分三路进攻。一路由王育统领，由乐共城出发；一路由马觉率领，进驻长宁军后，以长宁军为依托出兵；中路则由别将张思政率领，进驻梅岭堡后，以梅岭堡为根据地，向夷人纵深推进。最后会师晏州轮缚大囤（今四川省兴文僰王山）。

各路兵马一路向晏州纵深推进。

南路由江安出发，经由今江安怡乐、留耕，进入仁和乡，过五星镇后到达乐共城，再跨过今古高路，并未受到多大阻挠，便直逼轮缚大囤。

中路则从江安出发翻越南坪山后，经过今天的江安双河、蟠龙、长宁的老翁、桃坪，及万松岭（今蜀南竹海），到达梅岭堡，再从梅岭堡沿红桥河溯流而上，然后进入今长宁县梅硐镇红光村一带，在攻克晏州东面各村囤后，也顺利抵达了目的地。

北路由江安出发，沿淯江溯流而上，经过今天的长宁县古河镇、长宁镇（安夷寨）等地，进驻长宁军，然后从长宁军出发，经梅赖、多刚漕（今长宁县梅硐镇、富兴一带），拿下凌霄城后，逼近轮缚大囤西部。此路，长宁军以下淯江一段因两侧夷人已近开化，战事相对较少，但进入晏州地界，在今长宁富兴十里铺一带即受到了卜漏的强有力的抵抗，一路下来在梅赖、多刚漕、凌霄城等经历了许多恶战，以致耽搁了许多时间。

十一月上旬，历一个月时间三支队伍才先后抵达轮缚大囤。这时各囤逃亡者也都聚集到了轮缚大囤。卜漏等以陡峭大山为险，将巨石筑垒为寨，并在外围构建木栅，扼守道路，俯瞰山下，严防死守。宋军以强弩仰射，矢不及半，而卜漏人马光丢石头就威力十足。宋军兵围四周，连攻数日也未能拿下轮缚大囤。

赵遹想到自己一介书生，带兵打仗，且面对的是泸戎之南弱小的蛮夷，也一时不能取胜，心中不禁懊恼。怎么办？一时无计，只得将进攻停了下来，与众将及参军等商量对策。

强攻，已经受挫，不可行；分化，退守者已是反抗之中坚，无效；围困，时间不待，也非良策……议来议去没个结果，赵通愈发心乱。

这时，泸州都巡检使种友直提出一计——火攻。

"然矢不及半恐怕是夷人没烧着，自己先受其害了。"马觉不待种友直说完，当即反对道。

"我说的是猱（即猴子）……"种友直补充道。

"笑话，谁都知道，猴子灵巧，攀山爬树乃其所长。用猴子破敌，左右上下乱窜，还火攻，异想天开罢了。"马觉也是西北打过战的，对种友直提出的玩意儿很不以为然，所以是一个钉子一个眼地反驳。

那种友直倒也有涵养，不紧不慢地说道："古时有火牛计，眼下改作火猱计，定能破敌！"

马觉又想搭话，被赵通制止了。赵通知道，种友直乃山西将门出身，也就是《水浒传》中那被高俅逼得没法的八十万禁军教头王进，去延安府投奔的"老种经略相公"种家之子，思考问题缜密，熟悉泸南夷务，且能任事。于是，赵通让种友直赶紧说出计来。

种友直这才又接着说道："此计说是'火猱计'，其实得有人才行。因为让猴子为我所用，得首先能抓到猴子。我们营中即有这样的人，田佑恭，田巡检所率黔兵都是山林中长大，自小便与生猱厮混，抓这些畜生，易如反掌！然后……"

种友直这一说，赵通一下释然。其时已是十二月初一，赵通拍板，就用"火猴计"。马觉不满，认为这一策太费时间，其他人虽对马觉为人不齿，但也觉得这一策闻所未闻，太过冒险。若是不成功，战事就要拖入严冬。泸戎之南气候虽不如西北那么冷，可寒冬也不是用兵的好时候，这责任就大了。但决策者是赵通，干活也是那田佑恭去干，责不在己，也就不再多语。

赵通虽是主帅，但是文官，虽不好强压众将官，但也顾不了那么多，当即部署下去，一切照种友直之计而行。

为确保成功，此战还使用了声东击西之计。即连续十来日里，宋军于轮缚大囤西面，轮番上阵，锣鼓大作，骚扰得轮缚大囤的夷人日夜不宁。而田佑恭的黔兵则领着蜀兵抓猴子，陷阱绳网一起上，方圆百里内的猴群几乎全都集中在了这里，足有好几百只。为了把它们弄上山。田佑恭可费了老劲。

一应准备很快完成。顺着密林摸去，个把时辰后，便来到轮缚大囤一道防卫较弱的悬崖下。虽是悬崖，但卜漏依然有所防备，以木栅石墙遮挡，若是强攻，跟正面一样讨不得好。但在猴子面前，木栅石墙却再不是障碍。山顶密林中，牵着猴子的士兵，背着装满麻油的皮囊，挎着绳索，上千人屏息以待。田佑恭在一旁看着嘴里被塞了破布，只能呜呜发声的猴子，心里想道："种友直这馊主意简单，但够累死人了。只是这功以后不知怎么计哦！"

细细查看过部下的状况后，田佑恭沉声道："开始！"田佑恭部的尖兵以强弓毒箭射倒几个零星哨兵，囤寨的后方再无遮掩。兵丁们迅疾将麻油浇在猴子身上，掏出嘴里的破布，以火镰引火，再解开绳索。一瞬间，上千只猴形火炬燃起，在囤后铺开一片火海。

猴子凄厉地哀鸣着，一获得自由，就朝前狂奔，后方的人类对它们来说就是比死亡还可怕的恐怖存在，偶有猴子被烧晕了朝后跑，却被兵丁连踢带踹地赶了回去。片刻间，这些猴子就翻过木栅，攀上囤墙，将火带入了囤中，夷人的惊呼声此起彼伏。

事发太过仓促，囤中的夷人根本来不及组织起来，扑杀火猴的努力毫无成效，大约半炷香之后，囤中已升起浓浓黑烟。

黑烟直冲云霄，在铅灰色的天幕上染下重重一道墨痕。山下数里外，赵遹望着黑烟，开心地笑了。"擂鼓！"他扬声呼喝道。该是正面进击的时候了，集结在山下待命的数千兵将，迅速向今僰王山山门插旗山冲去。弓箭、标枪、石头如雨点般落下，却比往日稀疏了许多，而随着囤中惊呼声越来越大，抵抗也就越来越弱。几个不畏死的兵士抢先攀上石墙，以大斧劈倒一片夷人，夷人便再没了抵抗之心，轰然散去。而在此时，囤中火光已有十数道之多，甚至人声都已被吱吱的猴鸣声压倒。

黄昏时，轮缚大囤火光冲天，映得山头通红。囤中惨呼声不绝，宋军憋闷许久，击垮卜漏军的最后抵抗，开始了烧杀劫掠。惨呼声从夜的黑暗中传来。

"不知又有多少妇孺死难！"文人出身的赵遹有些不忍。

卜漏突围逃往山后轮多囤，赵遹命种友直及统领官刘庆以步骑五千追至山后，擒卜漏及诸酋长，诸夷落皆投降。

赵遹所部自入夷人所控境域到破晏州，斩夷人首级七千余。从破晏州到擒获卜漏，又斩夷人一万余。而当时攻破轮缚大囤时被火焚烧死亡者，更是不计其数。战后对胁从者，均俘获回军寨，妇女老幼达一万余人，随即又放了，驱逐至山间岩壁等险峻之地居住，不得再入汉境。

此役平定州两个、县八个，夷人所居三十余囤。持续了一年的泸州夷乱，终于告一段落。

晏州平定，开拓疆土二千余里。同时赵遹又在这一带加固和新建城寨，划定土地边界，仿照西北"弓箭社"之制，招募民夫耕种，并习攻防之道。何谓"弓箭社"呢？弓箭社，是北宋西北边境人民的自卫武装组织。百姓间不论家业高下，户出一人。推择家资武艺为众人所服者，为社头，谓之头目。耕作时带弓而锄，砍柴时佩剑而樵，赏罚由社自己制定，且严于官府，昼夜分队巡逻，商铺住屋间互相照应[①]。简言之就是军垦。

值得补充的是，卜漏押解至开封，一年后被处死。高公老的妻子坚贞不屈而死，朝廷下诏授予"节义族姬"称号。

无辜百姓，包括赵氏宗女，成了潘虎、贾宗谅、卜漏的牺牲品，也让赵遹功德圆满，当年即加龙图阁直学士[②]，知熙州。

这大宋毕竟是一个不失品位的朝代，简单、闲适，而又优雅始终是大宋文化人的本色。随中路军抵达万松岭（今蜀南竹海）的赵遹，面对万松岭之美景，驻足在今花溪十三桥，思及当日与高公老在这竹翠林箐，溪流婉曲之间浓情蜜意的宗女，如今已香消玉殒，生出良多感慨。于是为蜀南竹海留下了这首《题万松岭》：

> 清溪狭径小桥东，春日桃花处处同。
> 我为日长无一事，偶然来此听东风。

小桥、流水、人家，想象春日里桃花绽放，愿年年相同、处处相同。如今

---

① 弓箭社，苏轼《乞增修弓箭社条约状》："今河朔西路被边州、军，自澶渊讲和以来，百姓自相团结为弓箭社。不论家业高下，户出一人，又自相推择家资武艺众所服者为社头、社副录事，谓之头目。带弓而锄，佩剑而樵，出入山坂，饮食长技与北虏同。私立赏罚，严于官府。分番巡逻，铺屋相望，若透露北贼及本土强盗不获，其当番人皆有重罚。遇有紧急，击鼓集众，顷刻可致千人。器甲鞍马，常若寇至，盖亲戚坟墓所在，人自为战，虏甚畏之。"（《苏东坡全集》卷四，北京：燕山出版社，2009年12月，第2165页）

② 宋代官名，从三品。宋真宗时建龙图阁，收藏宋太宗御书、御制文集、典籍、图画、祥瑞之物以及宗正寺所进属籍、世谱。景德四年，置龙图阁学士。龙图阁学士为加官，用以加文学之士，备顾问，与论议，以示尊宠。北宋龙图阁直学士是加官、贴职，一种虚衔，荣誉称号。

我征战这泸戎之南，见此美景，不敢陶醉，只为期盼那来日里闲来无事，偶然地，再来此间听听春风，那才是景美、人美哦！

对于一个真正的政治家而言，战不是目的，战是为了和平。赵遹，是文人带兵打仗，尤其是宋代文人，骨子充满着朴实、平和、宽容、明朗、悠远气质，向往宁静与和谐。

长宁，迎来了一个全新的历史时期，时在公元 1115 年。

蜀南竹海"百龟拜寿"（毛智摄）

第四节　淯井那时曾辖十州五十六县

宋神宗熙宁七年，即 1074 年。熊本讨平晏子的叛乱后，"淯井、长宁夷十郡及武都夷内附"。

内附，即归附朝廷。这里归附的是淯州与长宁夷，此前我们介绍过，西晋末天下大乱，蜀中人口锐减，于是前后蜀时期僚人大举从今贵州一带入蜀，蜀中整个政治经济文化大倒退。唐时不得不在这一区域建羁縻州县，也即非郡县的自治州县。宋依然。此区域所居僚人在唐相关史志中被称为"剑南诸僚"，《宋史》中称为"泸州蛮"。戎州、泸州在当时都是蛮夷聚居区。据宋人乐史撰《太平寰宇记》载当时的泸州："皇朝管汉户二千四十七户，僚户二千四百一十五户"，也即汉户还少于僚户。甚或有时直接称呼"淯井夷"。[①]

那么，怎会又有"武都夷"呢？说来这武都夷来得也有点远，他们不是来自南方，而是北方。武都在今甘肃陇南市，这一区域，即今甘肃武都、文县，四川平武、九寨沟（原南坪县）等地，在秦汉时这里生活着一支少数民族，被称为"白马人"[②]。由于隋唐以后氐人已被彻底击垮，也由于吐蕃逐渐强大，将氐族的一些地方占领，白马人诚服的诚服，同化的同化，迁徙的迁徙，这样在蜀南叙永一带历史上就有了"武都夷"。

长宁等十州八姓的少数民族置于淯井监管辖之下以后，淯井监管辖的十个州为：

巩州，址在今珙县罗渡苗族乡，原名"罗星渡"，唐高宗凤仪二年（677）置羁縻州。

奉州，今珙县南洛表、洛亥、王家一带。唐置羁縻州。

投附州，今珙县巡场镇，原巡场附城乡一带。唐置羁縻州。

定州，今高县蕉村镇、筠连县腾达镇一带。唐置羁縻州。

高州，今高县南，包括庆符、文江、罗场等，治所在今罗场陈村。唐置羁縻州。

宋州，今兴文县东部中城、共乐等、麒麟、大河等乡镇，及叙永县北部境域。

晏州，今兴文县西部僰王山、周家、九丝城、玉秀、大坝、仙峰等乡镇，长宁县梅硐镇、富兴乡一带。

纳州，今叙永西南境域。

淯州，今长宁双河、龙头、硐底、竹海、花滩、铜鼓、铜锣等乡镇。

长宁州，今长宁镇、古河、开佛、老翁、桃坪等乡镇。

随即又相继置安夷寨（址在今长宁镇）、武宁寨（址在今龙头镇境内），驻军以镇抚蛮夷和保护盐利。这里，两寨的设置，其功能都是双重的，即镇抚

---

①《宋史》卷四百九十六列传第二百五十五："淯水夷者，羁縻十州五囤蛮也，杂种夷獠散居溪谷中。"

②《宋史》卷四百九十六列传第二百五十五："泸州西南徼外，古羌之地，汉以来王侯国以百数，独夜郎、滇、邛都、巂、昆明、徙、莋都、冉駹、白马氐为最大。……冉駹，今茂州蛮、汶山夷地是也；白马氐，在汉为武都郡，今阶州、汶州，盖羌类也。"

蛮夷和保护盐利。

所以才有："以霸州、保〔州〕、淯井监等处纳土，宰臣蔡京以下上表称贺。"①啥意思？也就是，这年河北廊坊、保定，淯井监等地都又有羁縻之地归附，因此宰相蔡京以下的大臣都上表向徽宗表示热烈祝贺！

宋徽宗政和四年，公元 1114 年，更是直接提高了淯井这一境域的建制规格，置长宁军，属梓州路（治所在今三台县），长宁军成为与府、州同级，隶于路的行政建置单位。

这是个什么概念呢？我们来看当时的泸州、戎州在唐宋期间所领羁縻州情况。

泸州羁縻州。《旧唐书·地理志四》泸州下都督府条载："泸州都督十州，皆招抚夷獠（同僚）置，无户口、道里，羁縻州。"这十州分别是纳州、薛州、晏州、巩州、顺州、奉州、思峨州、能州、淯州、浙州。②

戎州。《太平寰宇记》载：戎州"一十五州，管县五十二，在益州郡界内，其州近滇池，并是蛮夷，诸獠缘地最远。"这十五州中有：南宁州、盘州、麻州、古靖州、英州、声州、泸慈州、归武州、严州、武德州、奏龙州、武镇州、南唐州。③其地大约在今天的云南省东北部，贵州省西北部、西南部。

从此我们看到，长宁军所领州实际上相当部分为原泸州所领羁縻州。而戎州所领羁縻十五州呢，与今天宜宾所辖区县在境域上是完全不同的两个概念。当然，此时的长宁军在宋的行政管理体制中比郡县制的泸州依然要低一个层次，但其重要地位已是可见一斑。

政和五年，公元 1115 年，蜀南卜漏为首的大规模夷乱被镇压下去。蜀南夷乱基本告一段落。

政和七年，公元 1117 年，在原寇珹所筑淯井监基础上，再次修筑，以利长宁军址搬迁于此。此时的长宁军址在武宁，也就是说这时的长宁县境域，有两座属城这一级别。

宋徽宗宣和二年（1120 年）军治迁原淯井监治，废武宁县为堡，长宁军

---

① （清）徐松辑《宋会要辑稿》第四十九册《仪制》。
②《旧唐书·地理志四》；并参阅李艳峰、曾亮著《中国古代南方僚人源流史》，昆明：云南大学出版社，2016 年 4 月第一版。
③《太平寰宇记》卷七十九，并参阅李艳峰、曾亮著《中国古代南方僚人源流史》。

仍辖十州，并领6个堡寨，这六个堡寨为：梅硐寨（址在今长宁县梅硐镇）、清平寨（址在今长宁县铜锣乡龙湾山）、武宁寨、三江寨（址在今蜀南竹海三江世外桃源）、安夷寨、石笋堡（址在今长宁县富兴乡）。

至此，长宁境域东到安溪（今叙永、纳溪县地），南辖晏州、巩州、定州、投附州、筠州（今筠连县地），并达今云南省楚雄、彝良等县境内，北抵长江南岸（今下场二码头一带）与南溪、江安为邻。环地二千余里，辖十州，五十六县。这是长宁建制历史上境域最大的时期。

此亦是南宋时，全国设立八个茶马互市市场，其中就有叙州（现翠屏区城区）和长宁军（现长宁县双河镇）这两个之故。为保证茶马交易的公平合理，官方还有"蛮判官"做裁判和管理人。所以，王象之在《舆地纪胜》一书中才会专门记述道："岁市蛮马三百九十五匹。"

由是，王象之在《舆地纪胜》中说："长宁于叙泸两间，入夷地一百二十里，外邻番夷，内接戎泸，管盐置监，深介夷腹。泸南边面阔远，有警则长宁常为兵冲，实西南之扼控也。"从王象之这段话中我们可以清楚地看到长宁在宋时因盐，又因"深介夷腹"所具有的重要战略地位了。所以这一时期关于长宁，史料极丰，《资治通鉴》《宋史》《通典》《宋会要辑稿》《皇宋通鉴长编纪事本末》《四川通志》等史书典籍及其他颇具分量的史籍都有关于淯井监、长宁军的文字，也正因为这个原因我们可以较容易地在宋朝的文史资料中查到关于长宁县的记述。长宁县以其产盐，及扼西南之控在中国历史的长河中留下了深深的印迹。

现在，可以回答一个早该回答的问题了，宋在淯井建军为什么称"长宁"？亦即长宁一名的定名问题。

建军当命名，当时所建之军领十州，且治所先在武宁，后在淯井，弃十州中九个州名，弃治所所在地地名，以"长宁"名之。取其吉祥如意也。这一点王象之在《舆地纪胜》中说得非常清楚，是"取十州之美名"。当时，淯井监所辖十州中长宁一名美在哪里？当然在"长久安宁"之意也。再者我们从军辖武宁、宁远、安夷、清平等寨名，也可清楚地看到宋王朝希冀解决这一地区的民族矛盾，而得长久安宁与和平的决心。

关于县名"长宁"二字由来，明清两代的《四川省志》和清代的几部《长宁县志》中都没有做过解释。民国《长宁县志》编成后，围绕"长宁"二字的由来，叙述了两种说法：

一种是取地势边远宁静之义。民国二十六年（1937年）纂成的《长宁县志》在序言中有"长宁于蜀南最远，蜀每有事而长宁独晏然自保，以故物力充实，城郭完固，民人皆安于田亩衣食，以乐生送死，岂非地势使然"。

第二种说法则取希冀民族和睦之义。理由是：晋时，僚人大规模进入四川，今长宁县境为其所占据，唐代置羁縻长宁州、淯州，但因长宁地处僚汉交易处，民族交往频繁，矛盾也就比其他州更突出，取名"长宁"，为希冀民族和睦相处，长久安宁之义。

两种说法都有一定道理，但回望历史，应当说第二种说法更有理一些。第一种说法是果而非因。因了这上苍的恩赐，长宁在建制后的一千三百多年间，总的是每有事而独晏然自保。

元代长宁由军改为州。明太祖朱元璋撤销元朝时所建的长宁州，设置长宁、安宁二县，很快发现长宁这一地区的重要战略地位，于是仅两年，便合二县为一县，"长宁"当然比"安宁"更吉祥如意，合而为一的两县自当定名"长宁"。近九百年的时间里长宁由军而州，由州而降为县，辖区也有极大变化，但希冀长久安宁则是人们的共同愿望，所以，以"长宁"一名为建制名称至今，而长宁也的确是不辱此美名，从南宋起特别是明朝一代，如凤凰涅槃一样，成了川南文明的翘楚。

下篇

文事

第八章 那千古流布的蛮布弓衣

第一节 到不一样的滃井监看看去

公元 1059 年，也就是宋仁宗嘉祐四年己亥十月，苏洵率苏轼及其妻子王弗小姐、苏澈及其妻子史小姐，以及苏轼这年出世的长子苏迈，从眉州出发了。三年前苏轼父子也离开过眉山老家，那一次是去赶考，而且功成名就。原本他们的仕途就要开始，然而苏轼、苏辙的母亲，苏洵的妻子病故了。根据儒家之礼法，这自然是重大的事情，按理苏轼、苏辙得回家守丧。于是苏洵父子三人急忙返家。

这样才有了如今的举家东迁。这一次与三年前父子三人进京赶考已大为不同，父子三人都已是文名大著，而宦途成功也是确定无疑。这一次他们没有出剑门走陆路，而是选择了水路，由眉山出发，转而在嘉州乘船，全程一千一百余里，其中水路七百余里，旱路四百余里。

金秋十月，秋高气爽，是悠游的好时节，苏轼、苏澈又有娇妻同行，蜜意自浓。他们尽可从容自在，一路看看景，于船中玩玩牌，偶尔，大人苏洵还要于舟中弹弹琴什么的，岂不乐哉。两妯娌呢？虽然她们不知道她们是在大宋朝三个散文名家的家庭中游玩，更不知道她们今天的游玩会写进后来诸多的文字里，但初次远行的王弗小姐、史小姐有希望、有兴致、有热情、有信心，真是

"故乡飘已远，往意浩无边"啊！①

这不，苏轼一家子很快便到宜宾了。在今宜宾境域，苏轼留下了诗作《过宜宾见夷中乱山》《夜泊牛口》《牛口见月》《戎州》《舟中听大人弹琴》《泊南井口期任遵圣长官，到晚不及见，复来》等等。原本苏轼一家子的东行旅程中没有淯井这个地方，是那天在南井口他们决定往淯井看看的。

事情得从他们在南井口停留说起。原来苏氏父子有个同乡好友叫任遵圣，这任遵圣以学问气节雄乡间，名声在当时与苏洵不相上下。其时职任简州平泉（今简阳市平泉镇）令，约好了在南井口，也就是今江安井口镇见面。谁知这任先生当天早上已经去过，立马江边，久久不见苏氏父子的船到

眉山苏轼父子塑像，左起苏轼、苏洵、苏澈（祝燕清摄）

来，那时又没手机什么的，左等右等不见苏洵父子到来，估计那时的南井口连个休息的地方都没得，不得已只得返回南井监（今江安南井场）小憩去了。直到傍晚暮色苍茫，才又姗姗到来，得以见面，并相互赠答赋诗。任遵圣的诗如今我们没有看到，然苏轼的《泊南井口期任遵圣长官，到晚不及见，复来》我们却可以轻松查到，诗曰：

> 江上有微径，深榛烟雨埋。
> 崎岖欲取别，不见又重来。
> 下马未及语，固已慰长怀。
> 江湖涉浩渺，安得与之偕。②

相互赠答赋诗之余，任遵圣告诉苏轼父子，自己小憩的地方叫南井场，就

---

① 苏轼《初发嘉州》："朝发鼓阗阗，西风猎画旗。故乡飘已远，往意浩无边……"（《苏东坡全集》卷一《诗集》，北京：北京燕山出版社，2019年12月）

② 《苏东坡全集》卷一《诗集》，北京：北京燕山出版社，2019年12月。

在这南井口过去不到十里。而泸戎之南还有一盐井去此约八十里地的地方，叫淯井监，水路去，也就一天多的路程。这南井场和淯井监都是大口浅井，与眉州一域的卓筒井其制大不相同，都还保留着原来的生产形式，不如就此歇过，明早去南井场看看。

任遵圣还告诉苏轼父子说：这南井监在当时也是一个有名气的地方，既是戎州去泸州之驿道，也是重要的盐业产地。唐代称"可盛盐井"。而且啊，真宗大中祥符元年时还曾针对南井盐工，颁布让煎盐工人放假休息的诏书。

这我们在前面已有涉及，只是这里得补充说一下，为啥这真宗会专门针对这南井场的盐工下一道放假的诏书呢？这得说说大宋的休假制度。据《宋史》记载，自宋太宗即位以后，到宋真宗退位以前，历年元日，也就是现在说的大年初一，均给七天长假。除此之外，每逢冬至与寒食，同样也是七天假期，全年也是两个大长假呢。至于中秋、重阳、端午、七夕等节日，也有三天假期。[①]不过后来这七天大假变成五天了，把这七天长假变短的是包拯。这包拯啊！在宋仁宗当过三司使，相当于今天的财政部部长，工作繁忙，总感觉时间不够用，恨不得一年三百六十五天变成一年五百天，别人欢迎放假，他这样的大忙人却不欢迎，所以他上书仁宗皇帝，将七天长假掐头去尾，缩短为五天假期。

当然，宋太宗、宋真宗这黄金大假主要是给官员的，所以，我们盐监、盐场的盐工们不干了。当然，主要是这盐工有提条件的本钱。因为，那时这盐监、盐场对于中央财政贡献特大，关乎着国计民生呢。所以没有休假权利的盐工一提出要求，宋真宗便立马颁旨同意给假。这一来也再一次让我们看到宋真宗确实比较仁慈，另一方面也看出这宋真宗其实是很懂得两害相权取其轻的道理的，你想这盐业工人罢工甚至暴乱，镇压肯定没问题，但损失却难以弥补。这也就是有宋监场工人动乱极少，在淯井监这样的重要盐业生产基地只有夷乱，而从未看到只言片语的盐业工人不满或动乱记载的重要原因之一。

"盐工待遇不差，所以骚乱极少，倒是淯井监，自大中祥符元年开始，这夷乱就几乎没有停过。想必你们都知道前年，也就是嘉祐二年发生的长宁州三里村的夷人叛乱，朝廷'捕斩七千余级'一事吧？一次告密，七千余男女老幼便成了冤魂。唉……"任遵圣于叹息中结束了自己对淯井与南井的介绍。

一次告密，七千余男女老幼竟都成了冤魂？父子三人都感到有些怅然。而

---

① 参阅祝丰年、祝小惠《宋代官吏制度》，北京：中国社会出版社，2007年11月。

苏轼则想到了自己三年前殿试时所撰那篇策论文章《刑赏忠厚之至论》，论为政的宽与简。

> 《传》曰："赏疑从与，所以广恩也；罚疑从去，所以慎刑也。"当尧之时，皋陶为士。将杀人，皋陶曰"杀之"三，尧曰"宥之"三。故天下畏皋陶执法之坚，而乐尧用刑之宽。四岳曰"鲧可用"，尧曰"不可，鲧方命圮族，"既而曰"试之"。何尧之不听皋陶之杀人，而从四岳之用鲧也？然则圣人之意，盖亦可见矣。《书》曰："罪疑惟轻，功疑惟重。与其杀不辜，宁失不经。"呜呼，尽之矣。[①]

奖赏时如有可疑者应该照样留在应赏之列，为的是推广恩泽；处罚时遇有可疑者则从应罚之列除去，为的是谨慎地使用刑罚。尧当政时，皋陶是掌管刑罚的官。要处死一个人，皋陶三次说当杀，尧帝却一连三次说应当宽恕。所以天下人都害怕皋陶执法坚决，而赞美帝尧用刑宽大。四岳建议："鲧可以任用。"尧说："不可！鲧违抗命令，毁谤同族。"过后，他还是说："试用一下吧。"为什么尧不听从皋陶处死犯人的主张，却听从四岳任用鲧的建议呢？那么圣人宽仁的心意，从这里可以看出来了。

虽说这里所谓"当尧之时，皋陶为士。将杀人，皋陶曰'杀之'三，尧曰'宥之'三。"为苏轼杜撰，然确也应是为政之道，也为当时的主考官欧阳修及判官梅圣俞等所赞许。但一次告密，七千余男女老幼竟都成了冤魂！自己恩师且为当朝重臣的欧阳修等都似乎不觉为过，这其中有何缘由？苏轼想。

南井就不去了，到这淯井监去看看吧，在那里既可一览大口浅井生产之情形，又可深入了解蜀南蛮夷叛服无常之根由。时间虽然会多一些，但这是一次或许永远不再有的机会。苏轼的想法得到了父亲苏洵的赞同，前程似锦，关注民生的苏轼父子三人决定到淯井走一走，看一看。

---

① 《苏东坡全集》卷四十九《论》。

第二节　斗盖是怎样一个告密者？

一早起来，苏轼父子及家人辞别任遵圣，便乘船经由江安清浮坝转而入滆，开始了他们的滆井监之行。

滆江，发源于晏州境内的喀斯特山区，全长 110 公里，在江安县注入长江，为长江的一级支流。滆江河面平均宽四五十米，水深数米 10 米以上。进入滆江之上，夹岸青山修竹，远近丘壑掩映，江水澄清碧绿，如锦似缎。苏轼一家人来时正是秋冬时节，秋冬之时的滆水，如丰满而成熟的少妇，温润如玉，风韵独具。江水溶溶，鳞浪层层，偶尔，成群的白鹭，或逐于江面，或翔于空中，或集于树上，成一妙境。苏轼妻王弗、苏澈妻史氏二位小姐无不为此景兴奋不已，以致苏迈突兀的哭声也成了这欢乐曲中的一个重要的音符。

然而，苏轼父子三人，此时似乎有着一件挥之不去的心事，是的，他们看景，却无心赏景。对于他们，急于解开的是"一次告密，七千余男女老幼竟都成了冤魂"的疑惑。解开这疑惑的时间到了。

不过两个时辰，苏轼父子一行便就到达了羁縻长宁州地界的黄土坎。只见一叶扁舟自上游飞来，舟上站立一高大男子，汉家打扮。远远的小舟上的男子便朗声向这边喊道：

"舟上可是苏门三位大学士？"

"正是。来者何人？"站立船头的苏洵问道。

"在下长宁州刺史斗盖，特来迎接众位大学士。"那小舟上的男子答到。

是的，前来迎接苏轼父子的正是用七千余条自己姐妹兄弟的生命，换得了皇帝诏赐的钱三十万、锦袍、银带，以及长宁州刺史官帽的斗盖。

这里，大家或许要问，这斗盖何以会知道苏轼父子的到来，且要接待苏轼父子？这得从两个方面来说：一则是这苏轼父子虽还未为官，可那名气远比一般官员大着呢。仁宗嘉祐二年苏轼父子三人同科入进士那可是名动朝野啊！尤其是苏轼成为进士，且在三百八十八人之中几乎名列榜首[①]。得此殊遇，以全国一流的学者闻名于天下啊！二来，那斗盖虽为蛮夷，却早已身教同于汉人，对于苏轼父子岂有不知？如今这苏轼父子一行，守丧之后入朝为官，其前程，苏洵年已长，不说了，苏轼、苏辙谁都知道那是无可限量啊！沿途官员们可都知道要买潜力股的

淯江上的武者，或许这浪漫情怀就来自千余年前的东坡那儿（毛智摄）

哦。所以，自那苏轼一家人离开眉州，长江沿线的官员们就自始至终关注着他们的行踪。斗盖自然也不例外。苏轼父子未顺江东行，却取道南来，而且要往淯井监去。对于斗盖来说，那可是千载难逢的机会啊！于是，早早地斗盖便于其大本营黄土坎迎上了苏轼父子一行。

对于这长宁州刺史斗盖，苏轼父子知其就是那场大屠杀的告密者，所以心中并不待见。然而当他们接触这斗盖后，却有些意外。看这斗盖面相方方正正、慈眉善目的，并不像那骨瘦如柴、尖嘴猴腮的奸佞之人。告密，当初恐怕亦不完全是冲着今之羁縻长宁州刺史来的，多半也是尽忠所致。加之苏轼父子想到接下来一路有这斗盖引路，那可是山川地理都要清楚得多，也就随着斗盖往婆娑寨而去。

当然，苏轼父子不知这斗盖当面对斗还承诺一同造反，然后才去告密的细节，如果知道，那或许又是另一种情形。

到达婆娑寨已是下午时分。

婆娑寨，唐置羁縻长宁州所在之地，淯井监几十万斤盐经由这里运出，这

---

①嘉祐二年的殿试，苏氏昆仲都以优等得中。尤其是苏轼那篇论为政宽与简的文章，是苏轼的基本政治哲学，其内容与风格欧阳修也十分激赏，后来欧曾以此文传与同辈梅尧臣等观看，激赏数日。但当时的欧阳修却以为此文只有他朋友曾巩才能写出，为避免招人批评，于是将这本该列为卷首的文章，改列为二卷，结果苏轼那次考试名列第二。父子三人同科，其原本该列第一的苏轼，只因一个误会列了第二，声名早已名扬天下了。

是熟读历史的苏轼父子知道的。然读万卷书，不如行一路，有这行路才能认知更真切，所以，苏轼父子绝不放过这一机会，一定要来走走。

船一进入婆娑寨地段，苏轼父子便发现，这婆娑寨的地理的确比较特殊，清江两岸是几十丈的高山，蛮夷所居，确有俯瞰之势。然这婆娑寨所处，东岸一片开阔的河滩，已然如一天然屏障阻隔了东岸之敌，而西北方向则是背靠绵延大山，这方山上之敌，对于婆娑寨那就可谓在其口中。以此，朝廷驻军于此对于西北之蛮夷，断不允许其有任何异动也就在情理之中了。

苏轼父子一行在洗脚凼一登陆，苏轼便急急地向斗盖问道：

"三里村在哪里？"

"三里村？"斗盖有些不明白这苏学士何以尚未安顿下来，便问这有些突兀的问题。

"对，三里村。就是前两年想谋反，被弹压下去那个。"

"哦，是这样，学士不急。待我们去了正店①歇息下来，再容小人慢慢道来。"

"也是，待去了正店歇息下来再问吧，看你这急性子！"苏洵在一旁说道。

一行人进得芙蓉楼，也就是当年的百味楼，自那年发生了押运军士与夷人冲突，导致夷人反叛，终致朝廷强力镇压之后，这楼便就换了老板，改名芙蓉楼了。只是这芙蓉楼早已没有了当年百味楼的生意兴隆。当然原因主要还是经过那场大屠杀后，长宁州人口锐减，自然繁盛不在。

登上洗脚凼那二三十米高的梯步，走进街道，苏轼就觉得有些异样，中午时分，正值人流涌动的时候，何况此地乃码头，但怎会不见人影呢？苏轼父子皆怀疑是这斗盖将四里八乡的乡民们赶走了。所以，一进芙蓉楼坐下来，这苏轼便又急急地问道：

"午时时分，这街上何以没有一个乡民？"

见苏学士再度追问，这斗盖知这苏轼年轻气盛，那时必要刨根问底哦。于是叹了口气回道：

"唉！此事说来话长。且待酒菜上来，容在下慢慢道来。"

因一早离开安夷寨时，斗盖便安排人来这芙蓉楼做了交涉，所以，待主宾

---

① 宋之酒店分为两种，较大规模的称正店，小规模的称脚店（或角店）。

一落座，酒菜便上来了。

　　酒自然是夷人之蒟酱酒，这酒，那年苏轼父子喝过，也知其来历及出处。唯有那菜，因这些年这一带战乱不已，汉家大都离去，也就说不上有啥特色，也就夷人常用的烧烤一类。不过其中的烤竹笋却让苏轼父子感到有些特别。烤竹笋，乃苏轼父子家乡眉州夏时鲜蔬。而且那苏轼父子三人都知道其名叫"傍林鲜"，是唐时士大夫们款待宾客的佳肴。姚合在贫病中见到前来探望的挚友胡遇喜不自胜，即以"傍林鲜"款待，并在《喜胡遇至》①诗中写道："就林烧嫩笋，绕树拣香梅。"何谓"傍林鲜"呢？就是在夏初竹笋出土后，不采掘，直接用周围的竹叶烧烤而成，烧熟的竹笋剥去壳，撕成细条小段，按各人的口味调个汁，浇在笋上一拌就行了，其味甚鲜，故名。这个做法，留其味而除其涩，有火炙竹箨之香，更兼包裹之严，原味丝毫不走，烤焙之工令笋质松散，调汁拌和时，诸味尽入而笋鲜尽显，令人惊艳。只是这夷人之"傍林鲜"更是鲜美至极。美味在口的苏轼似乎忘掉了此前询问，急急问道：

　　"此笋，以何烧烤而成？"

　　"冬笋啊！也就是楠竹在初冬时节尚未出土之笋。"斗盖解释道。是的，未出土的冬笋烤就的"傍林鲜"比那春笋考的美妙许多。

　　如此美味，苏轼父子当然永生不忘，以致在西湖，苏轼依然时不时地与友人：

　　　　相携烧笋苦竹寺，却下踏藕荷花洲。
　　　　船头斫鲜细缕缕，船尾炊玉香浮浮。②

　　当然，苏轼不会忘记他要寻求的答案，不待三杯酒下肚便就又问上了先前的问题。这次斗盖也不再回避，将嘉祐二年发生的那场屠杀的来龙去脉全盘告诉了苏轼父子三人。而且，毫不回避，是他去告的密。从与苏轼父子的言谈中斗盖已经感受到苏轼父子是宽仁之人，于是最后长叹一声后说道：

---

　　①（唐）姚合《喜胡遇至》："穷居稀出入，门户满尘埃。病少闲人问，贫唯密友来。茅斋从扫破，药酒遣生开。多事经时别，还愁不宿回。就林烧嫩笋，绕树拣香梅。相对题新什，迟成举罚杯。"转引自《全唐诗》（第八函，第三册），上海：上海古籍出版社，1986年10月。

　　②《苏东坡全集》卷七《诗集》。

"唉！我真没想到会是这样啊！原本我就只是想让朝廷将斗还抓起来罢了，抓了斗还，制止了战争，此我所愿。哪想到会是这样！唉……"说完，斗盖也再次叹息了一声。

听罢斗盖的叙述，苏轼父子三人都陷入了长时间的沉默。沉思中的苏轼想起了仁慈、果决的母亲，想起天性善良，信奉佛教，对世间一切有温度的生命皆存爱心，严禁孩子们掏鸟窝捕鸟取卵，从而让家中庭院，竹柏丛生，杂花生树，成为鸟儿的天堂的母亲程氏夫人。对于未来，苏轼有了他更加坚定的以民为根本、悲悯天下苍生的政治情怀与信念。

此时，要不是苏轼那刚一岁的小儿苏迈哭闹起来，似乎这好酒的三学士连酒都忘掉喝了。

酒，已经变得有些苦涩，只能在无语中喝完，就连健谈幽默的苏轼这时也没了多少言语。当然，苏轼更没有想到若干年后自己的命，也差点丢在了告密者手里。而告密者就是那位到杭州，在他身边，表面畅叙情谊，实则卧底以收集对其不利证据的，有着往日交情的沈括。

告密，或许有恶意与善意之分，或许……然而，对告密者的奖赏从来都是对卑劣与恶行的昭彰。

第三节　索取无止境，矛盾能缓和？

苏轼一行一早从安夷寨启程，经由泾滩，过思晏江，由武宁寨转陆路而行，一路也顺利；但到达湁井监依然已是傍晚时分了。

一行人穿过湁井城，来到马鞍山下酒楼前，见一石砌方井，面积约二十平方米，四周雕花青石围栏，一旁又有石桌、石凳等。方井之后即是湁井监监官当晚宴请苏轼父子的地方。只见这楼形制可谓十分熟悉，那年在京城应试，好吃的苏轼昆仲在父亲忙于拜见欧阳修、梅尧臣之际，那可是开封府好吃的馆子可都是吃遍了的呢。这熙春楼所仿的正是开封府地标建——筑樊楼。

酒楼门前也扎缚有五彩迎宾的门楼，一进店门，有一条主廊长约二三十步，南北天井的两边底层通间为接待散客之所，二楼则是"酒阁子"，即小包间，入夜灯火辉煌，上下照耀，可谓"珠帘绣额，灯烛显耀"。[1] 也有浓妆艳抹、仙女儿一般的妓女，列于包间旁供顾客呼唤，只那人数比起开封府少得多了。足见当日淯井监之商旅往来之盛，人间市井之繁华了。

葡萄井，用泉水制的凉糕已成为成渝闻名小食品牌（梁丙青摄）

苏轼父子与家眷被分别安排在两个不同的小间以后，酒菜也是很快就上来了。菜无非也是来自开封府的菜品，比如鹅鸭排蒸、白肉、炒兔、羊头签、鸡签、莲花签[2]等。这倒也不奇怪，毕竟这淯井监乃军镇之所，盐工、禁军，以及一干官员来自全国四面八方，蛮夷的烧烤好是好吃，只是以之作为正席菜品，毕竟难上台盘，特别是那些经历京城文化熏陶的大小官员们，更是愿效京都之做派，来点风花雪月之类。比如这酒楼厨子吧，只要是正店，那就一定要请那在开封府打过工的。更上一点档次那就不同了，一定得请那厨娘主厨。比如这熙春楼吧，请的就是京都厨娘。二十余岁，容艺俱妙，能写能算。据说老板接到她那天，只见其从船中下来，红裙翠裳，容止娴雅，老板尚未品到其厨艺，却是早已为其风采迷住。不过，这些都是苏轼父子见识过的场面。

所以，这一席真正出彩的是酒。酒斟满，一口下去，那淯井监监官就按捺不住向苏轼父子三人问道：

"三位大学士，这酒怎样？"

---

① （宋）孟元老《东京梦华录》，郑州：中州古籍出版社，2010年6月。

② 签类菜肴，在北宋时期非常盛行，有鹅鸭签、鸡签、荤素签、莲花签、羊头签，等等，第一则是羊头签。其做法与我们今天盛行的串串大不相同。该菜品有点类似我们今天农家菜九大碗里的蛋卷。是将陷切成细长丝，再用筒子卷裹，其皮料与内陷种类极多，也极杂。

"白肉"现在蜀南长宁、李庄一带依然十分流行，李庄白肉更是因抗战而名扬天下。此种吃法在全国并不多，可谓宋食谱遗存。

"好酒啊！醇厚、甘美、净爽。"三人几乎是异口同声地回道。

"这酒就是淯井之兵厨酒！三位大学士肯定都知道什么是兵厨酒吧？"那淯井监监官有些卖弄地问道。

苏轼想回话，被弟弟苏辙用眼神止住。见三人都没说活，那监官便就有些自鸣得意地继续说道：

"这'兵厨酒'啊，典出竹林七贤之阮籍。这泸戎之南之'兵厨酒'，当然与此地乃兵戎之地有关。何以此地兵厨酒特好呢？说到酿酒，得有好时、好地、好水才行，说来也怪，即使在这淯井监，我们现在所处的地儿也不是酿酒的好地方，这酿酒的地方在三江寨，也就是你们过来的地方。水呢，则以嘉鱼泉为最佳。刚才你们见到的即是，此泉清冽，气泡从井底涌出，扶摇而上，连珠累累，串串相连，晶莹剔透，乖巧玲珑，状若珍珠，又若葡萄。监中汉人多来此放生，因而井内鱼蟹颇多。葡萄上挂，鱼儿下游，相映成趣，蔚然奇观，故名嘉鱼清泉。泉水酿酒甚美，此酒，可谓名传东州也。"说完这淯井监监官向三人拱拱手。①

"兵厨酒"，苏门三学士当然知道，父子三人都是好酒之人，岂有不知之理，只是这好酒之产出，竟然得占天时、地利，有那么多必备条件，而且这中似乎缺一不可，这倒是三人都没想到的。有新收获，淯井监监官一番关于兵厨酒的卖弄，也就只是场面上言谈，一笑而已。

苏轼父子游历淯井监的第二站是北门的淯井。

第二天，天气晴好，一早，三人便在淯井监监官陪同下，来到了北门。出

---

①蜀南淯井之兵厨酒的品质如何？具体的理化指标，那时当然不可能有，形象性的描述性文字则有留存。王象之在《舆地纪胜》中转引泸州通判王章《嘉鱼泉记》说，"淯井监深入夷腹百二十里，兵厨之酒冠于东州。"当然，在这里关键是搞清楚"东州"指哪里？

查《中国历史地图集》"隋、唐、五代时期"，长宁州（今安宁桥以北）、淯州（今双河）为泸州辖地，并不是戎州辖地，且周边并无"东州"地名。再查《中国历史地图集》宋、辽、金时期，北宋与唐大致相同，南宋安宁桥以北为泸州辖地，以上，即长宁上半县、珙县全境、筠连一部、高县一部为州府级的"长宁军"。周边也无东州。

搜寻历史，我们终于寻觅到了它的踪迹。这就是三国时期，刘焉招募的益州以东士人被称为"东州士"，那么，此东州应当是延续了这个用法，东州指重庆以东、川蜀文化以外的地区才是。了不得哦！北宋，长宁军之兵厨酒声名远播，达到了重庆以东、川蜀文化以外，即湖北、湖南，乃至江浙等地区。

为何长宁军"兵厨之酒冠于东州"？道理很简单，生态环境使然也，此亦从古至今长宁出美酒之根本。

通济桥，便见桥旁两溪汇合之处的河坝中，盐井临水而凿，井架参天，绳缆绵延匝地，盐井口热气上涌，煮盐铁锅蒸气上冒，在绿波粼粼、碧水荡漾的洧水上空氤氲纠结，一轮朝阳，从晴烟山岚里折射出赤橙黄绿蓝靛紫七色光彩，云蒸霞蔚、紫气东来，确实动人心魄，扣人心弦。

监官向苏轼父子详述了洧井之盐生产情状，洧井之井属河中盐井，这是一种特殊的盐井，一井两泉，一咸一淡，涌于中流，环皆溪水，砌以石，宽二尺五寸，深三丈二尺许。一井而咸淡二泉，故民间谓之雌雄井，并传为诸葛孔明发现开凿，而实际乃洧地夷汉共同发现，所以有祭祀洧之盐泉发现者罗、黄二氏之庙堂。而说到这夷汉共同发现，现洧井为官井，年产八十余万斤，

万山之中，溪流汇合处的洧井，1800多年了，依然在那儿，等待着我们探寻其秘密（傅强摄）

给予夷人犒盐却极少，此亦是泸戎夷人叛服无常、边乱难已的症结所在。"尔来三月食无盐"[1]，这夷人能不反吗？

苏轼父子原本对这洧井监监官无多少好感，听了监管这番颇有见识的话，气顺了许多，接下来的游历也就有了更多深入思索的时间，也记住了这洧井的诸葛雌雄盐井。于是在《诸葛盐井》一诗中自注并写道：

> 井有十四，自山下至山上，其十三井常空，每盛夏水涨，则盐泉迤逦迁去，常去于江水之所不及。
>
> 　　五行水本咸，安择江与井？
> 　　如何不相入，此意谁复省。
> 　　人心固难足，物理偶相逞。
> 　　犹嫌取未多，井上无闲绠。[2]

---

①《苏东坡全集》卷九《诗集·山村五绝其三》。
②《苏东坡全集》卷一《诗集》。

　　该诗，从目前笔者所得资料，及请教方家，不能确定写作年代；但著者分析，该诗应当是描述涪井盐井情况的。理由如下：一、北京燕山出版社 2009 年 12 月版《苏东坡全集》排列顺序，该诗在卷一，属于其从眉山沿长江至京都开封所写之诗。二、全国各地称作诸葛井的很多，但盐井绝无仅有，如河南南阳，四川成都，湖南怀化，云南建水、保山、永昌之诸葛井都是水井；云安监是苏轼出川时去了的地方之一，但云安有白兔井等传说，无关于诸葛井的说法。三、从该诗译文看写的不仅是盐井，而且是咸淡之水，即雌雄水。

　　把这首诗翻译出来，我们看到，其实苏轼是这样记述雌雄井的：五行中的水本身就是咸的，何必在意流入江中还是井中呢？为什么两者没有融合，此中的含义，又有谁省悟得到呢？人心本来就难以满足，人的意愿与情理许多时候是偶然实现。却还嫌弃其得到的不多，且看这井上那些一节一节放和收的绳索吧！辘轳转动，汲满盐卤的大桶上来，放进煮锅煎熬成盐，成了官府取之不尽的源泉；而夷人呢，眼瞅着那黄白的盐坨坨，源源不断地从这涪溪而涪江再长江运出，揪心啊！索取没有止境，夷汉矛盾岂能消融？

　　所以，没忘此行所见所闻的苏轼，后来还在其《筒井用水鞴法》中记述道："蜀去海远，取盐于井。陵州井最古，涪井、富顺盐亦久矣。"

　　一行人转而登宝屏山，只见涪井城北正对一山，山呈圆锥形，陡峭，如一道天然屏风横亘北面，山之表面绿树环绕，有亭高耸云端，文静秀美，气宇轩昂，为古城增色添光。名曰宝屏，名副其实也。

　　登上宝屏山，远山、近水就在眼前。一马平川的坝子，溪流纵横交错，四面环立葱翠青山，大者、小者均为北向，钟灵之地也。远眺城西北五里开外的山脉高大平缓温柔，中部奇崛兀立，层峦叠翠，群峰罗列，有三峰并连宛如笔架。

　　"此峰何名？"苏轼指着那奇崛兀立的山峰向涪井监监官问道。

　　"尚无名，即请大学士命名。"那监官也是聪明之人，马上将这难得的机遇抓住。

　　"就叫笔架文峰吧！刚才你不是说当年诸葛孔明到此，曾指山下溪流之中的雌雄井说过：'此处当出一宝，产英贤'吗？此山峰就叫'笔架文峰'吧！你看，这亭岂不是笔，那城岂不是砚哦。这涪井当还有书和纸才是……"苏轼不愧大家，一座山峰竟让他借题发挥到此地步。

"有，有。此去不几里就有万卷书、五车书。"

"好啊！五车书为纸，万卷书为库，文房四宝齐备，此淯井之文脉也。"苏轼尚未说完，苏洵也是按捺不住了，抢着说道：

"甚好，甚好！武侯曾临眺，钟灵产俊才。"

此时，太阳已经完全升起，初冬的太阳照在身上，添了许多暖意。苏轼父子三人均有些不舍离去，还是淯井监监官说已是晌午时分，夷汉茶马互市已经鼎盛，迟些大家到角店吃完饭，场也就散了。听监官这一说，大家于是急忙从宝屏山上下来，往城中而去。

第四节　这厚礼蕴含着一层深意

淯井监城规模不大，尚无城墙之类，栅栏始建于大中祥符六年，寇瑊平定晏州夷斗望之乱以后。由通济门进去，约百步距离，右手方即为监所，城中有一四方形，带碉楼性质的宫亭，曰清风阁[①]，街道以之为中心向东西南北发散开去，形成四条主干道，也成为城中监视四道城门，及寨栅外夷情之处。商铺也就沿这四条街道而设。

一行人进得城来，见这监中茶马交易确实繁盛，远非一般州县可比，何况这淯井监深处羁縻州中。监官告诉苏轼父子，这淯井监自在寇瑊平定斗望反叛，呈请朝廷比照戎州的办法，允许附近的夷人入监进行交易以来，只要不发生夷乱，交易颇盛。汉区之盐、绸缎，及其他生活用品经由这淯井监，至晏州、珙州、泸慈州、归武州、严州、武德州、奏龙州、武镇州、南唐州[②]一带。在淯井监与夷人的交易中，马的交易量一年则达三百多匹。

市井之中熙熙攘攘，人头攒动。市场上商贩的叫卖声，可谓是"吟叫百

---

① 据嘉庆《长宁县志》，清风阁后名为凤化关，后又更名离明宫，祀火神。
② 在今四川南部、贵州西北部、云南东北部地区。

端"①，以致欧阳修在《六一诗话》中写道："卖花担上看桃李，拍酒楼头听管弦"，渭井的叫卖声，虽不如京城那些行吟者具有音韵美和节奏感，然也可以说是动听悦耳，尤其是那年轻女子的声音。

> 楂梨条卖也！楂梨条卖也！
> 这果家园制造，道地收来也。
> 炙肉、熟羊肉卖也！
> ……

此起彼伏的叫卖声中，一行人穿过清风阁来到了一间名曰惠风的茶坊。众人一落座，一个装扮清爽的茶博士便托着装满茶碗的盘子，从桌椅间很快穿行到了苏轼他们面前，问道：

"各位大官人可来点什么茶？有宫廷御茗七宝茶②，也有这渭井所产上好的社前茶呢。③"

"就来这渭井所产社前茶吧！"这次苏轼不敢抢话，理当苏洵首来茶品。

茶刚上来，品尝了一口，还未来得及论茶，就有汉家装束的少女过来，手弯里搭着如褡裢一类的物件。最先发现的苏轼，一如他那甚好奇、喜穷根的性格，急忙招那女子过来，一问才知这女孩乃蛮夷女子，而那手弯那物件叫"蛮布弓衣"，是夷人所用弓箭袋。拿过来一看，发现那弓箭袋有绣着花鸟的，也有绣着豹猫牛羊的；而最为称奇的是于那弓箭袋中发现有的竟绣着诗句，有绣

---

① 据宋代高承编撰的专记事物原始之属《事物纪原》中说："（宋代）京师凡卖一物，必有声韵，其吟哦俱不同。"也就是说那时在东京商贩售卖东西，那是要叫卖的，其叫卖声必是富有音韵美和节奏感，此即"吟叫百端"。如是"大公嗓"或"嗓叫子"是卖不出东西的。而各地竞相效仿，即便南渡后的临安，叫卖水平都远不如开封府的商贾们。（转述自梁志宾《风雅颂——宋朝生活图志》）

② 宋代宫廷中用的名贵饮料。用茶与七种甘香佐料加工而成。梅尧臣《和范景仁王景彝殿中杂题三十八首并次韵·七宝茶》："七物甘香杂蕊茶，浮花泛绿乱於霞；啜之始觉君恩重，休作寻常一等夸。"

③ 古时贡茶求早求珍，于是把春茶划分为社前茶、火前茶和雨前茶三种。社前，是指春社前，古代在立春后的第五个戊日祭祀土神，称之为社日。按干支排列计算，社日一般在立春后的41天至50天之间，也就是比"清明"早半个月，这种春分时节采制的茶叶更加细嫩和珍贵。火前，即明前，因为古人在寒食节有禁火三日的习俗，三日内不生火做饭，故称"寒食"，寒食节是清明节前一天，因此火前茶实际上就是明前茶。雨前，即谷雨前，即4月5日以后至4月20日左右采制的茶叶称雨前茶。雨前茶往往滋味鲜浓而耐泡。

着李白诗句的，有绣着白居易诗句的，还有绣着宋诗"开山祖师"梅尧臣的诗句的。

　　苏轼父子均甚感意外，想这些传说与文字记载之中，谁不知蛮夷是"断发文身、赤足与拔牙"啊！而此女子身上哪还找得到半点夷女的影子。苏轼此时想到他第一次听说梅尧臣、欧阳修、范仲淹等人大名，还是他刚入学发蒙时，儿时的苏轼深受他们鼓舞，也开启了他的诗人梦。当然，那时的他，或者说此时的他，都还没有想到要超越他的前辈。

　　苏轼父子当即购下了那夷女手中的弓箭袋，兴奋不已，他要让他的恩师知道，蜀南已不完全是蛮夷之地，对于泸戎之南夷务应当"宥之"。渚井监之行的收获已经有了，该启程了。

吟叫百端，来自宋朝的叫卖声（图片采自网络）

　　出渚，顺大江而下，过瞿塘，出巫峡，经西陵，于江陵（今荆州市）弃船登陆，抵达京城已经是次年开春的二月间了。

　　抵达京城的苏轼父子，在仪秋门附近买了一栋带花园，绕房有老槐树、柳树的房子安顿下来后，便开始恭候朝廷的任命了，不过，那是一个时日甚久的过程。

　　当然，这期间父子三人没有闲着，除了于这京都广泛结交高官显宦及文友外，还去拜访了他们的恩师欧阳修。

　　拜访欧阳修，苏洵没去。苏洵不去是因为他忘不了三年前拜访欧阳修时的情形。那天他怀揣四川张方平长官及另一位雷姓友人的推荐信去见德高望重的欧阳修。白皙、长耳、上唇稍短的欧阳修倒是一副和蔼可亲的样子接待了他，但冷淡自负的苏老泉总觉在这仅比自己年长一岁多的文坛盟主那里有许多的不自在，故而这次找了个借口没去。

苏轼、苏辙来到欧阳修家中，向欧阳修呈上了自己的新作和在淯井监购得的绣着梅尧臣《春雪》的蛮布弓衣。当然，这中自然地苏轼兄弟向欧阳修介绍了他们在淯井监的所见所闻，及他们对泸戎之南夷务的看法。

于是欧阳修在他所著《六一诗话》[①]里写道：

> 苏子瞻学士，蜀人也。尝于淯井监（注）购得西南夷人所卖蛮布弓衣，其文织成梅圣俞《春雪》诗。此诗在圣俞集中未为绝唱。盖其名重天下，一篇一咏，传落夷狄，而异域之人，重之如此耳。子瞻以余尤知圣俞者，得之因以见遗。[②]

欧阳修何许人呢？稍有文化的都知道欧是"唐宋散文八大家"之一，在宋代文学史上最早开创一代文风的文坛领袖。领导了北宋诗文革新运动，继承并发展了韩愈的古文理论，开创了一代文风。《醉翁亭记》中学课文必选。《六一诗话》但凡学文学的人都知道，是我国最早的诗话，文学批评史上地位了得。

梅圣俞（尧臣）的诗集由欧阳修作序。"穷而后工"就是这篇序言里提出来的。欧阳修作为梅圣俞的知音，评梅圣俞《春雪》诗不是上乘之作，当然是公允之论。事实上，传世至今的《梅尧臣诗文集》中也已没有这首诗了。这样一首小诗，流布蜀南地区，说明梅圣俞名重天下，更说明宋代长宁这一地区，已基本融入了中原文明，诚如南宋时期在长宁军做过文学的王象之在《舆地纪胜》所记述的：南宋时期长宁军周边夷人"声教所暨，渐如华人"。由此，我们说生活在淯井周边的少数民族，也已经具有一定的文化知识与工艺水平。能够编织得到苏东坡、欧阳修这样人赞赏的土布，及用这土布做成的弓箭袋，实是难得。

说到此，可能有人问：你说苏轼来过淯井监，由眉山出来，一路留下诗句

---

① 《六一诗话》在《欧阳文忠公集》中又称《诗话》，原是欧阳修为自己的一部专门记录诗坛掌故的札记所起的名字，后来"诗话"成为一种通称，为示区别才将欧阳修的原作名为《六一诗话》。

② 欧阳修《六一诗话》，北京：人民文学出版社，1962 年 5 月版。

的苏轼，怎没一首写涪井的诗词呢？我认为写了，这就是《雌雄井》一诗。如果你认为还应当有，我也以为是的。只是遗憾，我们的苏轼写了，然而遗失了，抑或没有收录，《苏东坡全集》收录苏轼诗文，第一首诗是1059年离开眉州至嘉州（今乐山）所作《郭纶》，难道此前苏轼一首诗也没作？又或者是写了但被焚毁了，乌台诗案后，苏轼的诗、书信和别的文件，残存者不过三分之一，这写涪井监夷乱的诗文或许就在那失踪的三分之二之中。或者，当他来到涪井，面对官营涪井盐工的血泪，以及夷汉矛盾，想起那位豪夺民利助汉武帝文治武功的桑弘羊，只感到"如蛆蝇粪秽也，言之则污口舌，书之则污简牍"[①]，于是愤然撕掉了已成的诗稿也未可知。

但不管怎样？我坚信苏轼到过涪井，因为，如果苏轼没到过涪井，欧阳修就不会说"（苏轼）尝于涪井监购得西南夷人所卖蛮布弓衣"，而应当说"苏轼尝于泸南购得涪井监夷人所卖蛮布弓衣"才是。要知道，北宋前期，泸南包括今宜泸长江以南的大部地区；而涪井监，系中央行政直属，在苏轼父子嘉祐四年（1059年）至涪井时，还深介夷腹。不仅今长宁县双河镇周边尚属羁縻，连今长宁县长宁镇、竹海镇等境域也还在羁縻之中。涪井监周边十州八姓少数民族也是尚未内附，更未领六个堡寨。说涪井监，并不含周边地区，更不会指江安、泸州等地。而戎州呢？那时并不辖羁縻涪州、长宁州、晏州等地。

---

① 《苏东坡全集》卷52《商鞅论》："二子之名，在天下如蛆蝇粪秽也，言之则污口舌，书之则污简牍。"

第九章　蜀南苦笋，风雨之后皆成竹

第一节　他的到来有许多偶然

黄庭坚是无论如何没有想到他会来这偏远的烟瘴之地的。

于宋庆历五年（1045年）出生于洪州分宁（今江西省九江市修水）的黄庭坚，可是一个神童级别的人物，《宋史·黄庭坚传》说他是"幼警悟，读书数过则成诵"。宋治平四年（1067年），22岁的黄庭坚考中了进士，任汝州叶县[①]县尉。熙宁五年（1072年）黄庭坚参加了朝廷选拔国子监学官考试，文章优秀，受到宰相王安石的赏识，顺利录取，任国子监教授，正八品。此时的王安石变法正搞得风生水起的，黄文受到了王安石的认可，按说只要这黄庭坚趋炎附势，前程那是

长宁县城淯江公园的黄庭坚塑像（邹永前摄）

[①] 今汝州为河南省省直管县级市，宋之汝州为陆海军节度，属京西北路，领梁县、襄城、叶县、龙兴、鲁山五县。

不可估量。偏偏这黄庭坚虽不是变法的反对者，也希望富国强兵，但对变法的政治策略以及路径选择，有自己的价值判断。

以致在汝州叶县县尉这一职位上，黄庭坚一待便是八年，直至北宋元丰三年才被任命为吉州太和县^①知县，时年黄庭坚三十六岁。

宋神宗元丰八年（1085年），黄庭坚以秘书省校书郎^②召入京师。元祐元年（1086年），哲宗即位，任黄庭坚为校书郎、《神宗实录》检讨官^③。恰在这年正月，他终于与神交已久的苏轼相遇了。

元祐元年苏轼以礼部郎中被召还朝。当即黄庭坚就来到了苏轼位于东华门附近的府邸，以弟子之礼登门拜见了苏轼。那天黄庭坚特意携带的见面礼是一方名贵的洮河石砚，此乃中国四大名砚之一，石材产于甘肃岷县到卓尼县境内的洮河峡谷中，洮砚石质温润，发墨而不损笔，久储而不干涸，呵之出水，手感如孩儿面，为历代文人所珍爱。以此礼给苏轼，贵重而不失风雅。当然，苏轼也有资格受之，想苏轼有一次看到他的诗文，以为他的诗文超凡绝尘，卓然独立于千万诗文之中，慨叹，世上好久没有这样的佳作了。既是知音，更是恩师，能得苏轼赏识，黄庭坚开始震动四方。此亦后来黄庭坚成为"苏门四学士"之一^④的根本原因。

苏轼对于黄庭坚的礼品也是喜爱有加，兴之所至，挥笔写下了《鲁直所惠洮河石砚铭》："洗之砺、发金铁。琢而泓，坚密泽。……岁丙寅，斗南北。归予者，黄鲁直。"^⑤言辞优美、率性简洁成为后人推赏洮砚的佳句。

为见这一面，他们等待了十四年。十四年来他们相知相慕，心神相契。想

---

① 吉州太和县，今属江西，非今安徽太和县。

② 校书郎，官名，掌校雠典籍，订正讹误。东汉朝廷藏书于东观，置校书郎中。后魏秘书省始置校书郎，唐秘书省与弘文馆皆置，宋属秘书省，辽秘书监著作局，金、元属秘书监，元并掌鉴定书画，明清废。

③ 唐宋始设"检讨"这种官，但是不叫"检讨官"，只叫"检讨"。负责掌修国史。宋朝为"史馆检讨"。明朝时属翰林院，位次于编修，与修撰编修同谓之史官。

④ 据《宋史·黄庭坚传》记载："（黄庭坚）与张耒、晁补之、秦观俱游苏轼门，天下称为四学士。"这里一个"游"字其实表达很清楚，"苏门四学士"这一称号只是表明这四位作家得到过苏轼的垂青和指导，而并不意味着他们或他们与苏轼可以统称为一个文学流派。实际上四学士造诣各异，受苏轼影响的程度有差别，文学风格也大不相同。比如黄庭坚的诗自创流派，与苏轼并称苏黄；秦观的主要成就在词，但是他的词却不走苏轼的路子，作品多抒情，亦有感伤身世之作，风调婉约清丽，辞情兼胜。

继"苏门四学士"之后，李格非与廖正一、李禧、董荣被称为"苏门后四学士"。

⑤《苏东坡全集》卷六十六。

象吧，那个时代，没有电话、微信，更没有飞机、高铁，见个面，难！那时，见一面，或许就要半生等待，甚或永恒！

珍惜这一相遇机会的苏黄讲道论艺、诗酒唱和、鉴书赏画、悠游金明池[①]、雅集西园[②]……上苍有时也十分厚文人们，在北方，在千年前的开封，"苏门四学士"，以及米芾等当时华夏大地上顶尖的诗文书画家们相遇了。西园，一个小小的私家花园，成了那个时代辉煌艺术的空间载体，那是真正的千年前的文学沙龙，那一份光荣，丝毫不逊于古希腊的雅典学院。

"西园雅集"由此而成为北宋文人风雅之典范，也是黄庭坚人生的转折点。那一年，他43岁。那是他人生的巅峰时刻，官职、名望、地位、财富、生活都达到了顶点。所以，那时的山谷虽读过曾经的文坛领袖欧阳修的诗话，知道蛮布弓衣的故事；然而，那时的黄庭坚无论如何不会想到自己会去到那儿。

只是，**繁盛至极，必是衰落**。许许多多不安的种子就在这繁盛的表象背后悄然生长着。

黄庭坚与戎州、与涪井结缘，有必然，但更多是偶然。

被贬，某种意义上说是必然。很快苏轼因不能容于新党，自求外调。元祐四年（1089年），苏轼任龙图阁学士、知杭州。元祐六年（1091年），被召回朝，元祐六年八月又调往颍州任知州，再度离开了京都。

黄庭坚呢？这个政治上没有多少心机的人，因其为苏轼所重，自然也就成了苏轼敌人的眼中钉，黄庭坚命中的小人叫赵挺之。自元祐二年起这个赵挺之便与黄怼上了。先是污其生活作风有问题，神宗驾崩，又污蔑黄庭坚藐视皇帝，幸好那时苏轼尚在京城，站出来为他说话，让他躲过了一次无妄之灾。

随后，朋党之争愈演愈烈，黄庭坚在京都的日子，于飘摇中到了元祐六

---

①金明池是北宋时期著名的皇家园林，位于东京汴梁城（今开封）外。园林中建筑全为水上建筑，池中可通大船，战时为水军演练场。张择端的《金明池争标图》就描绘了金明池中水军演练的场景。孟元老《东京梦华录》也专门描写了这一水域。

②《西园雅集图》是北宋著名画家李公麟创作的一幅水墨画。卷中以写实的方式描绘了李公麟与众多文人雅士在驸马都尉王诜府中做客聚会的情景。《西园雅集图》为后人定格了那个风雅的瞬间。《西园雅集图记》极其详尽地记录了雅集上诸多琐碎细节，让我们得以窥见苏轼、王诜、米芾、黄庭坚、秦观、刘巨济等著名诗人、文学家、书法家、画家共16人在驸马都尉王诜府中西园聚会的情景。

年，这年六月十八日黄庭坚母亲逝世，黄庭坚因母丧离开了京城。

八月的开封已经有了许多秋的萧索之意，带着全家 40 余口人的黄庭坚已经不是当年那个意气风发的青年，秋霜已经染白了他的双鬓，皱纹已悄然爬上了他的额头，岁月的刀锋划过，谁都无法躲过。

这次离京，他再也没有回来。不仅没有回来，而且走得很远。汴京的繁华和喧闹，西园的风雅和峥嵘，以及他的理想和抱负，都遗落在奔流不息的汴水之中，一去不回了。

这于黄庭坚是巨大的不幸，然而，对于戎州和涪井监来说是幸运。按说，即使被贬，他也是不会来到这两个地方的，然而，许多时候有种偶然，或者说是上苍就是要钟情于某一个地方。就像苏轼被贬海南一样，如果没有苏轼的到来，或许海南的开化要晚许多年。

回到故乡分宁双井村的黄庭坚，随着家中一系列变故，心已平静了，他皈依佛门，成了分宁黄龙寺住持祖心禅师的入室弟子。原本，一心参禅已如同山间草民野夫一般，行走在黄龙山间的黄庭坚已然参透禅机，心中一片光明。然而，世事难料，山雨欲来风满楼。

元祐八年（1093 年）太皇太后病逝，17 岁的皇帝哲宗亲政。元祐九年（1094）四月，哲宗改年号为"绍圣"，即"绍述先圣"，宋哲宗赵煦要恢复他老子宋神宗赵顼推行的王安石新法了。

北宋朝廷又像翻烙饼一样，重新翻了一个面。接到宣州（今安徽宣州）知州任命通知的黄庭坚，还在路上又被免职了。无奈的他只好又回到分宁。

祸，终于还是躲不过。

元祐年间，黄庭坚曾参与编撰《神宗实录》，此时已成为"绍述"派讨伐的重点目标。攻击他们的借口是：污毁先帝，为臣不忠。于是，绍圣元年（1094 年）十二月，黄庭坚被贬为涪州别驾，黔州安置。①

涪州即今重庆市涪陵区，黔州则在重庆彭水县。黔州，当时也属汉夷杂处地带，地处崇山峻岭之间，自然条件恶劣，经济文化落后且远离政治中心。这里在唐宋年间是著名的流放之地，唐太宗子太子李承乾、唐高宗李治庶长子李

---

① 别驾，官名。别驾从事史的简称，亦称别驾从事。汉置，为州刺史的佐官。隋初废郡存州，改别驾为长史。唐初改郡丞为别驾，高宗又改别驾为长史，另以皇族为别驾，后废置不常。宋各州的通判，职任似别驾，后世因以别驾为通判之习称。安置，宋贬谪官被指定地区居住，即为安置。

忠等都是被贬并赐死在此。"涪州别驾，黔州安置"，就是在涪州挂一个"别驾"的空头衔，人却要在更僻远的黔州安置，不用办公，俸禄也是少得可怜。

"万里茫然路，不知黔州在何处。"①绍圣二年（1095年）正月，黄庭坚在兄长元明陪同下向黔州出发了。两个半百之人，背负着简单的行囊，在风雪中踽踽地走着，看上去那么渺小，仿佛两片孤零零的离枝树叶，随时都会被吞没于风雪之中。

一路向西，四月终于到达黔州。秋天，二弟叔达带着家眷来到黔州，一大家人团聚了，生活虽然拮据，然不失安宁，把自己变成农夫的黄庭坚自称"涪翁"，给自己的破草房取名"卧云轩"，黄庭坚的心中已然静水流深，平静的日子有了生趣。

然而，绍圣四年（1097年），黄庭坚的命运就像掷骰子一样，又被翻了个面。这年四月，黄庭坚的表兄张向被任命为夔州路提举常平。这"提举常平"是个什么样的官呢？提举常平，简称仓平，是北宋熙宁初设置的负责管理常平仓②救济、农田水利的官员，不是一方执掌权柄的大员。但这张向的确是个令人不齿之人，就因了这黔州属于夔州路所辖，于是便向朝廷上奏要求迁移黄庭坚以避嫌。"绍述"派正嫌原来的处罚不够重，张向的奏章刚好为他们提供了一个借口——"避亲嫌"。于是朝廷再下一道诏命，将黄庭坚发配到了更为僻远的戎州安置。

偶然地，黄庭坚来戎州了。

---

①"当日不肖初被谪命，万里茫然，又不知黔州在何处。"转引自徐爱丽、彭福荣《重庆民族地区土司前的散文创作述论》《内江师范学院学报》2010年第11期。

②常平仓，中国古代政府为调节粮价，储粮备荒以供应官需民食而设置的粮仓。即在市场粮价低的时候，适当提高粮价进行大量收购，而仓廪充盈；在市场粮价高的时候，适当降低价格进行出售，以此避免"谷贱伤农""谷贵伤民"。

第二节 戎州"宜宾"，最"宜宾"

戎州在哪儿？我们今天的宜宾人，只要稍微有点历史文化知识，都知道戎州，宜宾也。今天的宜宾，名头很响，比如：中国酒都、国家历史文化名城、中国优秀旅游城市、中国特色魅力城市等。然而，古时的戎州可谓山川险峻、交通不便。古为僰道不说，即便在黄庭坚来此之时，亦不过"戎"州而已。

何以戎州？皆因"夷僚"依然占据今市境周边各地，官家为"镇抚戎夷"改"僰道"为"戎州"而已。这"戎"在古时那是落后的象征。宋徽宗政和四年（1114 年）将"戎州"改为"叙州"的原因即在此。所以，苏轼由眉山而开封途中路过宜宾才会在《戎州》一诗中写道："乱山围古郡，市易带群蛮。庾岭春耕少，孤城夜漏闲。往时边有警，征马去无还。"①

绍圣五年（1098 年）春，山谷领着妻儿、侄子，一家 19 口人，携衣卷被上路了。日子刚刚过得有点生色，如今又要踏上一条未知的行程，身边的人哭泣起来，而黄庭坚反倒安慰起家人。是的，他没有什么值得留恋的，对于黄庭坚而言，黔州是安置，戎州也是安置，他那颗心早已在分宁黄龙山随祖心禅师参禅悟道、抄经诵佛、修身养性的时光中被佛的慧光照亮了。何况，那里有恩师的足迹，北上不过二三百里便是恩师的故乡，是自己应当去拜谒的地方。

从乌江入大江，逆流而上，逶迤西行，于六月到达了戎州。此时亲执权柄的哲宗又将年号改为元符了。因此，黄庭坚从黔州出发是绍圣年，但到达戎州的六月，即公元 1098 年六月之后却是元符年了。

黄庭坚到达戎州所做的第一件事是什么呢？是向朝廷报告自己的行踪。因为，被贬安置官员需由当地提刑官监管，且不得擅自离开安置地，所以黄庭坚一到戎州就写下《与韦子俊提刑书》报告：

---

①《苏东坡全集》卷一《诗集》。

庭坚居黔中，衣食之须粗给。既又放徙，一动百动，所以少淹
留。又说，区区西来，以多病，所至就医药，又为涪陵弟少留，是
以行李稽迟。①

语气平淡，说起生、老、病、病、死、苦，举家迁徙、路途颠簸的艰辛，
就像说天晴下雨一样，此时的黄庭坚已如那山谷与溪流江河毫无芥蒂地握手言
和了。

是的，黄庭坚即是山谷，山谷即是黄庭坚。山谷、溪流间留下了黄庭坚的
足迹，镌刻了永恒。

初到戎州时，没有地方住，借居的地方叫"无等院"。庵房简陋，还需要
修葺，虽然没有摩围阁的山水之胜，但是离城较近，生活更方便一些。他甚至
很快适应了戎州的生活。《舆地纪胜》曰："无等院在州南门外。山谷以元符
间寓居此，作枯木庵，今犹无恙。其寺额尚山谷笔迹也。"②城南租房叫"任
运堂"，借地筑起几间土屋题为"槁木庵"。何以是"任运堂"？黄庭坚写
道：

> 或见傺居之小堂名"任运"，恐好事者或以藉口，余曰：腾腾
> 和尚歌云："今日任运腾腾，明日腾腾任运。"堂盖取诸此。余已
> 身如槁木，心如死灰，但不除鬓发，一无能老比丘，尚不可邪？③

早晨喝点粥填饱了肚子，中午再吃一顿斋饭。今天我是放任随意，明天我
是随意放任。心里什么都明白，权且假装愚冥迟钝。我就是一个没有剃光头的
无能老和尚了，还能把我怎么样呢？随他世事变迁，山谷已如枯木般，随缘任
运了。

朝廷免的是官，免不了名，自古如此。被贬谪的这几年，黄庭坚的名气反
而越来越大了；只是要接纳一个被朝廷贬谪的官员，得有博大胸怀才行，特别

---

① 郑永晓整理《黄庭坚全集·编年辑校》，南昌：江西人民出版社，2008年9月第一版。
② 《舆地纪胜》卷一百六十三。
③ 《任运堂铭》，转引自郑永晓整理《黄庭坚全集·编年辑校》。
　　这里借用的是腾腾和尚的《了元歌》："寅朝用粥充饥，斋时更餐一顿。今日任运腾腾，明日
腾腾任运。心中了了总知，且作佯痴缚钝。"

是一个五十大几的官员，早已不是潜力股了，接纳之更是不易。或许这宋朝人还有许多自由，或者是戎州人在世俗中还有许多纯真吧，总之戎州人是敞开胸怀迎接别驾安置黄庭坚的到来。

以致后来的宜宾最"宜宾"也！

初到戎州，他即受到了知州彭道微的欢迎。彭知州登门探望，嘘寒问暖，还安排了一个精于吏事的官吏李珍照顾黄庭坚和家人。李珍为人小心，做事勤快，黄庭坚很满意，曾书写了一张《蔡明远帖》送给李珍。对于彭道微的挚诚黄庭坚也没有忘记，后来彭道微调离戎州，黄庭坚作《采桑子·送彭道微使君移知永康军》相送，给予彭道微高度赞誉：

> 荔枝滩上留千骑，桃李阴繁。燕寝香残。画戟森森镇八蛮。
> 永康又得风流守，管领江山。少讼多闲。烟霭楼台舞翠鬟。①

张仲吉卖酒为生，然却脱俗，种花养竹，颇有林泉雅趣，因他家离城不远又有山林雅趣，黄庭坚便经常带着一群学生在他家聚会，赏花竹林阴，听鸟啼蛙鸣。有时喝酒聊天至深夜，云阴雷风，下起大雨来，才和众学子一起冒雨踏泥而归。

元符元年（1098年）八月十七日，秋夜缓缓降临，雨后的那一道彩虹渐渐消隐，天空显得格外高旷。诸弟子邀他去张宽夫家赏月，有弟子带来名酒，还有个叫孙彦立的弟子善吹笛，金杯共酌，笛声悠扬。他们在月光下寻幽径，穿林木，临风听曲，真是无比的畅快！众弟子说："今天这么快乐，不可以不记下来啊！"于是，庭坚挥笔写下了《念奴娇·断虹霁雨》：

> 断虹霁雨，净秋空，山染修眉新绿。桂影扶疏，谁便道，今夕清辉不足？万里青天，矩娥何处，驾此一轮玉。寒光零乱，为谁偏照醽醁？年少从我追游，晚凉幽径，绕张国森木。共倒金荷，家万里，难得尊前相属。老子平生，江南江北，最爱临风笛。孙微笑，坐来声喷霜竹。②

---

① 《黄庭坚全集·编年辑校》。
② 《黄庭坚全集·编年辑校》。

锁江，址在今宜宾城西北，岷江北岸，有锁江岩。唐代曾在岩石上凿孔，套上铁链横阻江面以拒敌^①。江石下有泉，以此泉酿酒，名曰"姚子雪曲"，酒醇和而甘甜，本已戒酒十五年的黄庭坚，再也无法克制对美酒的嗜好，于是写下《安乐泉颂》。其颂词则谈及外观、口味、功效等，颇有些酒质鉴定书的意味。

> 锁江安乐泉为僰道第一，姚君玉取之以酿酒，甚清而可口，饮之令人安乐，故余兼二义名曰安乐泉，并为作颂：
>
> 姚子雪曲，杯色争玉。得汤郁都，白云生谷。清而不薄，厚而不浊。甘而不哕，辛而不螫。老夫手风，须此晨药。眼花作颂颠倒淡墨。^②

可以说，黄庭坚是最早鉴评和宣传五粮液的人，他的诗文为后人研究五粮液的发展史留下了珍贵资料。短短几句诗，对"姚子雪曲"的外观、味觉、功效进行细腻而深刻的描绘，高度浓缩了古人对五粮液美酒的审美感受。

今之评酒专家们对五粮液的评价："香气悠久，味醇厚，入口甘美，入喉净爽，各味谐调，恰到好处，尤以酒味全面而著称"与900多年前的大诗人黄庭坚的鉴评不谋而合！

关于黄庭坚无法克制对美酒的嗜好，有些争议，所以，这里还得多说几句，此亦人生也。

天才少年黄庭坚原本不太喝酒。二十二岁便名列三甲高中进士，授县尉。

---

①《方舆胜览》卷六十五："锁江，两岸大石屹立，因置铁絙，横截其处，控扼夷羌"。

如今石刻"锁江"二字犹存，每字1.5米见方，古朴苍劲。旁有"山谷"款识，各约30厘米见方，清晰可见。此石刻为宜宾市级文物保护单位，当地人士大都认为系黄庭坚真迹。其实，"山谷"二字很可能是后人补书。《明一统志》曰："何师心知叙州，因夷叛，修战守之具，置锁崖岸，以保居民，乡人德之。其崖石上镌'锁江'二字，尚存。"明人凌迪知所编《万姓统谱》的记载与此一字不差。但并未明确"锁江"二字为何师心所书。或许是出自对这一记载的误读，嘉庆《宜宾县志》称："吊黄楼前，今圮，石柱犹存，亭下石崖镌'锁江'二字，字阔四尺许，宋淳熙癸丑资中何师心书，江之南巨石上亦有之"。总之，"锁江"二字并非黄庭坚所书，其镌刻者是何师心。至于书写者是否是何师心，目前还只能说有可能。

②《安乐泉颂并序》，《黄庭坚全集·编年辑校》。

次年，因宋神宗登基继位，召四京学官考试，黄庭坚又拔得头筹，留国子监任教。同年，又迎娶了龙图阁大学士孙觉的女儿兰溪为妻。可谓，出身名门，少年得志，金榜题名，洞房花烛，官袍乌纱。可惜，兰溪夫人却在两年后年方二十的大好年华时因病去世了。这让时年也不过才二十五岁的黄庭坚很是哀伤，写下了很多悼念之词。从此，本来饮酒不多的黄庭坚开始借酒浇愁，放肆狂饮，而此后的十多年里，他因为反对王安石变法，一直都是品级低下的小官，妻子早逝，仕途不顺，心情抑郁之下，饮酒醉卧，似乎成了唯一的选择。

续娶诗人谢景初女儿介休，黄庭坚心情稍好，待介休为其生下女儿黄睦，初为人父的黄庭坚也不再放肆狂饮，只是每日小酌，偶尔文人聚会才会豪饮一番。然而，介休过门没几年，居然也一病不起，芳魂飘散。黄庭坚瞬间再次坠入黑暗的深渊，再度开始不加节制地狂饮。

后来年近四十的黄庭坚再娶石氏女子为妻，这位三夫人也终于给黄庭坚生下了儿子黄相，四十岁才老来得子的黄庭坚心情大悦，加之身体每况愈下，他不得不戒酒。此后二十年里，虽然他屡遭贬谪，仕途更加坎坷，心情也极度抑郁，但他仍然坚持戒酒。

至戎，可以说黄庭坚是开了酒戒的。有人以他在戎所写《醉落魄》中"老夫止酒十五年矣，到戎州恐为瘴疠所侵，故晨举一杯，不相察者乃强见酌，遂能作病，因复止酒"认为黄是彻底戒酒了的，我认为不然。

其一，因身在戎州，瘴疠之气比较多，而酒能解毒。既已开戒，有友相聚，恐怕不是自己说不喝就不喝的了。

其二，对于一个半生饮酒，且时常狂饮豪饮的人来说，酒已成瘾，戒酒和戒毒瘾差不多，真的做到，难！

其三，如其在戎仅是应酬般喝酒断写不出《安乐泉颂》之类酒文、酒诗，也自不会又有"流杯池雅集"。

自然，该说黄庭坚在戎州的遗迹流杯池了。戎州城外催科山下，有一处巨石裂成的天然峡谷，长约 30 米。宽 6 米，高 20 多米，两侧几块大石高耸成山，断崖成隙，峡谷开合有度，空间高低错落。黄庭坚利用峡谷的地形和天然泉水，仿王羲之兰亭集会"流觞曲水"的意境，建"流杯池"。流杯池内，从谷底到崖壁顶，蜿蜒拾级而上，几个平台错落其间，时而宽散平缓，时而临崖高悬。文人雅士在此聚会，大家对坐池的两边，酒杯置于池中，酒杯流到谁的跟前，谁就吟诗饮酒，风雅至极。至今，流杯池仍是宜宾的风景名胜之处，崖壁上仍保留有黄庭坚手书的"南极老人无量寿佛"等书法石刻。

自然,宜宾也是要给山谷以丰厚的回报的。这回报是:

有一次,他在朋友石杨休家中,见到了怀素[1]的《自叙帖》真迹。他喜不自胜,赶紧将帖借回家,连着几天临摹,几乎废寝忘食。自此,他顿悟了草书之法,下笔飞动,与元祐以前所书大不相同。想起当年在汴京时,钱穆父[2]说他的草书俗气,就是因为没有见过怀素的真迹,果然很有道理。见过怀素,才会真正明白草书的奥妙所在。

他学怀素的狂草体,其《诸上座帖》,系五代金陵僧人文益的语录,全文系佛家禅语。庭坚深得其味,笔意纵横,字法奇宕,如马脱缰,无所拘束。《语录》后又作大字行楷书自识一则,结字内紧外松,出笔长而遒劲有力,一波三折,气势开张,一卷书法兼备二体,相互映衬,尤为罕见,是庭坚晚年的杰作。只可惜,此时穆父已离世多年。庭坚心想,不然的话,给穆父看一看多好啊!

第三节　那苦笋与食笋者的哲思

虽为贬谪,然日子却是在色彩淡雅而富有诗味中过去的。

黄庭坚还喜欢戎州的美食。他常常跟着弟子和朋友,在城里走街串巷,寻找美味。

戎州产一种叫银茄的蔬果,是一种白色的茄子,色美味佳营养好,黄庭坚非常喜欢,曾想"乞种过江南",带回家乡栽种。有一天,邻居杨履道送给他

---

[1] 怀素(737—799),俗姓钱,字藏真,永州零陵(今湖南零陵)人。唐代书法家。自幼出家为僧,经禅之暇,爱好书法,与张旭齐名,合称"颠张狂素",形成唐代书法双峰并峙的局面,也是中国草书史上两座高峰。怀素草书,笔法瘦劲,飞动自然,如骤雨旋风,随手万变。书法率意颠逸,千变万化,法度具备。史称"草圣"。

[2] 钱穆父,名勰,(1034—1097),北宋杭州人。吴越武肃王六世孙。积官至朝议大夫,勋上柱国,爵会稽郡开国侯。文章雄深雅健,诗作清新遒丽。工书,正书师欧阳询,草书造王献之阃域。

一筐银茄，他高兴得写了四首诗作纪念。

　　还有戎州的豆粥，就是红豆稀饭，本是寻常百姓的家常便饭，黄庭坚也吃出了文化的滋味，他曾在《答李任道谢分豆粥》诗中赞叹说：

> 豆粥能驱晚瘴寒，与公同味更同餐。
> 安知天上养贤鼎，且作山中煮菜看。①

　　养贤鼎即朝廷供养贤士之鼎。诗人借题发挥，说养贤鼎用来煮山中野菜了，以此观之，可知贤士之处境是如何的哦！

　　戎州盛产荔枝，尤以一种带绿荔枝最为名贵，带绿的荔枝走下树枝时，时已初秋，为贡品。带绿荔枝挂果率极低，成熟时基本上其他的荔枝已经绝迹。物以稀为贵，故酿造出的一种颜色与之近似的美酒，也冠名"荔枝绿"。黄庭坚到朋友家做客时，品尝到此二物，诗兴大发，即兴写下了《咏绿荔枝与荔枝绿》：

> 王公权家荔枝绿，廖致平家绿荔枝。
> 试倾一杯重碧色，快剥千颗轻红肌。
> 破酲葡萄未足数，堆盘马乳不同时。
> 谁能品此胜绝味，惟有老杜东楼诗。②

　　当年，大诗人杜甫路过戎州，接受戎州杨使君东楼宴饮时，曾写下"重碧拈春酒，轻红擘荔枝"的佳句，所以黄庭坚说"谁能品此胜绝味，惟有老杜东楼诗"。想来庭坚戒酒多年，肯为了"荔枝绿"写下佳句，这酒一定是美味无比哦。然而，黄庭坚还在等待着什么……

　　春天来了，转眼已是季春。这天，斌老带着一捆上好的苦笋来到了黄庭坚家里。斌老谁也？斌老也姓黄，是黄庭坚到戎州后结交的好友。当时斌老是戎州丞，即副州长官，姓黄是次要的，关键他是文与可的妻侄。文与可与苏东坡是表兄弟，这文与可也是了不起的人物，是北宋著名的大画家，尤善画竹，

---

①《黄庭坚全集·编年辑校》。
②《黄庭坚全集·编年辑校》。

"胸有成竹"就是他的故事。有了这层关系，所以，这黄庭坚一到戎州见到这黄斌老即有"他乡遇故人"之感，加之两人性格相投，诗酒唱和，很快成为好友。斌老画墨竹，师从文与可。有次，斌老画了一幅横竹送给庭坚，庭坚非常喜欢，写下了《次韵黄斌老所画横竹》诗赞斌老画艺高超。

不过，黄庭坚还是有些俗气，最喜欢的那是实实在在的竹中苦笋。苦笋野生于崇山峻岭之间，质地脆嫩，色白，清香微苦，以春末出土的笋苞为佳。世人都说苦笋苦，庭坚却甘之如饴。斌老送笋，山谷喜极，嘱咐家人以上好酸菜配之做成酸菜苦笋汤。说话间苦笋汤上来，一尝汤味又酸又苦，细嚼苦笋甘之如饴，味甜爽口。当即写《从斌老乞苦笋》：

> 南国苦笋味胜肉，籍龙称冤莫采录。
> 烦君更致苍玉束，明日风雨皆成竹。[①]

苍玉即水苍玉，唐代官二品以下五品以上佩水苍玉。苦笋本是戎州山间常见之物，诗人却将其比作贵重的美玉，且情意婉转，本欲得苦笋，又怜惜苦笋，为使笋能长成竹，只求一束而已。意犹未尽的山谷问：

"此笋产于何地？"

"就在这泸戎之南八十里地的渭井监。"斌老答道。

黄庭坚想起了什么？或者郁结着什么？不禁低回思虑了许久。

这年，也就是元符二年（1099 年），黄庭坚写下那流芳千古的《苦笋赋》：

> 余酷嗜苦笋，谏者至十人，戏作苦笋赋。其词曰：僰道苦笋冠冕两川，甘脆惬当，小苦而及成味，温润积密，多啖而不疾人盖苦而有味，如忠谏之可活国；多而不害，如举士而皆得贤。是其钟江山之秀气，故能深雨露而避风烟，食肴以之开道，酒客为之流诞。彼桂玫之与梦永，又安得与之同年。蜀人曰：苦笋不可食，食之动疾，使人萎而瘠。予亦未当与之下。盖上士不谈而际喻，中士进则若信，退则眩焉，下士信耳，而不信目，其顽不可镌。李太白曰：

---

①《黄庭坚全集·编年辑校》。

但得醉中趣，勿为醒者传。①

这苦笋，也苦出了另一种滋味，一种进入书法史的滋味。行书《苦笋贴》笔势遒劲，中宫敛结，长笔外拓，英俊洒脱，并充分发挥倾侧的动态美感，显示出山谷的纵逸豪放。

中国竹文化，某种意义上讲是一种士大夫文化。士大夫们因其品格、修为、旨趣，与竹之间有着神性的、割不断的联系。这一特殊的文化背景，自然使这一阶层在饮食选择上，既有别于寻奇猎珍、极纵口腹之欲的贵胄达官，也迥异于充饥果腹的升斗小民。中国士大夫因其明显的经济、政治、文化优势，以及风雅的生活习惯，饮食活动超越了单纯生理需求或物欲的范畴，而被赋予较浓厚的文化色彩。对竹他们不仅独钟其爱、反复吟咏，而且，其中不少人还对竹笋表现出了一种特殊的嗜好，常食不辍，进而构成一个独特的食笋阶层。杜甫、苏轼兄弟、陆游、黄庭坚等都可说是嗜笋成习者。由他们，我们可以一窥中国古代文人士大夫的饮食雅趣。

宋代士大夫对养生、饮食有独特的偏爱，被罢黜的官员更是精于此道，黄庭坚也如此。

如果说白居易食笋郁伤豁达，苏轼食笋幽默深沉，苏辙食笋超然情深，陆游食笋耿介修为的话；那么，黄庭坚食笋则是严肃睿智的，在《苦笋赋》中这食笋已完全成了严肃的哲学态度。

以自己喜食苦笋，多人劝谏不可，表达深刻的社会哲理，抒发人生际遇与理想。以苦笋质地脆嫩，苦而有味，引申为治国安邦的贤才，多多益善。真可谓于小处见大。譬如：这"温润稹密"四字是写苦笋，更是写其人生境界的。"温"是笋的性淡温和，色泽莹莹；"润"是春夜喜雨，拔节向上；"稹"是周密细致，自成虚空；"密"是浓淡适宜，苦而有度。这温、润、稹、密不是人生至高境界，是什么？

又比如，当地人都说苦笋吃不得，吃了精神萎靡，他不管，认为：不亲自尝试，听凭他人之说，怎行？此为上上智慧与修为也。

---

① 《苦笋赋》转引自《黄庭坚全集·编年辑校》。
苦笋是戎州的土特产之一。《蜀中广记》引《本草》曰："四川叙州宜宾、长宁（今属四川宜宾市）所出苦笋，彼人重之。"

一道乡土菜，让我们窥见了黄庭坚的睿智与严肃，不能不慨叹在高人那里可谓是无处不诗意，无处不深刻呀！

公元 1100 年黄庭坚离开宜宾，在百越的阴雨里艰难前行，人生的最后岁月留给了广西宜州。僻远小城，生活困顿，饮食恶劣，没有冲扰黄庭坚平和宁静的心境，他依然不忘食笋的乐趣。其记录宜州苦雨凄风的日记《宜州家乘》中，他又记述了这样一件关于苦笋的故事：有人"寄大苦笋数十头，甚珍，与蜀中苦笋相似，江南所无也"。苦笋对他来说，此时是真正的奢侈品了。

越千年，如今的苦笋不仅早已成为蜀南竹海的一道名菜，时令季节馈赠他乡至爱亲朋的佳品；而且，长宁（淯井）苦笋已经成了国家地理标志产品。这或许是别驾戎州的山谷先生无论如何想不到的哦！

其实，他与苏东坡因苦笋早有唱和，苏东坡说，四川苦笋好吃，真想不当官了，回老家吃笋去。黄庭坚说：行啊！老师如因苦笋而归，明天这身青衫就可以脱掉了。幽默中，竹笋已为绝意官场、回归故里的一种符号。

是的，他低头沉思了许久以后，想起的是苏轼。想起了苏轼于宋仁宗嘉祐四年（1059 年）十月，与他父亲苏洵、弟弟苏辙，从眉州老家乘船东下，游历淯井监购得绣有梅圣俞《春雪》诗的弓箭袋，后作为礼物送给了欧阳修，欧阳修在其《六一诗话》中写的那故事。

"是该去淯井监看看啊！"黄庭坚在心中默念道。只可惜别驾安置的黄庭坚非自由之身，他不能离开戎州①，无法前往。

---

① 宋代贬是指官吏降职，谪是指派到京城以外的地方。贬谪，通常是指对官员的惩罚性迁调。因触犯刑律和职事规定，以及政治斗争而被贬谪的官员，是剥夺其职权，但保留其身份，其安置、活动等则受到监督与管制。

当时，戎州与淯井监分属不同的行政区域，故在别驾安置戎州期间，黄庭坚是不能自由行动去淯井监的。

第四节　江安，成就了段美好姻缘

元符三年（1100 年）正月，25 岁的哲宗病死。这位年轻的皇帝很悲摧，没有留下子嗣，于是由他的弟弟、19 岁的端王赵佶继承皇位，史称徽宗。继位之初，由向太后"权同处分军国事"①。向太后是倾向旧党的，而徽宗当时也想奉行不偏不倚的"大公至正"之道，也就是秉公办理，毫不偏心，希望以此消弭党争，调和矛盾。于是，次年改年号为建中靖国，以示"本中和而立政"。

在此大的政治背景之下，北宋的政局又发生了变化。新党人士章惇、蔡卞、蔡京等人相继被贬，元祐旧党则陆续被起用，韩琦之子韩忠彦升任左相，司马光、文彦博等已故旧党大臣 33 人被追复官职。

黄庭坚的命运随之迎来了转机。

元符三年（1100 年）五月，朝廷下达诏命，给黄庭坚复宣义郎，监鄂州在城盐税②，并还所夺勋赐；十月，复奉议郎③，签书定国军节度判官④；十一月，诏知舒州⑤。黄庭坚人还在戎州、眉州，职位已是一升再升，理应备感欣喜，然此时的他对官场已经没有了多大兴趣。

对于官位和功业，以及与之交缠着的各种纷争，56 岁的他已经厌倦了。

---

①《宋史·神宗钦圣献肃向皇后传》："徽宗立，请权同处分军国事，后以长君辞。帝泣拜，移时乃听。凡绍圣、元符以还，惇所斥逐贤大夫士，稍稍收用之。"

②宣义郎是古代文散官名。隋置游骑尉，唐改宣义郎，为文官第二十一阶，从七品下。宋元丰改制用以代光禄寺、卫尉寺丞、将作监丞。后定为第二十七阶。也即此职在宋为闲散虚职，后面的"监鄂州在城盐税"才是实职。

③奉议郎，文散官名。隋置通议郎，唐改奉议郎，为文官第十六官阶，从六品上。宋元丰改制用以代太常丞、秘书丞、殿中丞、著作郎。后定为第二十四阶。

④节度判官是指唐代特派担任临时职务的大臣皆得自选中级官员，奏请充任判官，以资佐理，掌文书事务。宋代沿置于各州、府，选派京官充任，称为签书判官厅公事（简称"签判"）。

⑤舒州位于安徽省西南部、皖河上游，是安徽省安庆市的前身。

被贬蜀中这么些年，衰老和疾病不断地侵蚀他的身体，曾经奔腾的热血像深河一样，在体内流得越来越缓慢。他只希望可以乘船东下，回到江南，和亲人一起，在山水之间，读书、诵经、写字，安安静静地终老。对于敌手的被贬谪、被驱逐，他并没有感到兴奋，甚至对于他们曾经肆意加之于他的伤害，他都没有了怨恨，心中只有悲悯。殊途异梦，万化归一。

接到放还诏命时，正值夏季岷江水涨，船只不能出峡，庭坚只好等待。戎州安置，戴罪之身的黄庭坚，行动受到限制不能随意出州。姑母早年嫁到蜀中，就在附近的苏轼故乡眉州，他都没有机会探望。如今行动自由了，管他连升三级也好，还是前程似锦也好，趁此机会，去眉州走走，一来看看自己鼎力相助建成的大雅堂①，二来顺便游历山水，感受一下蜀中的好风光，岂不快哉！

到眉州的黄庭坚收获巨大。这是一份意外，却也是有缘的惊喜。到达青神姑母家。自应去瞻仰东坡故居，拜谒师爷苏洵之墓。在这里他读到了苏东坡的《寒食帖》②。这是东坡随意之间写下的未经修饰的草稿，字迹大小不一，起伏跌宕，错落多姿，一气呵成，没有半分甜熟灵巧的刻画之美。黄庭坚看得入迷，他被深深地吸引了，震慑了。

激动不已的黄庭坚在诗稿后面写下了这样的题跋：

> 东坡此诗似李太白，犹恐太白有未到处。此书兼颜鲁公、杨少师、李西台笔意。试使东坡复为之，未必及此。它日东坡或见此书，应笑我于无佛处称尊也。

---

① 至蜀中，黄庭坚有一个心愿，希望把杜甫流寓东川、西川及夔州时的诗全部刻石传世，使久被埋没的大雅之音重新响彻巴蜀大地，这无疑是一个浩大的工程。眉州丹棱人杨素翁听说后，被黄庭坚的精神所感召，特意赶来戎州，表示愿意承担此事。杨素翁是一位在地方上颇有威信的任侠仗义之士，素以礼义闻名于乡党。于是，庭坚昼夜不眠，倾情尽意，把杜甫两川、夔峡所作诸诗全部书写完成，交给杨素翁。杨素翁则招募能工巧匠，出资承办刻石之事，同时修建了一座高大的房屋，用来存放、展出诗碑。黄庭坚沿用《诗经》中的"大雅"之称，给所建房屋取名"大雅堂"，并作《大雅堂记》。成语"不登大雅之堂"的典故即从此出。元符三年（1100 年），大雅堂顺利建成，堂内诗碑 300 余方，成为西川的一大文化盛事。只可惜，后来大雅堂毁于明末战乱，堂内所藏碑石也不知所终了。

② 《寒食帖》是苏轼撰诗并书。行书长卷，纸本，横 34.2 厘米，纵 18.9 厘米，计 17 行、129 字，现藏台北故宫博物院。苏轼因宋朝最大的文字狱，被贬黄州第三年的寒食节作二首五言诗。此帖是苏轼行书的代表作。诗写得苍凉多情，表达了苏轼此时惆怅孤独的心情。此诗的书法也正是在这种心情和境况下，有感而出的。通篇书法起伏跌宕，光彩照人，气势奔放，而无荒率之笔。《寒食帖》在书法史上影响很大，被称为"天下第三行书"，也是苏轼书法作品中的上乘之作。

后人称《寒食帖》为"天下第三行书",而黄庭坚是推许赞誉的第一人,黄庭坚热爱苏轼的书法,但二人书道,各有千秋。苏说黄的字像树梢挂蛇,黄说的苏的字是蛤蟆压石。相互都抓住了对方的特点,形容也是惟妙惟肖。黄的题跋和诗稿一起流传千古,照亮了中国书法史。

对于自己别驾安置蜀中戎州,黄庭坚愈来愈觉得值了。

在眉州青神一带游玩数月回到戎州已是十一月间,该是启程离开戎州的日子了。但黄庭坚知道自己还有一愿未了,他得在离开戎州时了却。

十二月十三日①,黄庭坚变卖家资,租了两艘双桅江舟,举家返回江南。那天,天气非常冷,寒冷的江风吹来,如刀一样割在人们脸上。然而码头上却站满了赶来为之送行的戎州人。

是的,这人值得戎州人诚以接纳,为之送行。这是一颗北宋文化天空的璀璨星辰,接纳他是戎州人的荣幸,以最为隆重的礼节为之送行,理所应当。他们拉着黄庭坚的手,依依不舍。千言万语,万语千言已经无法表达,唯有竹乐。有学生拿起手中的竹笛吹了起来,笛声悠扬,在寒风中飘荡,如丝如缕催人泪下。

船启航了,渐行渐远,岸边的人却久久不愿离去。黄庭坚的心情则是不舍的,却也是舒展的。

轻舟顺流而下,至今蜀南竹海②东麓的江安县③,黄庭坚在江安县令石信道的热情接待下,在淯江与长江汇合处的绵水驿,④住了下来,他得了他的两个心愿。

---

① 黄庭坚"东归"是在岁尾年头,但具体时日则从《诸上座帖·跋》"元符三年十二月癸卯,将发戎州。舟人汤濬赛武侯,久之不还,叙船锁江亭下书。"从黄子耕《山谷先生年谱》引《所书梁甫吟后》"是日(十一日,癸卯),天大寒,留滞追送之客廿许人在江浒。"又引《题东坡大字》云,"元符三年十二月甲辰(十二日)夕,天下雪而大寒"等可知,山谷离戎,是在元符三年十二月十三日(乙巳)。转引自张兴明《黄庭坚江安娶儿媳》。

② 蜀南竹海,今属宜宾市长宁县,历史上则分属长宁、江安两县。2002年建制调整,江安县所属万里乡、红桥镇所属部分村社并入今长宁县竹海镇。蜀南竹海是世界罕见、中国唯一的集竹景、山水、湖泊、瀑布、古庙于一体,同时兼有历史悠久的人文景观的竹文化、竹生态休闲度假旅游目的地。

③ 江安,位于四川南缘,长江之滨,蜀南竹海东麓。今属宜宾市。迄清嘉庆七年(1802)行道制前,均隶属于泸州。

④ 此绵水驿即历史上江安与长宁境域曾经的历史存在绵水县的驿站。

黄庭坚要了却的第一桩心愿是一桩姻缘。这姻缘，说来绕得有点远呢！

却说，元符元年黄庭坚到达戎州，第二年春，黄庭坚的表嫂，即其外兄^①张祺的夫人史炎玉，率子张协自雅安来戎，乞作张祺墓志铭。庭坚子黄相的姻缘由此生发，月老红娘开始登场。

史炎玉这是一位博学能文、才德出众。《全蜀艺文志》卷四十四说她"髻卯资颖嗜学，苹繁线纩，一不经意。志业专确，乃博古善绩文"，而且"性素冲淡，不事铅华。服浣戳之衣，日游心于编简翰墨"。^②

史炎玉到宜宾，为黄庭坚联上了一个重要的人，这人叫石信道，也即泸州所属江安县知县石谅，眉州人。其时的眉州，苏、史、石、程为四大望族，互有姻亲，史炎玉与石家也是亲戚。一来二去中，史氏便成了黄石两家的媒人。从作诗唱和起，石谅便经常与山谷在戎州相聚，此后，两人成为挚友，并终成为亲家。

在绵水驿安顿下来，当然免不了先是一通好酒，然后才说到了孩子们的婚事。表示男女双方家庭都同意的草帖子当然就免了；但写明家中上下三代人的名字、定亲的当事人的身份、田产及官职等的细帖子，及媒人则是不能少的，毕竟要明媒正娶嘛。其实，来这江安之前黄庭坚已是早有准备，当即表示第二天即请托媒人将细帖子送到石府。石谅当然也十分高兴，自是立马表示，未来的亲家公可即择定佳期，这里即将小女嫁过来。至于这新房嘛，就权且设在这绵水驿站吧！接下来立马安排人手布置。

第二天，这江安县城里专为官宦人家，及那些与皇家沾亲带故、有地位的人家说亲的媒人，前往石府提亲，并按一应礼数行事。比如："缴担红"，备上一担许口酒，用花络着酒瓶，再装饰大花八朵以及彩色罗绢或银白色的花胜八个，并用花红缠系在担子上，给女方家中送过去。女方呢？当然也不失礼数。用淡水两瓶、活鱼三五个、筷子一双，放进男方家送来的酒瓶中，这叫"回鱼箸"。

接下来，未来的公婆到女方家里去看自己未来的媳妇，自然这门亲是能看中的，在未来儿媳闺房里，未来的婆婆将一支钗子插到未来的儿媳妇的帽子上，也即"插钗子"，这门亲事也就算完全敲定了。

---

① 外兄，同母异父兄；表兄。此处指黄庭坚姑母之子。
② 转引自张兴明《黄庭坚江安娶儿媳》。

佳期选定，腊月二十佳日佳时。

腊月十九，绵水驿就有了喜庆的气氛。当夜，石谅家派人到驿站黄庭坚临时居处，在孩子们新房床上挂好帐子，铺设床上用品，这"铺房"完毕，招待石谅家亲人的茶酒早已备好，喜钱也已给予，接下来自然又是一番热闹的酒宴开始了。

孩子们的婚礼如期举行，对于江安那的确是千古唯一的婚礼。你想这黄庭坚何许人？那可是北宋文化天空的璀璨星辰啊！"苏黄"名重，名重大宋，名重千古。这黄庭坚要在江安为其子举行婚礼，真可谓声震泸戎。虽说当时黄庭坚与石谅都不想声张，但毕竟黄庭坚声名已到那里，人还在戎州，朝廷就已三道诏书下来，职位连升三级。周边大大小小的官员当然是与之有联系的要来，没关系的也要来。至于百姓，当然要赶进城来看热闹，以致那两天酒肆、驿站、旅店全部客满，虽是寒冬腊月，许多人是挤在店里吹牛打牌过一夜都愿意。

那两天，江安城中的人头可能堪比梓州路转运使寇瑊集梓州等十一州兵马会于江安县清浮坝以震慑南方蛮夷时。

迎亲的那天，一早，天尚未大亮，热闹的迎亲队伍已从黄家临时的住宅绵水驿出发，吹吹打打，乘船至古县坝，来到县衙女方石家门前。女方家自然是要招待这支迎亲队伍。迎亲的队伍酒足饭饱，送上彩礼，奏乐催妆。新娘在不舍中上了花轿，轿夫们却不肯动身，嚷嚷着要喜钱，给了"起担子"，他们这才肯起步。自石家出来，轿行之处，那可真是人头攒动，迎亲的队伍一路下来，几乎如蚂蚁样前行。到达绵水驿的黄家，已是快午时了，抬轿的、随行的，又是一番乱哄哄地要赏钱或者花红"拦门"之后，新娘这才下轿进家门。

别忙，不是说进就进的，程序还多着呢。有的你在现在的中式婚礼中见过，特别是在这蜀南，有的你则不知咋回事，许多程序与现在不完全一样。

新娘下轿，门口早有一位阴阳先生手里拿着一只斗，斗里盛的是谷子、黄豆、铜钱物等，口中念念有词，抓起东西向外抛撒，小孩们争相捡拾，这叫作"撒谷豆"。

当然，新娘下轿，脚不能踩到土地上，得踩在铺设在地上的青布条上走。这时有一棒着面镜子的人上前来，倒行引领新娘从马鞍、草垫及秤上跨过。进了门，堂屋中有一顶帐子，有些像我们现在的新式婚礼中设在迎亲通道上那个花门，新娘在帐子里暂坐，这叫作"坐虚帐"；或者让新娘径直进入新房中坐在床上，这叫作"坐富贵"。

这时，女方家送女过门的客人们，每人快饮三杯酒就告辞离去，这叫作"走送"。注意哈，女方的送亲队伍是不能留下来一起喝酒热闹的哦！

送亲的走了，前来贺喜的众宾客这才入席就座，宾客们饮过三杯，新郎身穿礼服，头戴花胜，满面春风登场，不过不是来向酒桌子上的客人们敬酒，这与我们今天有所不同。新郎上来，在中堂登上木榻，木榻上放一把椅子，这叫作"高坐"。先别忙着坐，得站着，开始敬酒了，先请媒人过来，敬上一杯饮了；再请姨娘和妗子（舅母）过来，又各敬上一杯，饮了；这才是请岳母过来，敬上一杯，才下坐。

敬毕酒，入新房。新房的门额横楣，用一块花布，下边撕成一条一条的，横放上边，新郎进入洞房，喜的客人们争先恐后撕花布条而去，这就叫作"利市门红"。

新郎到达床前，请新娘上来，两家各拿出一块彩缎，绾成一个同心结，这叫作"牵巾"。然后新娘和新郎面对面，一同到家庙前参拜。完了之后，新娘倒退而出，被人扶着到新房中进行互拜札。这才到床上去坐下，新娘面向左坐着，新郎面向右坐着。妇女们用金钱彩果往床上抛撒，这叫作"撒帐"。

其后，还有"交杯酒"之类。然后才有亲朋带新郎到外边同各位亲友见札，表示谢意之后，新郎这才以酒敬亲朋。

第二天五更"新妇拜堂"，然后送女归家。第三天，岳家派人送彩缎、油蜜、蒸饼到男方家，完成"暖女"这一仪式。这时已经是小年了。

儿子黄相的婚事按规矩热热闹闹地办完了，黄庭坚了了一桩大事，可以安心在江安玩上一些日子了。

第五节　黄庭坚的"秀色醉吾也"

大事已定，还剩些细枝末节的小事就让家眷和下人去做吧！黄庭坚来这江安，还有第二桩心愿需要了呢！

蜀南竹海全景（张光金摄）

腊月二十四，小年刚过，黄庭坚在石谅陪同下开始了他的淯井行。

那是蜀南寒冬里难得的晴好早晨，辰时时分，薄雾散去，阳光便暖暖地照向了大地。船从淯江口进来，翠竹夹岸，平缓的江面，江舟逆流而上，虽时不时让人觉得有暗流涌动，但阳光下的纤夫们精神似乎特别的好，舟行之中，竟无逆流的感觉。转眼间就已至绵水口，他们淯井行的第一个游历点是这绵水旁的飞泉寺。

绵水，今源出连天山，由江安仁和乡境内之佛耳岩走出，东流经泸州纳溪区后，北折而至江安底蓬、夕佳山、蟠龙等乡镇，汇入源自蜀南竹海之水潦河、盐井滩河、罗湾沱河等，经由长宁县古河飞泉入淯。

如今的绵溪，进得溪中不过一里已是峡谷。当年的绵水虽说不上江面阔远，然舟行之中确实是十几里地可谓无阻。

弃舟，上得岸来，拾级而上，眼前便是飞泉寺。登上寺前倾陷的石梯，走进残破的山门，此时，距离上一次，也就是宋神宗熙宁七年（1074年）那年那场蛮夷之乱已经过去26年了。但见断石残垣之上，庙宇的建设者们正在勤苦地劳作着，古寺已经再现，给予来者的是冥思的深度和遐想的广度。

悬念和想象在无穷的天地间延伸。

石谅告诉黄庭坚：原本绵水一带早已为汉人所居，所以晋孝武年间就建有绵水一县，刚才进来时路过的有些人家的地方即是其治所，黄兄你现在所住驿站也因此叫作绵水驿。圣朝乾德五年这才省绵水一县入江安县，而这一带如今则属羁縻长宁州所辖。

造成这样一种状况是蜀汉期间僚人大举入蜀，蜀中自仁寿下来多为其所居。至我朝以来僚人则主要居于泸戎之南。而因为淯井之盐，所以，我朝南方与蛮夷间战争的战场也主要在这一带。寺庙无论大小几乎也是建了又毁，毁了又建。此寺传说建于汉末，则天皇帝久视以后扩建，寺院建筑为土木结构，四周围有风火墙，庄严肃穆。寺旁则是参天楠木，树荫蔽日，清静优雅，乃此境内历史最悠久的古刹之一。毁于大中祥符年间那次夷乱，算来如今又近百年了。如今，我圣朝天下太平，所以，四乡八里善男信女又开始重建寺庙。只不过这泸戎之南，如夷患不断，恐是难以持续哦，我江安一县史上即有两任官员因夷乱殉职。而此寺，从其开始重建，据我所知，也又是好几十年了。

说到此，石谅是一声叹息，为这善男信女之信诚，也为自己难以预测的命运。

听了石谅一番介绍，黄庭坚不禁想起了自己几年前写给泸州安抚王补之的信："蛮夷安业，百福所会，有神相之。江山之胜，想僚佐多佳士，有以宴乐之。"[①]想当年东坡至此，能购得蛮布弓衣以赠其恩师，"有神相之"啊！只不知于夷乱频发的泸戎之南，自己是否有此机缘？而此生，不知还能与东坡先生一见否？

思及此，黄庭坚想起了六年前，也即绍圣元年（1094年）六月与恩师苏轼于鄱阳湖那次相见。鄱阳湖烟波浩渺，一望无际，两人并肩走在绿草茵茵的岸边，眼前水光山色，耳边浪涛拍岸，夏风吹拂，送来一片清香，多么美好的时光啊！然而，他们只能分手。又思及泸州安抚王补之竟也已作古，不禁也是一声叹息："憔悴如今谁领略。飘零已经无颜色。"[②]

一行人从龙泉寺下来，转回牛倒拐，于牛倒拐用了中饭，稍事休息，便又继续他们的行程。

黄庭坚他们下一站要去的是梅岭堡。

出绵水，继续由淯水溯流而上，经长宁州，过三江寨，转而入思晏江，继续溯流而上十来里水路便是梅岭堡。到达梅岭堡已是第二天晚些时候了，当晚

---

①《答泸州安抚王补之》，转引自郑永晓《黄庭坚全集·编年辑校》。
②《满江红》，转引自郑永晓《黄庭坚全集·编年辑校》。

知寨高公老在梅岭堡备酒席招待黄庭坚一行。在这里黄庭坚除见到了宗女——高公老妻外，还见到了晏州头领夷人卜漏。

高公老的妻子，对做过京官的黄庭坚来说并不稀罕，模样平常，但皇家后人的气质依然，待人接物大方得体，谦和而不失高雅。那卜漏初见黄庭坚稍显拘束，但坐上桌子，三杯酒下肚，就不知天高地厚，对黄庭坚、石谅说话虽说依然是一口一个"长官"的，但语气间已少了许多敬意，特别是那双眼睛，看着高公老妻子更是有许多放肆。已历诸多人事，识人无数的黄庭坚为高公老能与当地夷人和睦相处高兴，但心中早已升起无尽的隐忧。后来离开淯井之后黄庭坚曾将此隐忧告诉石谅。然石谅以为，卜漏与高公老交往已久，那厮见着金枝玉叶的宗女，有个非分之念也是正常。天下承平，想那卜漏也不敢乱来。

黄庭坚虽说已开酒戒，但毕竟年岁已大，不敢贪杯。宴席也就没有持续多久。

一宿无话。

新的一天，他们要去的是万松岭，这万松岭也就是今天的蜀南竹海。这是一块集雄、险、幽、峻、秀为一体的秘境。由梅岭堡过来登山约十里地而已，只这由南边登山却是险峻。而北宋，这轿子尚未盛行，所以，不管你官员职级多大，除了乘马或者骑驴，就只能步行。而由万松岭之东南登山，特别是从今仙寓洞处登山那可是陡峭山壁，乘马或是骑驴都不可行。好在黄庭坚虽已50多岁，因常与山水相依相伴，所以倒也不是难题。至于那高公老虽为"公老"，其实年岁不大，登山自不在话下。真可谓："撑崖拄谷蝮蛇愁，入箐攀天猿掉头"[①]啊！

传说，这黄庭坚到了万松岭，只感到这万松岭其实有些名不副实。此时的万松岭山上已是满山之竹，修篁接天，苍翠欲滴；冬日的山间，烟雨朦胧，雾色苍茫，实乃"泸南山川清秀"，"江山之胜"，值"相与登临宴乐"[②]也。当地百姓以竹根之水所酿美酒盛情款待，清香悠悠，甜净、典雅，直沁心脾，一碗下去，山谷称道"好酒、好酒，该当一醉"，三碗下去便就连呼"秀色醉吾也，秀色醉吾也……"然而主人却说："这个官人有趣，明明是酒醉的他，他却要说秀色醉吾也。有趣，有趣。"

---

① 《竹枝词二首》，转引自郑永晓《黄庭坚全集·编年辑校》。
② 《与王泸州书十七》《答泸州安抚王补之》，转引自郑永晓《黄庭坚全集·编年辑校》。

醉了的黄庭坚也不答话，只口中念曰："此景，松何以敢占鳌头。竹之秀色醉吾也！"说完，抓起叉头扫，在擦耳岩的陡崖上写下了"万岭箐"三字。至今这字还留存在那竹烟波月里。此后，这万松岭也就不再叫"万松岭"，而改称"万岭箐"了。

当然，这就已经是传说了。

从万岭箐下来，到达渚井已是第四天晌午。在渚井，黄庭坚看过盐井，见识了这深介夷腹的渚井监，明白了何以在这泸戎之南，战事常起皆为盐；也更明白了苏轼当年来这渚井监，买这夷人蛮布弓衣赠予欧阳修的深意。

已是腊月二十八，即将是大年。黄石二人不敢久留渚井。权且留宿一晚，第二日即急急地赶回了江安。

大年来了，已有了些许春意。这是黄庭坚、石谅他们雅集的好时光。

倚长江，临渚江，翠竹掩映，沙汀鹭鸟成群，亭东烟波浩瀚、水天一色，亭西林木蓊郁，盎然成趣。与邑宰石谅同好悠游于此，书《琴操》，诗酒唱和。从此，江安有了胜迹"偶住亭"①。

此时，黄石二人迎来了一位重要客人。这人是荣州霜钟寺祖元禅师，祖元极喜抚琴弄筝，又爱竹的虚心劲节。斋室种竹万根，号"此君轩"。祖元的堂弟王彦周雅好诗书，和黄庭坚有频繁的交往和很深的友情。今特赶来江安送行。于是，于绵水驿自然又是一通好酒，酒兴至，思及自己三年别驾安置戎州及几天的渚井之行，黄庭坚吟诵道：

> 岁行辛巳建中年，诸公起废自林泉。
> 王师侧闻陛下圣，抱琴欲奏南风弦。
> 孤臣蒙恩已三命，望尧如日开金镜。
> 但忧衰疾不敢前，眼前黑花耳闻磬。
> 岂如道人山绕门，开轩友此岁寒君。
> 能来作诗赏劲节，家有晓事扬子云。
> 箨龙森森新间旧，父翁老苍孙子秀。

---

① 《舆地纪胜》卷一百五十三《潼州府路·泸州·景物下》："偶住亭，在江安县之对。建中初，山谷自僰道（戎州的古称）还，过邑，宰石谅同游此亭，书《琴操》。后改为渡泸亭，有范百禄《平蛮碑》，见石正行《亭记》。"

但知战胜得道肥，莫问无肉令人瘦。

是师胸中抱明月，醉翁不死起自说。

竹影生凉到屋椽，此声可听不可传。

此即著名的《此君轩》诗[①]。后人赞之："《此君轩》诗为涪翁极得意之作，而书亦潇洒如意。"[②]

快意的时光是易逝的，转眼就已是正月十二日，此时已是徽宗建中靖国元年。这天石谅在江安城北中坝葛氏竹林置酒为亲家黄庭坚饯行。远山，还是去年的黛青；江水，已少了些许平静；几丝细腻的春雨，洗去了修竹古藤的几许风尘，向人们昭示着春已悄然来临。然而，那天的酒却喝得有些沉闷。是的，还有什么话说？今日"桃李春风一杯酒"，明日"江湖夜雨十年灯"[③]，或许十年，或许二十年，或许永远……

①《此君轩》，据 2001 年第 3 期《九江师专学报（哲学社会科学版）》载黄君先生《黄庭坚〈此君轩〉诗及其书作考》文考证，黄庭坚先后着有三首《此君轩》诗。其一是《戏用题元上人此君轩诗韵奉答周彦公起予之作》，元符二年闰九月写于戎州。其二是《寄题荣州祖元大师此君轩》，元符三年三月写于戎州。其三是《元师自荣州来追送余于泸州之江安绵水驿因复用旧所赋此君轩诗韵赠之并简元师从弟周彦公》，建中靖国元年正月初十写于江安，书法为大行楷。

②（清）李光暎《金石文考略》卷 14《黄鲁直题元上人此君轩》。

③《寄黄几复》，转引自《黄庭坚全集·编年辑校》。

此诗作于神宗元丰八年（1085），其时诗人监德州（今属山东）德平镇。黄几复，名介，南昌人，是黄庭坚少年时的好友，时为广州四会（今广东四会县）县令。

清
井
YU
JING

　　江舟远去，帆影无涯。回看黄庭坚别驾戎州，于蜀中所留千古文章，计有诗赋 305 篇，有诗 85 首，其中吟竹、写竹的诗 21 首，占比高达 25%[①]。

　　"蜀南苦笋，风雨之后皆成竹。"蜀南人待山谷不薄，庭坚于宜宾之礼厚重也！

　　于是，就像祝勇在《在故宫寻找苏东坡》中说到苏轼与黄州那样。这里，只需把"黄州"改作"戎州"，"苏东坡"改作"黄山谷"即可。

　　于是，戎州，这座山重水远的小城的意义竟发生了奇特的转变。对于黄山谷来说，它不再是一个困苦的流放之地，对戎州来说，黄山谷也不再只是一个无关紧要的天涯过客。他们相互接纳，彼此成全，成为对方历史和生命中不可缺少的一部分。当一个丰盈的生命与一片博大的土地相遇，必然会演绎出完美的历史传奇。[②]

---

　　① 本统计分析数据系著者依据江西人民出版社出版，郑永晓整理《黄庭坚全集·编年辑校》收录黄庭坚诗文统计。据网络尚有新发现黄庭坚戎州诗九首，因缺乏权威性，故此处未计入。

　　② 原文见祝勇著《在故宫寻找苏东坡》，长沙：湖南美术出版社，2017 年 6 月第一版，第 64 页。

第十章　因盐而文明昌达之地

第一节　一个不能忘却的记录者

其时，已是南宋宝庆元年（1225 年），距宋徽宗政和四年（1114 年）置州府级长宁军已经过去 111 年了。

那是一个晚春的早晨。

太阳刚刚爬到远处的山脊线上，有几朵镶着金边的云彩还不忍离去；雾气散尽，空气中依然弥漫着草的清香。通济桥（今长宁县双河镇北门桥）外宽大的石板路人来人往。

远远的，有一位老人，健步走来。

老人穿着深灰色长衫长裤，粗布的，腰间扎着一根布条，脚上是一双黑色布鞋。老人个子不高，但因为单薄而显得颀长。略呈方形的脸，皮肤粗糙，风霜镌刻的皱纹凸显于眼角与眉梢，看上去就像跋山涉水，讨命于山崖峭壁的药农。如果不是他身旁尚有仆人，身后跟着家眷及好些个的挑夫，你无论如何不会想象到他是来此履职的大宋朝廷官员。

来人叫王象之，字仪父，一作肖父，婺州金华（今浙江金华磐安尚湖镇人）人，自称东阳①王象之。南宋隆兴元年（1163 年）出生，庆元二年（1196

①此"东阳"是婺州的郡名，不是指婺州的属县东阳。宋时金华是婺州附郭县。以所在地府州的郡号称其籍贯是当时社会的风尚。

年）登进士第，这时的王象之已经 33 岁。

入仕是否马上就官运亨通，那还不一定。宋代为笼络读书人，那进士之门是比较宽松的，一甲为进士及第（三魁），二甲为进士出身，三甲为同进士出身。此外还设置了不经考试的"赐进士出身""赐同进士出身""赐本科出身"。最为有意思的是南宋末还曾经发生过三名学生誓死不离开京城，朝廷特批给"同进士出身"身份的事。开国初，考取进士者会立即授给文散官，立即领取俸禄。此后则是需去吏部长期等待官员缺额。比如这王象之吧，自庆元二年（1196 年）登进士第，至宝庆元年（1225 年）获得第一个像模像样的丛九品职位——长宁军文学①，走了长达 29 年时间。此时的王象之已经 62 岁了。

好在，我们以博学多识著称的王象之志不在此。王象之有他的追求。

王象之的父亲，名师虞，字唐卿。绍兴二十四年（1154 年）进士，官袁州宜春县②主簿③、南剑州④教授⑤，乾道九年（1173 年）后曾知江州⑥，终广东提点刑狱。"历仕州县，皆有治绩。"⑦

王象之出生在婺州金华，那可也是山川秀美之地，是钱塘江、瓯江、灵江、曹娥江等四大水系的主要发源地，为雁荡山、括苍山、会稽山、仙霞岭诸山发脉处，有"群山之祖，诸水之源"之誉。师虞有七子，而象之行五。所以，青少年时期的王象之，更是随职任流徙的父亲遍历江、淮、荆、闽等地。览天下山川景物，阅各郡县方志、图经，得地方民风民俗、异闻传说，集名人

---

① 文学，官类名。汉武帝时敕令"天下郡国皆立学校官"，称郡文学，专司所辖地域的教育行政事务。分文学祭酒、文学掌故，以文学祭酒为首。后北周和唐置太子文学。唐诸王府各有文学一人，掌校典籍、侍从文章。州县及都督府初设经学博士及助教，掌五经授诸生。唐德宗后改为文学。宋承唐制亦设该职。因宋之"军"其行政级别与汉"郡"同，故民国年间编撰的《长宁县志》记："象之为郡文学"。

② 袁州，古州名，地处江西西部，今属宜春市，名袁州区。

③ 主簿，古代官名，是各级主官属下掌管文书的佐吏。魏晋以前主簿官职广泛存在于各级官署中；隋唐以后，主簿是部分官署与地方政府的事务官，重要性减少。

④ 南剑州，地名，现在福建南平市延平区一带，位于福建省北部，地处武夷山脉北段东南侧。因传说干将莫邪在此"双剑化龙"而得名剑州、剑津。后为与四川剑州区别，所以又名南剑州。

⑤ 教授，此教授与今日教授有相同之处，但又非今日之教授。此教授为学官，宋在武学（军事学校）、宗学（教育宗室子孙的学校）等置教授传授学业，各路、州县官亦设教授，掌学校教学事务。

⑥ 江州，东晋始置，辖境为江西大部，后南朝多次分割，使江州辖境变小。江州是唐朝、宋朝的行政区划之一。此处之江州指九江，今江西九江市。唐代诗人白居易《琵琶行》中的名句"江州司马青衫湿"中的江州就是指这里，《水浒传》中"江州"也指此地。

⑦《舆地纪胜》卷 26《隆兴府·官吏》。

名家、地方贤士诗文，这些都让王象之感觉到一种强烈的冲动。

特别是研读历史地理、方志过程中，王象之发现以往的地理之书《元和郡县志》《太平寰宇记》《元丰九域志》《舆地广记》[①]等，除《舆地广记》外，前三部都是供帝王统治地方的官修书，修书的宗旨很明确：李吉甫《元和郡县志》是要给朝廷提供一部地理版图，让皇帝知道自己统治的地域有多宽多大，这是朝廷当下之要务，以后，则是有个什么疆界之争的时候，拿出来说"版籍上有之"。《太平寰宇记》则是要做到万里河山，何方何地为险阻，以此而定战争攻守。说清历史沿革及其建制根源，居庙堂者不下堂而知晓九州疆域，不出户而睹天下万邦。而《九域志》有户籍登记之类。《广记》虽非官修，其内容亦不过专述历代州县沿革也。[②]

王象之画像

但王象之撰《纪胜》的旨趣与上述四部总志迥异。一如他在其自序中所说：

> 世之言地理者尚矣。郡县有志，九域有志，寰宇有记，舆地有记。或图两界之山河，或记历代疆域，其书不为不多。然不过辨古今、析同义，考山川之形势，稽南北之离合，资游说而夸辨，博则有之矣。至若收拾山川之精华，以借助于笔端，取之无禁，用之不竭，使骚人才士于一寓目之顷，而山川俱若效奇于左右，则未见其

---

①地理总志，在《纪胜》之前，保留到今天的有四部，即《元和郡县志》《太平寰宇记》《元丰九域志》《舆地广记》。

②上述文字主体由著者转引自复旦大学教授、原中国历史地理研究所所长、中国地理学会历史地理专业委员会副主任委员邹逸麟《〈舆地纪胜〉的流传及其价值》。

书，此《纪胜》之编，所以不得不作也。[①]

此时，做官对于王象之来说已经不重要了。嘉定十四年（1221年）王象之开始编纂该书（州县沿革一般亦以此时为限），约于宝庆三年（1227年）撰成。王象之实现了自己的人生目标。该书，体例与前四部总志多有不同，舍弃了早期总志所有的州境、四至八到、户乡数字、物产贡赋等门类，对于风俗形胜、文物古迹、碑记诗文等记述详尽。

此书"以郡之因革，见于篇首，而诸邑次之，郡之风俗又次之，其他如山川之英华，人物之奇杰，吏治之循良，方言之异闻，故老之传说，与夫诗章文翰之关于风土者，皆附见焉。"[②]

后人以其详赡分明，体例谨严，考证极其核洽，誉为南宋全国性总志中最善者。与过往地理志相比较，《舆地纪胜》在结构层面，突破了传统束缚，创设十二大门类，成为历史上著名的旅游地理名著。

关注当地山川形胜、民风民俗、异闻传说，以及文明形态等，人文性超乎前人，是本书之亮点。或许正是这个原因吧，历史上《舆地纪胜》一书并不为官方所重。以致，我们于《宋史》这类重史志中没有找到王象之的传记。

然而，今天的长宁有幸。

我们已经无法知道是什么原因？或许是朝廷觉得你王象之不是喜欢地理吗？到蜀中去吧！到蜀南那些羁縻之地，那夷汉交杂处的地方去吧！

当然，也可能是王象之觉得江、淮、荆、闽等地方我都游历了，只那蜀中，特别是蜀南，那曾经战事风起云涌的淯井监，如今的长宁军一带没有去过，不如去那儿吧！那里肯定有不一样的山川形胜，不一样的民风民俗。朝廷允诺了王象之的请求。

总之，不管什么原因，王象之是十分高兴地来了，在长宁军文学任上撰成《舆地纪胜》一书。该书以南宋统治区为限，起于临安府，迄于剑门军，共计府、州、军、监一百六十六，有些府、州分为上下两卷，合计二百卷。

---

①《舆地纪胜·王象之自序》。
②《舆地纪胜·王象之自序》。

其时，长宁为军，乃州府一级行政建制单位，因而，长宁在一百一十六卷；又因为，王象之为长宁军文学，因而可以说对长宁军山川形胜、风物人情了然于胸，其文字篇幅达十一页，属篇幅较大的一类，譬如吧，当时的泸州、叙州仅十五和十四页，而涪州、重庆府也不过十一页，蜀中同是军建制的怀安、广安、梁山、南平、大宁诸军则不过六七页，至多也不过十页而已。

而此前的史志，地理志中"长宁""淯井"，以及与长宁相关的人物传记，合起来的文字记载，如果不是因为"盐"发生了几场不大不小的战争，实在说，少得可怜。

王象之职任长宁军文学，从九品，在宋官员品阶中名列最后，当然，你也不要受"七品芝麻官"说法的影响，觉得他小得可怜。宋代，职事官中京畿县令也才正八品，诸州上中下县令也不过从八品。但总的说来，论职位王象之这军文学一职太不起眼了，也因其位卑之故，可以说长宁发展中没有一件大事与之相关联，他也没有能力左右长宁发展的轨迹。

因此，民国年间编撰的《长宁县志》记："王象之，字仪父，金华人。宝庆元年，孙若蒙知长宁州，象之为郡文学，长宁军州及县地域沿革风俗形势得以考订本末。著《舆地纪胜》二百卷，清乾隆隆中议政阮元上其书，列四库书目。"

然而，1994年版、2008年版《长宁县志》在传记和名表中均未列有王象之，这不能不说是一种遗憾。

其实，我们真的不能忘记他，因为有了他，外界才得以较为全面地认识长宁；甚而我们说正是有了他，而今，我们才能于时空中打捞起那些关于长宁的闪光的历史碎片。

第二节　走进700多年前的长宁军

现在，让我们穿越时空，随王象之的《舆地纪胜》走进700年多前的长宁军吧！

　　对于王象之而言，蜀南之长宁军的确是个太陌生之地，距浙江婺州四千里山水之路不是件轻松之事。何况此时的王象之已经是六十有二的人了。但，王象之读过欧阳修的《六一诗话》，知道淯井监蛮布弓衣的故事，更知道山谷于戎州一地留下无数诗文，行草之风大变，所以，对于前来长宁军，王象之兴致勃勃、充满探寻与期待。

　　长宁军也不负象之，当他跨入这片土地便为之深深吸引。

　　唐代，因西南蛮夷内附，"置长宁等十四州五十六县，并隶泸州都督府。唐末废四州，存者十州。"① 然而，羁縻州内"贡赋版籍多不上户部"。长宁军"故淯井地""外邻蕃蛮，内接泸戎于……泸南边面阔远，有警则长宁常为兵衡""泸叙两间入夷地一百二十里"。军领巩州、定州、高州、奉州、淯州、宋州、纳州、晏州、投附州、长宁州等十州。以长宁名之，竟是取"唐十州羁縻之美名"。

　　其风物：

　　长宁军所领羁縻十州，虽属蛮夷，然淯井监周边夷人"声教所暨，渐如华人"。蜀南蛮夷是没有姓氏的，但其时，安宁县（今长宁县治所长宁镇）有十九个是僰戎之族。虽说泸戎蛮夷已逐步汉化，然而，朝廷对于蛮夷依然是另眼相待的。比如这一政策："汉户许典买熟夷田土，汉户田土不许夷人典买"，歧视依然严重存在。

　　长宁军"出汉武所谓筇竹、蒟酱。"这里，王象之为我们确证了两个事实。

　　一是长宁有悠久的竹文化史。比如这筇竹，筇竹也就是我们说的"罗汉竹"，在汉代，筇竹有三个重大的用途：一、以之制成"节杖"，当时也称"使节"，张骞出使西域、苏武出使匈奴，手中所持的即是筇竹制成的节杖。故"使节"后演变成今天对外交人员的专用称呼。二、作为"信符"，即凭证。当然这凭证不是一般人用的，而是君臣间的一种承诺，君臣当面将竹剖开，分别写上相关的文字，文字的内容应是一方对另一方的承诺，君臣各执一半，双方都应信守自己的诺言。三、由皇帝赐予，作为长寿老人专有的拐杖——"筇竹杖"。

　　二是长宁是酒的滥觞地。比如蒟酱，这里指历史上的"枸酱酒"。此酒乃

---

① 《舆地纪胜》。

构树果实聚花果酿造而成。《史记·西南夷列传》中记载汉武帝时代大将唐蒙出使南越食了美酒蒟酱，留下极好印象，最终打听到"独蜀出蒟酱"，从而开辟了由蜀经夜郎往南越的"蒟酱之路"。蒟酱运到都城长安，汉武帝既乐于饮蒟酱，又乐于衣邛布，蒟酱从而成为蜀地常贡。这蒟酱即出产于长宁。所以，明朝礼部尚书、国子监祭酒、邑人周洪谟在《六县非夜郎故地辨》一文中说："历代郡志皆谓蒟酱出长宁。"[①]

说到酒，王象之还有几句重要的话，他说：淯井"地多瘴疫""其极边，酒茗弛禁，是以人乐其生。"又引述通判王章《嘉鱼泉记》说："兵厨之酒冠于东州。"

好，我们来说说淯井之酒。

酒，对于泸戎之南人民是必须的。宋鼓励人民饮酒，且施行专卖及国家酿造，是为获取巨大的酒税、酒利。然而，对于泸戎之南，及岭南的蛮夷聚居区，宋的酒业生产是放开的，也即未予管控。为什么？因为这些地区瘴气很重。瘴，指南方山林中湿热蒸郁能致人疾病的有毒气体，多原始森林里动植物腐烂后生成的毒气。而酒可以防瘴，所以许民自酿。苏东坡《桂酒颂》前言中这样记述："吾谪居海上，法当数饮酒以御瘴。"[②]唐宋泸戎之南均为羁縻州县，土地尚未开发，夷民尚未开化，瘴气特重，酒是必需有的。"是以人乐其生"，其"兵厨之酒冠于东州"。

其胜迹：

现在，先把长宁军军治位置决定下来。与后来明清时县衙坐向不同，明清及民国时期长宁县衙是在北门进去右手方，为坐西向东。而南宋的军治所是典型的坐北朝南，北据宝屏山，左边是牛心峰，右边是笔架峰，西南境域诸峰正对着军治。军治内的亭台楼阁，有忠敬堂、正己堂、闵默堂、樽俎堂、蔚蓝楼、爱莲亭、环山阁、酌水堂、光风馆、熙春楼、芙蓉楼、风云堂、怡然堂、瑶碧亭、信乐亭、临流阁、南轩，等等。

以军治为中心，郡所大厅之后是忠敬堂，爱莲亭在军学，蔚蓝楼旧名野红楼，与樽俎堂在郡之花园里，芙蓉楼在郡治之西，熙春楼在忠敬堂之左城北角通秀桥（今北门桥）旁。如此清晰的记述，它几乎就是"清明上河图"。

---

① 民国《长宁县志》卷十五。
② 《苏东坡全集》。

现在，该是随王象之到700多年前长宁的风景点走一走的时候了！

从北门军治所出来，出东门，马鞍山上有烽火台，建于政和五年，有夷情发生，则白天施烟，夜间点火，传递消息。二里许有龙女井，传说有仙女于井边梳妆，因而得名。

西门城下乃介湖，遍植荷藕，荷叶连连，亭亭玉立，一池绿色，"中通外直，不蔓不枝，出淤泥而不染，濯清涟而不妖"。临湖有楼，名曰郁蓝。出西门，远眺右手方是笔架山，此山横亘郡之西面，一峰突起，顶分三岔，酷似笔架，苏轼名之，乃长宁军文脉所在。向山而行，过仙津桥，即是小桃源，桃源之水出自笔架山上，溪水名曰冷水溪，嘉定己巳年间（1209年）太守张公买市民之田种植桃李，从而形成了一处官家别院。别院之中有"桃花源""桃花洞""武陵洲""绿萝坞""碧桃湾"等景致景观。有"蒸霞堂""怡然轩""山琳房""笑斋"等亭台楼阁。

五里地之西山有海棠洞，乃州民王氏所建，因遍植海棠于其宅旁而得名，郡守常于此宴清属僚。王象之职任长宁军文学，那天郡守孙若蒙就是在这儿为他接的风。正是海棠花开时节，美丽妖娆、明艳动人，赏花间有香气袭人，王象之颇感诧异，一打听才知这海棠花本无香味，唯蜀中嘉州者有香。王象之想起宋释惠洪《冷斋夜话》的记载：唐明皇登香亭，召太真妃，醉未醒，命高力士使侍儿扶掖而至。妃子醉颜残妆，鬓乱钗横，不能再拜。明皇笑曰："岂妃子醉。直海棠睡未足耳！"这样"海棠春色"的故事就流传了下来，从此海棠也有了美女佳人的意思。王象之一点也不后悔来这泸戎之南的长宁军了。

如果说小桃源之别院为官办，海棠洞则是典型的农家乐，而考究长宁农家乐起源，此处或许就是长宁县，乃至蜀南最早的农家乐吧！

南门，一里许的马鞍山下乃嘉鱼泉，泉水由漱石涌出，有小鱼，争游水石之上。由泉形成的小潭四时如一，不增不减。当地人酿酒必用此泉，酒醇和甘甜。以此泉水配山后糯米，做成凉糕，绵软细嫩、入口清爽、回味香甜。临泉有阁名曰"临赋"，有亭曰"信乐"。

松子山上有大悲阁，供奉的是大悲菩萨，大悲菩萨指的是观世音菩萨。诸佛菩萨都有伟大的慈悲心，但观世音菩萨是慈悲门之主，故独得大悲的称呼。由此可以看到在长宁南宋时期，佛教之兴。

北门乃长宁军通往外界之要冲。出北门，即见登云山，旧名宝屏山。每年的九月九日太守即会领客人及属僚登临此山，以赏九秋佳色。西溪北岸上有崇德庙，庙前溪中怪石似离碓[①]，因而名曰"小离碓"。离城约三里的地方，有一个楼真洞，路旁山势险峻，巉岩林立，此即燕巖。出城五里是祭祀东西南北中五方之龙的五龙庙。由此沿淯水而下至泾滩，泾滩之前即是一匹绸也，瀑布由山顶飞流而下，达数十丈，犹如绸缎挂于山崖之上，瀑布之下有潭，清澈而深邃，其声动人心魂。范百禄有诗云："疑有仙人真影在，故垂百尺水晶帘。"

当然，有山、有水，还有得洞，洞则有玉女洞、宁真洞、楒仔洞、栖神洞、朝真洞，等等。比如楒仔洞吧，距离郡治不过三十里地，如果说朝真洞在山之绝顶，栖神洞在山之凹，那么，楒仔洞则在谷间。其洞门高而广大，洞内深达十丈许，钟乳林立，犹有神物。乳结遍洞，有如相思树，故名"楒子洞"。郡守常于此地劝农耕耘，乃名胜之地，游历此地之人皆有题诗。此洞是否今长宁双河之柿子洞？不知，如是，今名则文化韵味差矣。

在宁远寨泾滩之下有武侯塔，建塔以镇蛮夷也。

来自浙江金华三千里外的王象之，为我们呈现了一幅700年前的长宁山水及人文画卷，幸哉！

或许，这就是缘分，据专家考证浙江金华磐安县佳村，其地形地貌即酷似一条巨龙，又因了一系列传说，磐安成为龙灯文化之乡。在长宁，从淯井之龙头（长宁龙头镇）到下长（长宁县下长镇），舞龙已融入民间生活，自2006年举办长宁第一届龙灯节以来，如今作为"中国竹子之乡"的竹乡人更是把"龙"作为美好的图腾，就地取材，用竹篾条编成了形状各异的小彩龙、母龙、七子龙、火龙、金龙、盐龙、祥龙、太平龙、水龙……打造出完整的"龙灯节"，给全县人民和中外游客带来无限欢乐。

规模盛大的长宁县龙灯节

---

① 离碓，古地名。在四川省都江堰市境内都江堰。《史记·河渠书》："蜀守冰凿离碓，辟沫水之害，穿二江成都之中。"（北京：线装书局，2011年7月第一版）

第三节　也说长宁军的文化标识

我们知道，文明是一个渐进的过程。长宁境域，原本于汉时已经融入了中原文明，不料想魏晋以后僚人大举北上，以致唐，宋时期朝廷仍不得不以羁縻领之。僚人，一个断发文身，赤足拔牙，"无嫁娶礼法，各因淫好，无适对匹不识父子之性，夫妇之道"①，崇拜雷神，其铸造的铜鼓乃雷的象征，铜鼓上的文饰、蹲蛙、羽人都与祀雷有关。也就是说泸戎之南的夷人，尚处于自然崇拜阶段。但自北宋完成对淯井周边少数民族的征伐及文化渗透，南宋末期，长宁军一域已全面完成了夷人的汉化。这一点我们首先从当时长宁军的寺庙存在情况可以看到。

据《舆地纪胜》当时长宁军军治的寺庙有龙华寺、天庆观、报恩寺、行香寺、忠佑庙、五龙庙等。

龙华寺在东城内，属于佛教寺庙。龙华寺的名称来源于佛经中弥勒菩萨在龙华树下成佛的典故。现存规模最大的龙华寺是上海龙华寺，传为三国时期孙权为其母所建，距今已有1700多年。长宁军的龙华寺，谁建？又因何而建？不可考；但可以肯定的是来历并不简单。

报恩寺在城外东北山腰，临溪而建，古木森森。报恩寺也是佛教寺庙，何以报恩，当是报帝恩、报祖德，报善缘也。如南京大报恩寺乃明成祖朱棣为纪念明太祖朱元璋和马皇后而建；绵阳平武报恩寺系明代龙州宣抚司世袭土官金事王玺、王鉴父子奉圣旨主持修建；苏州白塔报恩寺是孙权为乳母陈氏所建。由此也可看出长宁军之报恩寺系什么性质了。

行香寺在军内，从其名看，该庙属于内眷行香之所，因而，该庙应是家庙性质。

上述都是佛寺，叫什么名称不十分重要。首先长宁境域，其民虽民族成分

---

①《后汉书·循吏列传·任延传》。

复杂，但从建制而言，自秦汉始即属中央行政体系范畴，北传佛教进入中原后为大乘佛教，汉代长宁即有飞泉寺，唐代有佛来山西明禅寺。就文化系统而言，长宁军之佛寺是典型的汉文化表现。其次是宋代对寺庙建筑形制的要求。在一座佛寺中，殿宇建筑很多，根据宗派的不同，寺中之殿阁楼台建筑多少不定，也即多可以无数。但少则不能任意，宋代以后，汉传佛教寺院的建筑逐步模式化，形成了"伽蓝七堂制"，即佛寺通常坐北朝南，沿山门南北中轴线，有七种建筑是必不可少的，被称之为"伽蓝七堂"。宋代禅宗对伽蓝七堂的规定：佛殿、讲堂、法堂、禅堂（僧众坐禅或起居之所）、库房（又作库院，为调配食物之所）、山门（又作三门。即具有三扇门之楼门，表示空、无相、无愿三解脱门）、西净（厕所）、浴室等。这与我们今天于乡间看到的一些小庙，建一间青瓦房，塑几尊泥菩萨，即号称某某寺庙，那是大不相同的。宋时，修建一座庙宇，是十分庄重的事情。长宁军军治内有如此多的佛教庙宇，可见其佛事之盛。

城西有天庆观，为道教观庙。现今保存最完好的天庆观，是广州的历史名胜之一，该观修建于唐代，得名于北宋大中祥符二年（1009 年）。我们知道，淯井第一次夷乱即发生于大中祥符年间，那么，此观也与当年的历史事件有关？

崇德庙，即二王庙。都江堰二王庙系为纪念都江堰的开凿者、秦蜀郡太守李冰及其子二郎修建都江堰的崇伟功德，将原望帝祠加以改建，并更名为崇德庙，李冰父子相继被敕封为王，因此又改称为二王庙。长宁军在西溪北岸建崇德庙，出城五里有祭祀东西南北中五方之龙的五龙庙。由此，我们可以看出当年淯井的水患比较严重。

军城外东北角大卓望山上建有忠佑庙，后又称柳公祠，是为纪念宋建隆、乾德年间西南都巡检使柳光熙而建。柳职任西南都巡检使，即地方军队的统领期间，治军纪律严明，周边的少数民族都敬畏他。传说，北宋仁宗赵祯皇祐年间，泸戎之蛮夷聚集于淯井近郊，据周边高地，打算攻城，形势危急之时，一个名叫白进丰的军校，假言柳光熙托梦给他，指示他们在城西南发炮石，打垮聚集攻城的夷人。守城将士依从了他，顷刻间，满山遍野"铠甲森集、若官军至"，攻城队伍被迅速击溃，城得以保存完好，百姓化危为安。此时，距柳光熙调离西南边地已是 89 年了。柳公在时，"诸彝悉向慕之"；柳公去后已近100 年，诸彝闻风丧胆，这是何等的神威啊！于是长宁民间立土主庙祭祀他。

政和六年，宋徽宗赵佶赐该庙额"忠佑"，政和八年追谥柳光熙侯爵，才有了双河的"柳侯祠"。①

长宁军于南宋时期，其文明昌达可见。然而，重要的还在于长宁军那时即有文庙和书院。

19世纪末，辛亥革命元老、中国现代教育奠基人丘逢甲于1901年于潮州创办同文学堂，1903年何子渊于家乡广东省兴宁创办兴民学堂，开风气之先，引进西学，此为新式学校。1904年清廷颁布《奏定学堂章程》标志着近代新式教育制度的确立。

中国的学校，有文献记载的可追溯到有虞时代舜所设"庠"，此为官学，发展至今已经有数千年的历史。而春秋时期，孔子办学，收三千弟子，则开启了私学教育。也即自孔子办学始，历史上的中国教育存在两个系统，一个是官办，一个是私立。

先说私立的教育系统，私立的教育系统包括我们熟知的私塾和书院。私塾是我国古代社会一种开设于家庭、宗族或乡村内部的民间幼儿教育机构。私塾有多种：有塾师自己办的教馆、学馆、村校，有地主、商人设立的家塾，还有属于用祠堂、庙宇的地租收入或私人捐款兴办的义塾。由此，我们看到私塾总的属于启蒙教育范畴。

书院不同，书院是私人或官府所设的聚徒讲授、研究学问的场所，这是有别于官学的另一种独立的教育系统，有点类似于今天的集教学科研于一体的综合大学。书院这种教育系统的出现相对较晚，最早的是官办书院始于唐朝，为开元六年（718年）唐玄宗在东都洛阳设的丽正书院。宋代书院兴起始于范仲淹执掌南都府学，特别是庆历新政之后，书院成为中国文化事业上一道最为亮丽的风景。当时，由富商、学者自行筹款，于山林僻静之处建学舍，或置学田收租，以充经费。人才之庶、学术之盛，自战国以来所未有。其开放与包容某种意义上说不亚于今天的大学。这时出现了四大书院的说法。

长宁的教育开启于什么时候呢？开启于南宋。是官学与私学并举。

长宁第一个书院名曰"山阴"，何以"山阴"名之，以及其创办人是谁？都有什么教育与研究成果？我们无更多资料，只能以相关文献推之，其名，应是与绍兴有关，山阴乃浙江绍兴古县名，秦朝始设，东汉时期，会稽郡以钱塘

---

① 据政协长宁县委员会编《长宁名人录》，内部刊印。

江为界分为吴郡和会稽郡，山阴县成为新的会稽郡的首县。绍兴自中原文化于晋南移以后，即为文明昌达之代表。当然另一种可能就是书院的创立者或者投资者是绍兴人。书院除了要资金投入，还得有名师硕儒聚徒讲学。所以，这山阴书院或许就是浙江人王象之创办，长宁军文学，职责所在，博学多识，名之所归。但不管是什么原因，有一点可以肯定，长宁军之书院以"山阴"名之当是一种向上价值取向与美好祈愿也。

有宋，共有书院约 700 所，其中江西、湖南、浙江、福建就有 256 所，其余地方仅 400 多所。长宁以僻远之蜀南忝列其中，了不得。其成果是北宋末才完成汉化过程的长宁军，即有七进士，足可见其不凡了。

其后，明有文明书院、清平书院、东溪书院，清有绍闻书院[①]，其脉绵延。

官办，或者说纯官办是庙学，或者学庙，是因设于文庙内而得名。文庙，原是祭祀孔子的祠庙建筑。建于公元前 478 年的曲阜孔庙是中国最早且至今规格最高的文庙。汉武帝"罢黜百家、独尊儒术"，儒学在中国古代社会开始居于正统地位，唐贞观四年（630 年），太宗下诏："天下学皆各立周、孔庙。"孔庙始遍及各地。

孔庙，根据其性质分为三种类型，一是孔氏家庙，即曲阜孔庙；二是国庙，全国只有曲阜孔庙和北京孔庙；三是学庙，历史上有两千多所。长宁孔庙属于学庙，又称庙学，是古代中国以办学为宗旨的将学习儒家经典的学校与祭祀孔子的"庙"相结合的国家行政教育场所和祭孔场所。由政府教育行政主管部门直接管理。学庙重在"学"字。

长宁文庙始建于何时？嘉庆《叙州府志卷·学校·长宁》：有"学宫，在治西，南宋改长宁军，建无考。"似乎史志中不能确证其创建的时间。但从王象之的《舆地纪胜》中我们可寻找到其踪迹。《舆地纪胜》卷一百六十六介绍长宁军之"爱莲亭""正己堂"两处景物时，均指出其地点在"军学"。有学即有庙，此为古制。王象之是长宁军文学，他不会道听途说。王象之职任长宁军文学在南宋宝庆元年（1225 年），那么，我们可以肯定的是长宁之文庙建于 1225 年，或者之前，兴于南宋淳祐（1241—1252）年间。

自唐以来，各地孔庙建筑均以曲阜孔庙组群为基本模式，但所有建筑格局

---

① 据民国《长宁县志》：绍闻书院，嘉庆十一年更名械山书院，后因迁址至城东葡萄井，其地有龙神祠，更名龙池书院。

都不能超过其建筑式样，也即，其礼制都必须低于曲阜孔庙的九进院落。府州文庙一般按照七间的规格，县文庙一般按照五间的规格，亦有七间或三间。文庙建筑的基本组成部分有：德配天地道冠古今牌楼、万仞宫墙、棂星门、泮池、大成门、大成殿、明伦堂、尊经阁等。因孔子为帝师，故其建筑整体色彩为只有皇家建筑才能拥有的最高建筑等级色彩——红墙黄瓦，并配有丹陛石等。长宁文庙上述建筑元素都有。

比如，大成殿外观庄严肃穆，金碧辉煌，气势十足。殿内最大的两根巨柱之下有两个鼓形柱脚石礅，每个最大直径约半米，上有云龙浮雕，其石青黑，石质特坚，且光滑。比如，棂星门，是一座由黄绿二色琉璃砖镶嵌起来的四柱三门牌坊，伟岸、庄严。琉璃砖在阳光下耀眼夺目，砖为景德镇生产，据载，道光年间那次修缮，也是长宁文庙最后一次大规模，当时建筑材料从水路运输，沿长江、淯江逆江而上运

从双河小学操场这边望过去，还可感受到双河文庙大成殿当年的气势，其顶为盔顶，带有典型的蒙元建筑特征，这在现存文庙殿宇中并不多见。（双河镇政府提供）

抵县城，花费了好几个月时间。至今，我们尚可一睹长宁文庙的风采。

长宁文庙自其始建至今已700余年，700余年间数建数毁，建非一日之功，毁只需一刻，我们无法在此详述其过程，只能报以唏嘘。但我们应当记住的是，文庙对于地方文化发展的作用极大，或者说它本身就是长宁古代历史文化昌达的显著标志。

如元时，长宁州主博杨志善在元泰定四年，即公元1327年文庙重建后所述：

> 长宁名郡也，虽也近南服，然山川之秀，风俗之厚为他县最。
> 圣庙居州之南，前俯金龟，后倚宝屏，山势雄伟，实称圣人之居。
> 宋淳祐间齐先生来守是邦，常鼎新之学。齐，魏鹤山之门人，魏公

常为州之贡院碑学，齐申明其说，谓：魏公道学得周、程、朱、张之传，叮咛反复，以为多士，告俾知所踪。故，至今长宁之士淳正笃寔，犹有古君子遗风焉。[①]

第四节　有明，蜀南文化之翘楚

说长宁的文明是由"盐"开启的，甚或说因"盐"长宁始成蜀南文明之翘楚，某种意义上讲一点也不为过。秀美之长宁，在经历了北宋一朝110余年战争风云后，"自宋政和以来，儒风始盛，家户诗书，号为礼仪之邦"。[②]秀水长宁迎来了辉煌时代。

是的，秀水是长宁，是竹海美丽的衣裙；风情是长宁，是竹海灵魂的皈依。那山拥有的是女儿冰清玉润，着的是女儿翠绿的衣衫。风生，吹起的是女儿绿裙的飘逸；雨打，湿透的是女儿荡漾的春心。飘逸、荡漾孕育了这一片以大山为身体，以翡翠为衣衫的竹的海洋，演绎了长宁，演绎了竹海的万种风情。长宁山水秀美，桃源仙境般宜人诗意的栖居地，长宁人拥有的是朴实、平和、谦恭、宽容、明朗、悠远、知足，追求安然、闲逸，崇尚宁静、和谐，而与那虚伪、暴躁、傲慢、残忍，迷念血腥无缘。

苏东坡、黄庭坚、寇瑊、王象之这些有着丰厚的文化积累，有着天才创造能力的艺术家、学者，他们每到一个地方，都要努力寻觅当地读书的环境，努力在当地形成一个读书人的圈子，形成一个特定的人文小环境，而正是有了这样一种自然的小环境、人文的小环境，加之官员的大规模交流和商贾往来，长宁"虽近南服"，在宋时已生长了诸多的优秀人才。

北宋崇宁（1103年）二年，长宁即产生了两位进士，一位是龙头人刘谊，一位是其女婿黄仲良。翁婿同榜进士，在家乡一时传为佳话。稍后，刘谊另一

①民国《长宁县志》卷十五。
②民国《长宁县志》卷十五。

女婿，长宁人郭齐年也考取进士，更成为远近美谈。

刘谊考中进士后，授将仕郎①。他性情宽厚慈仁，不敛财聚财，"见人饥则食之，寒则衣之"，受到部下和百姓的称赞。

黄仲良考中进士后，曾仕至安抚使，即由中央派遣处理地方事务的官员。不管是在朝为官，还是成一方官员，黄仲良没有忘记汉夷杂居的家乡，认为：泸戎之南夷乱，系地方盐官任意征敛杀戮，迫使夷人屡屡造反，战争不断，主张怀柔安抚，广施恩赐。死后葬于长宁一匹绸下泾滩南岸，故长宁县竹海镇原名相公岭即得名于此。

有宋，长宁一域入进士榜有刘谅、刘谊、黄仲良、郭齐年、王俊、刘寅、刘孥等七人。这对于僻远的蜀南已经是了不得的事情了。

以致元经略史刘福，即掌管边疆军民大事、路一级的长官也诗赞长宁："古来多士说长宁，文物衣冠照汗青。厚俗举蒙盐井利，奇观常对宝山屏，农夫自昔勤多稼，稚子犹能诵六经。可笑刘郎今白发，桃源华会老人星。"②

明洪武四年（1371年）四川归明朝统治，洪武五年（1372年）撤长宁州，置长宁、安宁二县，七年（1374年）撤销安宁县入长宁县，县属叙州府。长宁降州为县，但明末清初顾祖禹所著的一部重要地理著作《读史方舆纪要》在介绍纳溪县时其参照系却仍是长宁，文中这样记述道："纳溪县，州西南四十里。西南至叙州府长宁县二百二十里。"③为何点了叙州府，还要点长宁？为何撇开纳溪县与长宁间的江安县？原因就在于长宁是州一级行政建置，属名郡，在当时具有相当的影响。

自明洪武五年（1372年）至明亡（1644年）凡272年，虽也有过两次较大规模的战乱，然积宋之余泽，长宁文化的第一个繁荣鼎盛期到来了。

政通人和，百废待兴。于是重修县衙，重修文庙，重修城隍庙，重修佛来山西明禅寺，重修天宁寺释迦佛，建清平书院、文明书院，建长宁文塔。宋时坍塌了的正己堂、风云堂、怡然堂、爱莲亭、芙蓉楼、熙春楼、风云楼、南轩等亭台楼阁有必要选址重建的，选址重建。新建的又有清风阁、枕流阁、龙

---

① 文散官名。隋始置，唐为文官第二十九阶，即最低一阶，从九品下。宋同。徽宗崇宁二年（1103）用以代军巡判官。司理、司法、司户参军，主簿，县尉。

② 政协长宁县委员会编《长宁县历代古体诗选》。

③ （清）顾祖禹《读史方舆纪要》卷七十二，北京：中华书局出版，2005年3月。

吟阁、登云亭、烽火亭、漱壑轩等。牌坊，可考的，据史载即有二十座，解元坊、经筵学士坊、两榜眼坊、七进士坊、万古威灵坊及节孝坊等不一而足。①

据周洪谟撰文《长宁建修文庙碑记》记载，重修后的文庙，数仞宫墙、泮池、棂星门、大成门（戟门）、大成殿（明伦堂）、敬一亭等一应具备。文庙布局工整，主题突出，建筑精美，主要建筑均覆琉璃瓦，正脊饰宝鼎、蟠龙翼角飞翅、轻盈飘逸、琉璃金灿、映日生辉、重檐九脊、画栋雕梁、雄伟壮观。

对于佛来山及西明禅寺，周洪谟所撰文章《重修佛来山西明禅寺记》则是这样记："由长宁县武宁溪而东至废安宁县治，众山皆卑，唯东南连山截然而挺拔者佛来山也，……由叙州而南，山之逶迤荒微者以千百数，未有胜于斯也"。西明禅寺建于佛来山山顶，"三殿两廊……重屋以楼，……以寺为普贤道场，铸铜为普贤像，其余诸佛皆刻塑。"②寺掩于青松翠柏间，秀气氤氲，此外，亭、台、阁，水池和花园，辟在殿堂和亭台之间，四季花香，清新宜人。由是可以看到当时的西明禅寺规模之宏大，真可与今日峨眉山报国寺相比。

现在我们来看看长宁的塔。塔原是一种在亚洲常见的，有着特定的形式和风格的东方传统建筑。是一种供奉或收藏佛舍利（佛骨）、佛像、佛经、僧人遗体等的高耸型点式建筑，又称"佛塔""宝塔"。明清两代开始，逐渐产生了一种独特的塔——文峰塔，这是一种各州城、府县为改善本地风水而在特定位置修建的塔，其修建目的或为震慑妖孽或为了补全风水或作为该地的标志性建筑。但在长宁所建之塔不是佛塔，也不是文峰塔，而是文塔。为什么叫文塔？明万历年间知县高严在其《创建长宁县文塔记》中说得十分清楚，该塔是为"聚文治之精华，启人文之景运"③。

有形化为无形。自洪武开国，有明一朝长宁县培育了两榜眼、八进士、四十七举人、八十七贡生。职任知县一级以上官员达一百三十九人。

洪武壬子，即洪武五年（1372年）长宁刚刚归属明朝统治，长宁人李应春即乡试中举，先后任广西都司，刑部郎中，浙江右参政等职。洪武十七年（1384年），又有邑人李兴道乡试中举。而到明成祖永乐二年（1404年）有

---

① 民国《长宁县志》卷十三。
② 民国《长宁县志》卷十六。
③ 民国版《长宁县志》卷十五。

长宁人车清进士及第，史载车清曾任宝山州同知、南京工部郎中兼礼部郎中、常德府知府等职，"廉能、民怀、吏畏"。其后，进士及第的有：周洪谟正统十年乙丑（1445 年）榜眼，李永通天顺四年庚辰（1460 年）榜眼，沈华成化二十年（1484 年）进士，李鲸弘治三年（1490 年）进士，侯启忠、刘景寅弘治六年（1493 年）进士，李仕清弘治十八年（1505 年）进士。

当然，领蜀南之风骚者周洪谟、李永通也。

周洪谟（1421—1492 年），字尧弼。四川长宁县人。明正统十年（1445 年）进士及第，殿试榜眼，并授翰林院编修一职，参与编修《环宇通志》《英宗实录》《宪宗实录》。后升为侍读，成化十二年（1476 年），周洪谟升为礼部右侍郎，不久转任左侍郎，十七年升礼部尚书，后又加太子少保。弘治五年（1492 年）卒，享年七十二岁，谥号文安。①

周洪谟知识渊博，博闻强记，擅长诗词文章，熟悉国朝典故、天文历算，有经邦济世之才。在其任职期间，有不少利国利民的主张和改革方案。谏言、参与处理荆襄一带流民作乱，及蜀南都掌蛮之乱都充分体现了其悲悯情怀，及在治国理政上的不嗜暴力，反对武力征伐，对夷施行怀柔政策的基本主张。

周洪谟一生著作甚多，于史学、经籍、科贡、礼文、典制多有建树，"期其成一家之言，补诸儒之缺"。他编纂的《英宗实录》言辞雅达，有春秋笔法，受赐"白金文绮"。《群经辨疑录》三卷、《箐斋读书录》二卷收入《四库全书》。十二卷本《叙州府志》更是宜宾弥足珍贵的历史资料。

周洪谟以能臣、名宦，以嘉言、懿行而名留青史，在史料中，在人们的记忆中，周洪谟是儒雅的代表，也是道德的楷模，有时甚或是保守的象征。其实，我还想告诉大家的是，周洪谟有不拘于礼法，敢于冲破世俗观念，敢于创新以引领新的生活潮流的一面，这一点蜀南民间有"书生权作渡人舟"的传说为证。明以道德立国，自宋程朱礼学大行其道以来，至明吃人的礼教已渗透到了生活的每一个方面，我们那位海瑞事实上就是其牺牲品，海瑞之女因为邻家男人牵了一下手，于是海瑞大人让其绝食而死。周洪谟呢？周洪谟是小女子无法过河，他亲自背过去。在周洪谟眼中不拘于小节，救人急难，才是真圣人。当然这只是传说，而可资佐证的应当是明人沈德符所著《万历野获编》中记述的一件事情。据该书载：有种叫马尾裙的服装，据说来自朝鲜国，在成化年间

很盛行，开始是阁臣万安穿，接着是六卿张悦等人效仿，到礼部尚书周洪谟那里竟成了重服二腰，实在是件怪事。说周洪谟素以理学自命，下属穿已经不可，自己还要标新立异，真不知道周洪谟拿什么来说服四方？以礼部尚书之身份，敢于标新立异，敢以异服行走于官场，让我们看到了一个不一样的周洪谟。这周洪谟有七情六欲，甚或是怪癖；这周洪谟不拘礼法，甚或有些时髦；这周洪谟坏了纲常，甚或有淫之嫌疑。然而，正因为这些，让周洪谟身上有了人性，并且闪烁着人性的光芒。

弘治元年（1488 年），周洪谟告老还乡，他没有回到老家长宁，而是来到了叙州府，致力于办学和修志。其十二卷本《叙州府志》即成书于这一时期；翠屏书院（故址为今赵一曼纪念馆所在地）即是洪谟公所始建，在《翠屏山书院碑记》里，周洪谟写道，修建书院不仅"有裨风教"，而且"以正人心"，于是便"以明群圣之道，而垂法于天下万世"。在古代中国，办学和修志是教化人伦中最为重要的事情。如果说，黄庭坚开启和厚实了宜宾文化的话，那么，周洪谟则应是完成了宜宾本土文化与中原文化的彻底融合。

李永通字贯道，正统十年中举人，天顺四年进士及第中榜眼，授翰林编修，官至侍讲学士。其性忠介耿直、纯朴笃实，对朝政多有谏言。他与人相处，"无小大贵贱，鞠鞠然礼度不少爽"。不听谗言，也不妄议别人，偶遇他人乱议别人短长或言不及义时，他总是掩耳避之。被人伤害，他从不计较。他事母至孝，将母亲接到京城，十余年如一日，早晚问候。母亲有病，亲尝汤药进奉母亲。敬老爱幼，堪称家族中楷模。他能急人之所急，遇人有难者，给予钱财，帮助他们从事正业。在他手中，盗贼也受到感化。参与了《英宗实录》的纂修，受赐白金文绮、织金袭衣。其诗文风格，和平冲淡，无雕琢艰涩之语，实在是文如其人。时人叙州（今宜宾市）知府陆渊之便称赞他："不狡狯以弄权机，不矜骄以炫声势。"

所以古人云："长宁古称名郡，山川秀美，其民质朴，其俗淳厚，犹有古君子之遗风，或数十年，或百年必诞生一二秀杰之士，岿然而立，是以可记者特重"。[①]

入世者，自可正心、修身、齐家、治国、平天下，固是一种人生的选择，有成就者自当我们的史家秉笔书之。然而在中国还有一个被称为隐士的群体，

---

① 民国版《长宁县志》卷一，伍心谏《重修长宁县志序》。

他们是古代知识分子"独善其身"的高洁人格的代表，从传说中的许由，先秦时代的接舆、庄周，直到清代的随园主人袁枚等都让我们从中窥斑见豹地透视到中国古代隐士的传统情怀。因此，我们在记述宋以降这段历史中入世的成功者时，还要提到醉心长宁的山山水水间，隐居不仕，诗酒唱和自娱的刘仲达、周赐、刘春生等。

> 荣杖西行路曲斜，一溪春水野人家。
> 武陵胜处今何在，春来何处不飞花。[①]
>
> 桑麻遍野荫横斜，茅舍人烟四五家。
> 便作武陵溪上看，春来何处不开花。[②]

春至，两岸桃树生花，绚丽灿烂，微风吹过，落英缤纷，坠红无数，鱼动花流，哪是鱼儿，哪是花瓣哦？远近群山高峻，白云缭绕，牧童横骑牛背，笛声悠悠。俨若世外桃源，阆苑仙境。

这诗是陶渊明的，更是苏轼、黄庭坚的。于是在长宁，当我们穿越其田园诗清新、淳朴的狭巷，扑面而来的也有一缕中国古代圣洁、飘逸、浪漫、悠游的隐士遗风，让我们寻根到一种恬淡的隐士文化。这文脉一直延续着，越700余年，我们在淯江畔、竹海深处依然可以找到它的踪影……

第五节　淯井晴烟在时空中飘逸

泸戎之南铜鼓激越、金锣声鸣，一幅幅历史的征战画面在此展开，"湮没了黄尘古道，荒芜了烽火边城"。然而岁月没有带走那一串串熟悉的地名。

---

① （宋）眉山人张师夔《小桃源》，民国《长宁县志》卷十六。
② （宋）刘仲达《小桃源用张师夔韵》，民国《长宁县志》卷十六。

遗存下来了三江口、泾滩、龙峨山、寇家嘴、黄土坎、铜锣等有着千年历史，富含人文的地名，并在长宁形成了一系列盐运古镇——龙头铺、硐底铺、安宁桥、花滩桥、绵水驿、沙河驿①，等等，至今它们依然鲜活在我们的生活之中。

淯井，四面环立葱翠青山，山下均是一马平川的坝子，溪流纵横交错，盐井临水而凿，井架林立参天，绳缆绵延匝地，晴日的早晨，万山之中，东西两溪交汇处的河坝中，盐井口热气上涌，盐井临水而凿，煮盐铁锅蒸气上冒，在绿波粼粼、碧水荡漾的淯水上空氤氲纠结，一轮朝阳，从晴烟山岚里折射出赤橙黄绿蓝靛紫七色光彩，云蒸霞蔚、紫气东来，如轻盈之少女，又如潇洒之男儿在时空中飘逸，怎的不动人心魄，扣人心弦。

于是，明正统八年（1443 年）癸亥，与本县友生李永通、王伦、杜鼎、沈秀实等优游田里，互为唱酬的周洪谟在八景诗之《淯井晴烟》中写道：

> 淯井人家煮井烧，牢盆终日紫烟飘。
> 霏微和雾笼青嶂，缭绕随风散碧霄。
> 漏泄货源从汉代，贡输国赋自唐朝。
> 谁知大壑荒山里，有物堪为鼎鼐调。②

诗是写景之诗，然确实表现出了周洪谟乃国家栋梁之材之优秀潜质。24岁的周洪谟在该诗中不仅写出了当时淯井煮盐之胜景，扣了"晴烟"二字，还反映了淯井的历史人文，及政治情状。何谓"牢盆"？牢盆是煮盐用的工具，其始是汉武帝元狩四年实行"盐铁官营"。这里周洪谟向我们透露出了一个重要信息——淯井属官井，"漏泄货源从汉代"则更是清晰地向我们传达出淯井自汉代始即为官有。此亦进一步佐证了淯井的发现始于汉，至少自蜀汉已纳入了政府的管理范畴。

对于淯井，明按察副使颜正巡视长宁，在《盐井坝堡》一诗中也做了描述：

---

① 沙河驿今属宜宾市高县，南宋为高州地，属长宁军所领，明季长宁降州为县，高州不再属长宁。但沙河驿至清嘉庆年间仍属长宁县古贤乡地。沙河驿是"五尺道"的重要驿站，也是淯井盐运的重要驿道，在淯江因夷乱遇阻时，淯井盐运则由武宁寨（今龙头）转而至今硐底铺，陆运至沙河驿，由今高县月江入南广河。

② 民国《长宁县志》卷十六。

雉堞连云虎豹关，南宁形胜控诸蛮。

蓑衣荷锄朝耕云，箬叶包盐夜市还。

渔艇素横溪上月，酒樽清映屋头山。

惭余独忝干城寄，烽火无惊鼓角闲。[①]

　　明代按察使是设置于全国十三司（相当于后来的十三省）提刑按察使司（简称按察司）的最高长官，主要职责为执掌刑名按劾。既然是管社会治安的，当然关心稳定之类的事情。所以才有：盐井坝上烟云缭绕，如烽火四起，然却没有祸乱惊扰；战争之鼓角并未吹响，你尽可以于清溪渔艇之上，举杯邀明月共酹，享安定和谐之境呢。

　　由此，我们清晰地看到长宁井盐生产形式与今之大英、井研、荣县、富顺等井盐生产地遗存下来的古代井盐生产方式卓筒井完全不同，是更为古老的井盐生产方式。

刺天碧嶂悬飞瀑，置寨当时此戒严。

白苎争趋泾水渡，红旗遥指淯井监。

一龛应许祠康训，故老犹能说寇城。

何日龙峨容卜筑，闲从滩上数风帆。[②]

　　近代蜀中名宦、辞赋家梁正麟在《泾滩怀古》一诗中这样写道。一次次血与火的冲突，以朝廷在淯井建军，重兵守卫淯井而告一段落，此后淯井一带夷人"声教所暨渐如华人"夷汉冲突的主要区域南移至了今兴文僰王山镇、仙峰乡、九丝镇一带。而淯井也渐渐走入深邃的历史隧道之中。

　　为什么会有这样的变化呢？固然，朝廷加强了淯井周边军事力量是一因素；但变化的原因根本还是在"盐"，在于盐生产技术的革命性变化。这就是卓筒井的诞生，标志着"大口浅井"的辉煌时代的结束，从此逐渐地进入了"小口深井"引领盐业开发方向的时代。"四川、云南等地大口浅井的盐生产

---

① 民国《长宁县志》卷十六。
② 民国《长宁县志》卷十六。

技术，是以盐泉涌出旺盛的自然条件为基础，……这种传统的生产技术沿及明清时代，其技术改进的因素所占比例相当小，难以同具有相当技术高度的小口深井相比较。"[①]因之，"小口深井"取代"大口浅井"成为必然。

清中叶四川井盐形成了五大产区和三大中心，五厂，即川北射洪、蓬溪、华池厂；南部、阆中福兴厂；川南嘉定、犍为永通厂；富顺、荣县富义厂；川东云阳云安厂。三中心，即射蓬、犍乐、富荣三处。至咸丰、同治年间富荣盐厂盐井、火井已达数千眼，煎锅两万余口，年产达二十余万吨。长宁之淯井未列其中。

淯井，为何不能以这样"小口深井"取代"大口浅井"呢？在于淯之盐层深达2600米之故。于是"大口浅井"之淯井不再扮演民生国计之主角。所以在民国《长宁县志·食货》一章中这样记述："宋时已年煎七十八万三千余斤，清代监有专岸，井遂封闭。民国元年复开，煎盐者有十余家，每日一家可煎盐八九十斤，全年可煎三四十万斤，每斤售价十一二元，多销往古宋及云南。惟因淯井滨江水分多，煎时耗煤甚巨，故利亦薄。二十六年复奉文封闭。间有私煎者年不过数万斤而已。"

淯井不再在政府财政扮演主角，自然我们在国家史志文献中寻觅到的关于淯井盐业情况的文字也就十分有限。

《元史·百官志》载四川茶盐转运司所辖十二场有简盐场、隆盐场、绵盐场、潼川场、遂宁场、顺庆场、保宁场、嘉定场、长宁场、绍庆场、云安场、大宁场。《元典章》卷9《吏部三》载四川茶盐转运司所辖盐场十处，有简盐、隆盐、嘉定、顺庆、保宁、大宁、长宁、潼川、绍庆、云安。《大元混一方舆胜览》载元夔州路大宁州、绍庆路彭水县、叙州路富顺州、马湖路长宁军有盐井。从上述史料看，元代长宁盐井仍在当时的盐业生产中占有重要位置。比如，《元典章》所载盐场比《元史》所载盐场少两场，但长宁场依然列其中。然而，关于元代长宁产盐情况我们至今所能收集的史料也就仅此而已。

明，关于长宁盐井的史料就更少了，至今我们能看到的是《明史·卷四十三地理四》载长宁县"治北有盐井，产盐。"《明统一志》卷六十九其实也是转述历史记载"长宁治北淯井而脉，一咸一淡，取以煎盐，塞其一则皆不流，谓之雌雄井。"至于其他则不甚了了。《中国盐业史（古代篇）》在介绍

---

① 刘淼《明代盐业经济研究》，汕头：汕头大学出版社，1996年6月。

明代井盐产区分布时以图表形式反映了长宁湐井，但文字中则未涉及。

　　清，能查到的史料仅光绪《四川盐法志》："雍正七年，四川巡抚宪德覆奏产盐州县有隆昌、屏山、丰都、长宁四县。当时隆昌有井一、锅一，屏山有井一、锅一，丰都有井一，锅一，长宁有井三，久废。"这一史料让我们看到，清在政权稳定后，雍正年间对四川盐井情况做过一次普查，此亦与民国《长宁县志》所载"清代监有专岸，井遂封闭，民国元年复开"相吻合。^①

　　湐井盐在经历了宋之鼎盛时期之后。历元、明、清三代，凡600余年，总的长宁盐业生产是一个逐步走向衰落的过程。以至今天，我们只能努力寻觅那些散失的历史碎片，拼接起来呈现给历史文化爱好者。

---

　　①元、明、清长宁盐业生产情况相关文字，根据人民出版社出版，郭正忠主编《中国盐业史（古代篇）》整理。

尾　声

　　滑井盐泉逐渐枯竭，官方盐业开采的影子渐渐淡去；然而滑井上空依然缭绕着浓浓的烟雾，久久没有散去。

　　已是民国，长宁县县城城厢镇北门外盐井坝，斜坡上，呈梯状分布着近百茅草盖顶、四周皆空的简易生产棚，远远望去，黄褐色的草棚密密麻麻一大片。北门桥店子乡一带，熬盐户六七十户，一千余盐工，加上运煤挑工共达两千余人，依然靠着熬盐维生，所产食盐虽然质差味恶，然而滑井盐依然是销往兴文、珙县，乃至远销云、贵两省的大宗商品，这井是滑井人的"衣食井"。

　　"十三四岁，你父亲便背着锅巴盐①，随你大伯父上云南、下贵州。"祖母说。于是我看见了70年前父亲那羸弱的身影，头戴一顶远大于其身体的斗笠，手中一根T字形"拐箊子"，身后一个不大，然而沉重的包裹，步履维艰行进在蛮垭口那陡峭的山路上。这是一条自北宋始便勾连着泸叙间滑井与云贵高原物资交流的重要通道，背夫们靠着他们的双脚和双肩，将盐、茶等成百上千吨的物资，源源不断背进背出。

---

　　① 锅巴盐，块状。土锅熬盐时熬干了，锅底剩下的成锅巴样盐的俗称。民国前山区依然是以这种土法生产出的盐为生活必需品，成块状的盐挂在灶旁，用时，将盐块放进锅里涮一下，因此，民间又把吃这种盐叫"涮涮盐"。

时光蹒跚地越过蛮垭口那荆棘载途，走向云贵高原深处。那曾经的锅巴盐，早已远离人们味觉，从这片土地上隐遁[①]。没有耀眼的光环，历史的宏大叙事难以寻觅，只有扎根于底层的记忆还在代代相传……

淯井蛮垭口那条曾经的盐茶古道
至今还依稀可辨（邹永前摄）

或许，上苍依然还挂念着这方土地，或者上苍本来就垂青这块土地，让它再度书写一段不一样的历史。

1971年，四川省石油局来长宁县双河区上西乡勘探石油，意料之外，或者应当这样，古老的淯井之下发现了大型岩盐隐伏矿床。矿床辐射面达150公里，2.4215平方公里采区内保有资源储量41239.6万吨，岩盐矿床赋存于长宁构造震荡系上统灯影组，沉积于5.7亿年前，埋深2600米以下，岩盐矿石质地纯净，工业品位为Ⅰ级品，平均$NaCl$含量达94.21%，最大单层厚度达360多米。

1988年至1991年，自贡盐业钻井大队来到上西继续原2号井的钻探工程，用高压水注井溶晶状盐取卤获得成功，卤水氯化钠含量为23。

现代采卤井架拔地而起，淯井新的历史开始了。

---

①历史上淯井盐虽开发了上千年，但过去的生产一直停滞在原始的煮熬方式，盐卤中有害成分去除不了，加之淯井泉水盐含量低，因而生产效益低，盐的质量差。宋元以后随着自贡、富顺、乐山等地盐井开发，淯井盐地位逐渐降低。近现代盐业的崛起，特别是随着现代交通运输的发展，不但外地不再依赖淯井盐，就是长宁本地大部分地区也主要是销售质优价低的外地盐。淯井盐业逐步衰落。

民国盐井一直在政府关闭与民间抗衡间摇摆，曾先后引发矛盾冲突多次，最大一次是1946年春夏，长宁县县长夏莫山下令封闭盐井，顿时民怨沸腾，怨声载道。共产党因势利导，组织大规模熬盐盐户结队到县党部请愿，加之地方势力与县长之间的矛盾，最后以县长夏莫山收回成命，准予开井熬盐，盐工们获得争盐权斗争的胜利而结束。

直到1952年，长宁政府出于对人民身体健康考虑，封闭了淯井，传统的淯井盐开采利用中止。

　　现在四川省宜宾四丰盐化工业有限公司，是宜宾市唯一从事地下岩盐矿资源开采经营的工业企业。其生产规模 120 万吨／年，是宜宾市氯碱化工、食盐、工业盐生产的原料供应基地，是全国井矿盐开采企业 50 强。2008 年 10 月注册成立四川省宜宾四丰盐化工业有限公司，拥有先进的 60 万吨／年真空制盐生产线，现主要产品有：食用盐（其中：精纯食用盐纯度 ≥ 99.6%）、多品种盐、工业盐、水处理盐、海水晶盐、肠衣盐、无水硫酸钠和饲料添加剂氯化钠。

　　两千年淯井焕发新的魅力，淯井盐再度成为一方财税的贡献者。

2019 年 5 月

参考文献

图书书目：

1. 高占祥主编《二十五史》，北京：线装书局，2007 年 7 月。

2.《资治通鉴》，北京：中华书局，1975 年。

3.（清）嘉庆《长宁县志》，根据四川省图书馆电子版翻印。

4. 民国《长宁县志》，长宁县志办公室 1985 年八月翻印。

5.（清）光绪二十二年《叙州府志》，根据四川省图书馆电子版翻印。

6. 四川省长宁县志编撰委员会编纂《长宁县志》，成都：巴蜀书社，1994 年 7 月。

7.（南宋）王象之著《舆地纪胜》，北京：中华书局，1992 年 10 月。

8. 欧阳修等《六一诗话、白石诗话、滹南诗话》，北京：人民文学出版社，1962 年 5 月。

9.（东晋）常璩著，任乃强校注《华阳国志较补图注》，上海：上海世纪出版股份有限公司、上海古籍出版社，1987 年 7 月。

10.（唐）李吉甫撰《元和郡县图志》（上下），北京：中华书局，1983 年 6 月。

11.（宋）乐史撰，王文楚等点校《太平寰宇记》，北京：中华书局，2007 年 11 月。

12. 王利器校注《盐铁论校注》，北京：中华书局，2017 年 6 月。

13.（明）宋应星著、潘吉星译著《天工开物》，上海：上海世纪出版股份有限公司、上海古籍出版社，2016 年 5 月。

14.（宋）孟元老撰《东京梦华录》，郑州：中州古籍出版社，2010 年 6

月。

15.（南宋）周密著《武林旧事》，合肥：时代出版传媒股份有限公司，2016 年 3 月。

16.（宋）林洪撰《山家清供》，北京：中华书局，2013 年 10 月。

17. 谭其骧主编《简明中国历史地图集》，北京：中国地图出版社，1991 年 10 月。

18. 郭正忠主编《中国盐业史（古代篇）》，北京：人民出版社，1997 年 9 月。

19. 郭正忠主编《中国盐业史（地方篇）》，北京：人民出版社，1997 年 9 月。

20. 曾仰丰著《中国盐政史》，北京：商务印书馆，1936 年 12 月。

21. 自贡市盐业历史博物馆编《四川井盐史论丛》，成都：四川省社会科学院出版社，1985 年 3 月。

22. 吴天颖著《井盐史探微》，成都：四川人民出版社，1992 年 8 月。

23. 吉成名著《中国古代食盐产地分布和变迁研究》，北京：中国书籍出版社，2013 年 7 月。

24. 刘淼著《明代盐业经济研究》，汕头：汕头大学出版社，1996 年 6 月。

25. 梁庚尧著《南宋盐榷——食盐产销与政府控制》，上海：东方出版中心，2017 年 7 月。

26. 张银河著《中国盐文化史》，郑州：大象出版社，2009 年 7 月。

27.（美）马克·科尔兰斯基著《万物之用"盐"的故事》，北京：中信出版社，2017 年 1 月。

28. 李艳峰、曾亮著《中国古代南方僚人源流史》，昆明：云南大学出版社，2016 年 4 月。

29. 王文光著《中国南方民族史》，昆明：云南人民出版社、云南大学出版社，2011 年 10 月。

30. 苏瑜著《微"盐"大义——云南诺邓盐业的历史人类学考察》，北京：世界图书出版公司北京公司，2010 年 4 月。

31. 成都王建墓博物馆编《前后蜀的历史与文化——前后蜀的历史与文化学术讨论会论文集》，成都：巴蜀书社，1994 年 11 月。

32. 四川省江安县志编撰委员会编纂《江安县志》，北京：方志出版社，1992年12月。

33. 四川省宜宾县志编撰委员会编纂《宜宾县志》，成都：巴蜀书社，1991年10月。

34. 政协舞阳县文史委编《前蜀王王建》（专辑），内部刊印，1993年10月。

35. 杨伟立著《成汉史略》，重庆：重庆出版社，1983年1月。

36. 林语堂著，张振玉译《苏东坡传》，长沙：湖南文艺出版社，2018年1月。

37. （宋）苏轼《苏东坡全集》，北京：燕山出版社，2009年12月。

38. 郑永晓整理《黄庭坚全集·编年辑校》，南昌：江西人民出版社，2008年9月。

39. 贾芳芳著《宋代地方政治研究》，北京：人民出版社，2017年9月。

40. 丁建军著《宋朝地方官员考核制度研究》，北京：人民出版社，2014年11月。

41. 祝丰年、祝小惠著《宋代官吏制度》，北京：中国社会出版社，2007年11月。

42. 刘火著《叙州旧迹》，北京：现代出版社，2017年7月。

43. 王炳照著《中国古代书院》，北京：中国国际广播出版社，2009年11月。

44. 吴钩著《风雅宋——看得见的大宋文明》，桂林：广西师范大学出版社，2018年6月。

45. 赵逵著《历史尘埃下的川盐古道》，上海：东方出版中心，2016年1月。

46. 《中国历代职官词典》，上海：上海辞书出版社，1992年8月。

47. 易中天著"易中天中华史"之《女皇武则天》《安史之乱》《风流南宋》《大宋革新》《王安石变法》，杭州：浙江文艺出版社，2018年1月。

48. （日）三崎良章著，刘可维译《五胡十六国》，北京：商务印书馆，2019年1月。

论文：

1. 刘复生《"白芍子弟"考索——兼论宋代乡兵的一个特例》，《社会科学研究》1994 年第 6 期。

2. 朱霞《从〈滇南盐法图〉看古代云南少数民族的井盐生产》，《自然科学研究》2004 年第 2 期。

3. 张文《两宋时期西南地区的民族冲突与社会控制》，《西南师范大学学报（社会科学版）》2004 年第 6 期。

4. 谷安武《论食盐专营》，《中国井矿盐》第 33 卷。

5. 史继刚《论宋代官府的食盐零售体制及其对消费者利益的侵害》，中国经济史学会 2004 年年会交流论文。

6. 史继刚《宋代官府食盐购纳体制及其对盐民利益的侵害》，《盐业史研究》2014 年第 3 期。

7. 王红武、乔小团《论宋代榷盐制度对食盐官营的影响》，《重庆科技学院学报（社会科学版）》2008 年第 10 期。

8. 赵永忠《宋朝对西南民族冲突的和断——以成都府路和梓州府路为例的考察》，《贵州民族研究》2010 年第 1 期。

9. 裴一璞《宋代夔路食盐博弈与社会互动》，《盐业史研究》2014 年第 4 期。

10. 林文勋《宋代食盐与周边民族关系》，《云南民族学院学报（社会科学版）》1993 年第 2 期。

11. 林日举《宋代盐业弊政及其引发的地方性暴乱》，《史学集刊》2003 年第 2 期。

12. 王文光、黄传坤《宋王朝统治下的乌蛮及其民族关系》，《云南师范大学学报（社会科学版）》2007 年第 6 期。

13. 王海潜《盐业体制改革与食盐专营》，《盐业史研究》1994 年第 2 期。

14. 董春林《以盐制夷：宋代西南民族地区羁縻政策管窥》，《广西民族研究》2015 年第 4 期。

15. 张兴明《黄庭坚江安娶儿媳》（网文）。

16. 徐东升《宋代科技进步对手工业的作用》，《中国社会经济史研究》2006 年第 3 期。

17. 李昌宪《宋代的军、知军、军使》，《史学月刊》1990 年第 5 期。

故乡叙事的另一种表达（代跋）

蜀南长宁县，历史上曾经产盐，有宋代，其产量达70余万斤。三国时诸葛南征夺此盐井，建军寨（塔）以震慑蛮夷；唐宋，置淯井监以管盐，淯井盐在国家财政及军事中占有重要位置；南宋更是以州府级行政建置"长宁军"治盐及辖蜀南今长宁、珙县、兴文、叙永，及贵州毕节等区域。同时，也因为盐，宋代，这一区域成为除北方边患外，另一矛盾冲突激烈、战争频发之地。

对此《宋史》《资治通鉴》《舆地纪胜》，及长宁地方史志都有记述；然而，史载十分简略。至于其盐业生产方式怎样，利益格局怎样，在历史中地位如何……史料文献则少而零散。宋淯井周边几次对少数民族的战争，史料反映出战争的缘由与盐相关，但主要还是简单叙述战争过程和主要将帅武功及政绩等。笔者虽努力寻觅，或许是受自己占有资料所限吧，所能收集到的直接涉及淯井的资料总计不过二三千字；而且，有些是只言片语，有些就是疑案，有些本就存伪，需要厘清。

如，黄庭坚到过蜀南竹海几乎是不争的事实，但他什么时候来的，怎么来的？按宋律，别驾安置，与今之监视居住有些相似，那是不能擅自离开被安置地的。其时，戎州与淯井分属两个不同的行政区域。也即，在黄庭坚来戎，居留戎州未解除"安置"之时，是来不了淯井的。来淯井只能在其奉诏北上眉州，从戎州离开在江安逗留这一时段里。虽为末节，然文学叙事我不能违背常识，作为史事我必须有一个明确的说法。

又如，泸戎之南有夷乱，而且频发，但无盐工骚乱，原因何在？我必须在宋代整体政治经济背景中去寻觅原因。好在有宋真宗针对江安南井盐工，颁布给予煎盐工人放假休息的诏书这一铁证，解释通了无盐工骚乱的原因所在。

而关于唐武则天久视元年建羁縻长宁州和羁縻淯州，何以羁縻问题。因20世纪90年代珙县悬棺考据热，地方与"专家"合谋，在现代有关僰人书籍上，僰人于是消亡在了明万历初年，公元1573年。以致，我们通常理解蜀南羁縻州县的设立，是这一区域尚属僰人聚居之地之故。误读，或者说伪历史行其道。

其实，此说颇为谬也。僰人实际上于汉末即已迁徙或与汉人融合。唐于蜀南建羁縻州县时，蜀南所据者早已不是僰人，而是僚人。这一点历史上有关文献记载非常清楚。《水经注》引汉应劭撰《地理风俗记》曰僰人"夷中最仁，有仁道，故字从仁"。《华阳国志》"僰道县……本有僰人，故《秦记》言僰童之富。汉民多，渐斥徙之"。因而，任乃强在《华阳国志》校注时说："僰人，为能操汉语之少数民族，大抵本是百濮之属，……因其人皆能汉语，兼通西南各民族语言者多也，又仁怀不好争斗，故秦、汉、六朝、唐、宋被掠卖为奴隶者甚多，特称'僰僮'，奴隶主皆喜购之，奴隶商人贩售之达于京师。"

而现代西南民族史研究者，如王文光著《中国南方民族史》、李艳峰、曾亮著《中国古代南方僚人源流史》等在论及蜀南唐宋少数民族时也从未谈僰人，皆称僚人。而僚人的到来则与西晋后的社会大动荡、民族大融合有关。

寻幽、探秘，那些时、那些事、那些人，无时无刻不在我眼前晃动，撞击着我的心，一种须要言说的冲动在我身体里强烈地、不断地生长。

这块土地上曾经的：盐业的生产、战争的发生、文明的昌达这三者间有逻辑的、必然的联系吗？他们又是怎样内在地勾连在一起呢？以及，战争对于社会的发展，文明的生发真的是必须的吗？人的生命，或者说普通生民，甚或如宋徽宗政和年间那场战事中成为"节义族姬"的宗女，在战争中真的必须作为牺牲吗？这千年之问，我必须思考和做出我的回答。

故事或许人人都有，然而叙述与表达，则是另一个更大的问题。

长宁（淯）古盐泉的发现与开发，应起于东汉，止于民季。盛于唐宋，时间跨度达1800余年，如果以编年之演义形式叙述，史料不丰是一个问题，即是文字表达详略也难以处理。而且，作为作者也实在不愿意将苏轼于淯井监购得蛮布弓衣，黄庭坚游蜀南竹海这些充溢温情，满是浪漫的雅事，与那泸戎之南那些时光中发生的腥风血雨的屠戮搅和在一起。这就有了《淯井》一书以上中下，分别以"盐事""战事""文事"叙述的处理方式。三个篇章：

《盐事》，以随笔的形式，着力于探寻淯井的发现、历史流衍、利益格局，及生产方式等，从而厘清了诸多历史谜案，比如，诸葛夺取淯井的前提是什么？为什么《资治通鉴》会说："唐中和三年……江、淮贡赋皆为贼所阻，百官无俸。云安、淯井路不通。"等等。

《战事》，以纪实文学形式，生动演绎蜀南曾经的五次惊心动魄的战争故事。五次战事，五段历史，战事的根源一样，导火索各异，本书很好地把握了这一点。故事展开中，既注重故事的可读，又成功塑造了寇瑊、赵遹、卜漏、斗盖等历史人物形象。《战事》，无表扬，更不是"大词写作"。

《文事》，欧阳修《六一诗话》中苏东坡赠恩师"蛮布弓衣"的故事千古流布，黄山谷《苦笋赋（贴）》成千古名赋、名帖。然而，故事呢？故事已淹没于历史的时空隧道之中，打捞这段历史，无疑也充满艰辛，而再现则是文本必须。《文事》正是这些历史事件的深度挖掘与鲜活表达。

表达，以史料为基础，纪实是根。也即它属于非虚构，因而阅读中，你可以感受到文字叙述中有效法岳南《南渡北归》的地方，又可寻到史景迁观照中国历史文化及历史人物的影子。然而，这样一种表达对于《淯井》一书行吗？老实说，我没底。直到去年因刘火兄的文章，读了蒋蓝的《踪迹史》，我坚定了自己的表达。亦如蒋蓝于该书序言中所说：

> 非虚构写作：在作家具有独立的价值向度前提下，对一段重大历史和某个人物的生活予以多方位、跨学科考察的文学性叙述。这标志着作家从实验文体的自我纠结中走出来，从充满自恋的，复制某个阶级趣味的文字中出来，回到伟大的尘世，用对民生疾苦的抚摸，对非中心的关注，对陌生经验的讲述，对常识的打破等方式，去表达一种文学本应具备的风骨。因此，非虚构写作其实更应该是挥告虚伪的形式，为民生代言的写作，这才是我们应该延续和提倡的健康写作精神。
>
> 价值向度：就中国大历史而言，暴力、非理性一直是黑暗历史的动词，暴力与性、权力的结盟整合了黑暗历史的繁复句法。弘扬理性的历史观、建立自由的评价体系，让写作义无反顾地回到文学，正是非虚构写作的价值向度。
>
> ……

从这个意义上说，《涪井》呈现的是一个地方的历史文化，反映的却是中国乃至世界上一种庸常物资，在政治、经济，乃至文化中的重要地位；以及唐宋时期封建帝国边地少数民族文化与中原文化间的离与融，蜀南少数民族自治体制与中央政权间战与和的矛盾冲突关系。

当然，毕竟我生活于这方土地上，充满着对于乳母般土地的热爱，因而行文中这种情感会自然流露，此亦不过"一片冰心在玉壶"耳。

作为作者，倾注巨大的心力，苦苦寻觅于故纸堆中，拾拣于时空，以纪实文学，或者说文化随笔表达，从而生动地演绎了那一段历史故事，向世人呈现"一口熬煎一方土地、淬炼一方生民之井"，值！

而关于写作本书的缘起，得从十几年前说起。

2002年周小平君从高县过来履新，关心地方文化历史的小平君，很快就对长宁的历史有了一定认知，于是与我谈起，长宁县的盐业历史应该是一篇大文章。但我囿于史料的零落与自身惰性，未予以关注。即使在2008年为方志性文化书籍《风情竹海·秀水长宁》历史部分撰稿及全书统稿时，我依然对之视而不见，只简单地加以阐释。

其实，我早该关注，祖母说我父亲就是那上云南的背夫中一员，那是实情。也曾听我兄长永平讲，他也是20世纪70年代长宁盐井的再度开凿者，但没有成功。然而我却选择屏蔽，我不知这是为什么！是不愿看见我父亲那孱弱的身影？或者我不想触及我那根因血腥而会痛的神经。

也是一种缘。2016年刘火兄提议以其个人微信号为平台，做一个专栏"长宁风物"，这就逼着自己把视觉放在了涪井盐上面。于是有了"长宁风物"之《长宁盐业史考》七篇微文。其后，长宁县委县政府决定编撰"文化长宁丛书"，其中即含长宁盐业文化这一内容，本人能有机遇做一件前无古人之事，幸也。而更为幸运的是本书的创作受到宜宾市委宣传部的关注，并得到帮助。

历时两年有余，于深邃的历史中探微，打捞出弥足珍贵的盐业史料，以己之力，穷其功，洋洋洒洒二十万余字的《涪井》总算杀青，并呈现给世人。当此，首先要感谢的是每一个给我启迪，以及于写作中提出建议意见者，如宋玉成、罗伟章、俞胜、刘火、周云和、曾凡英、郭佳、余一平、陈强、胡力诸先生和杨泥、张映红、李玉女士；以及为本书校对倾力支持的古炼女士。更要对宜宾市委宣传部、长宁县领导高度重视历史文化的发掘、研究、书写、传承工作，予以高度赞许，并致以真诚的感谢！

当然，由于本人认知、学养有限，亦即在历史文化知识方面虽有一定积淀，但总的是零散的，缺的是系统的、深入的、扎实的东西。就学养而言，则最为缺乏的是高度，哲学的、历史的、文化的高度，即用中国整个历史文化背景这一尺度考察、反映一地文化现象之能力。所谓"穷其功"也，比之大家，虽今日文已杀青，但我心中依然忐忑，总觉还有许多内容，我没有说透，或者还有表达的空间的。

这也是我最后想表达的：诚请方家与读者指正。

2019 年 5 月